谨以此书献给

我的家人与朋友

宋代银铤考

刘翔 著

文物出版社

图书在版编目（CIP）数据

宋代银铤考 / 刘翔著 . -- 北京 : 文物出版社 ,
2019.9
ISBN 978-7-5010-6238-6

Ⅰ . ①宋… Ⅱ . ①刘… Ⅲ . ①银币（考古）– 货币史 – 研究 – 中国 – 宋代 Ⅳ . ① F822.9

中国版本图书馆 CIP 数据核字 (2019) 第 170113 号

宋代银铤考

编　　著　刘　翔

责任编辑　许海意
责任印制　张道奇
出版发行　文物出版社
地　　址　北京市东直门内北小街 2 号楼
邮　　编　100007
网　　址　http: //www.wenwu.com
邮　　箱　web@wenwu.com
经　　销　新华书店
印　　刷　北京荣宝艺品印刷有限公司
设计排版　北京美光设计制版有限公司
开　　本　710mm × 1000mm　1/16
印　　张　18
版　　次　2019 年 9 月第 1 版
印　　次　2019 年 9 月第 1 次印刷
书　　号　ISBN 978-7-5010-6238-6
定　　价　230.00 元

序

宋代在货币史上是一个非常重要的历史时期，其货币体系呈多元化发展，不仅有广泛通行于官方和民间商业贸易中的传统的铜钱、铁钱，还有点纸成金的信用货币——纸币，更有贵金属称量货币——金银货币。各种不同材质的货币在政府经济活动中物尽其用，各得其所。

宋代白银的使用范围有所扩大，特别在政治和经济活动中起到了重要的作用，成为战争议和赔偿、帝王赏赐臣属、救灾赈济、军费开支、赋税、专买等主要财物。在民间交易中，白银的用途也很普遍，在馈赠、商业贸易、贮藏等方面无不使用。同时，宋代银铤的形制也发生了很大的变化，由唐代的直形银铤和两头高跷的船型银铤演变为面大底小的束腰线板形。同时，银铤上的铭文也或繁或简，或錾刻或砸戳，内容反映了当时社会的经济状况及白银使用情况。

南宋定都临安后，城区人口的迅速增加，各种消费品的需求扩大，不仅促使商业经济的繁荣，还促进了货币形态的多元化发展，除纸币与铜钱等重要通货外，贵金属白银也作为国家政府的基本财富，在国家税收、专卖制度、海外贸易、地方政府的上供、大宗商业贸易等方面都发挥着重要的作用。1955年湖北黄石市出土了银铤292件，其中155件有铭文，这是南宋银铤出土最集中的一次。之后在浙江、安徽、河南、江苏、湖北、四川等地都陆续出土了为数不少的南宋银铤。这些银铤透露出金银盐钞交引铺兑换和买卖白银、铸造银铤的很多信息，进而让我们了解到南宋政府和商民使用白银的情况。

宋史研究一直是国内热门的课题。但是，对宋代白银货币研究的专著非常少。刘翔先生的《宋代银铤考》是目前第一本系统性研究解读宋铤的专著，是作者对近几十年来出土及新发现的宋铤进行深入研究的成果。全书分为上、下两篇，上篇是通过银铤这样特殊的载体，对两宋的官府机构、官员品阶、储藏银铤的各级官库以及银铤铸造机构金银铺及银行人的梳理和解读。下篇是对银铤上反映出来的上供制度、专卖制度、海外贸易、各种赋税制度、政府收入和支出等一系列国家财政问题并结合历史文献和考古资料进行了认真的思考和论证。以上供银举例，作者通过对上供银的解读进而对宋代的上供制度进行了剖析，就上供的定义、上供钱物的起发、买银上供等一系列问题一一阐述，让读者不仅了解了上供银铤，而且还对其背后的深层意义有了进一步的理解。再如，通过对舶司起发畸零银、舶司起发水脚银、市舶案进奉天基圣节银铤等上出现的市舶司铭文分析，将南宋白银参与海外贸易的情况及其市舶司制度、广南路市舶司、两浙路转运司市舶案、市舶司的征榷与税收、市舶司纲物的运解等背景资料，来龙去脉一一挖掘。这样的考证和论述无疑拓展了白银货币研究的思路和视野，让人读来耳目一新。同时，该专著选用了大量珍贵的银铤照片并做详细的解释，使得历史文献资料与银铤相互印证，读来有身临其境之感。

作者刘翔先生是一个热衷历代金银铤收藏和研究的鉴藏家和研究者，出于对宋代银铤的热爱，很多年来，一直辛勤耕耘、孜孜不倦，忙碌在古文献里，游弋在银铤堆里，辛勤的劳动终于结出了丰硕的果实。《宋代银铤考》是一本深度解读两宋白银货币历史的佳作，与之前出版的相关宋代白银货币等专著不同，是以实物为基础的角度对宋代银铤作了新的诠释。内涵丰富、内容充实，是一本值得研究者、收藏者经常拿出来读一读的好书。

李晓萍

2019 年 *7* 月 *10* 日于杭州孤山

北 宋

太祖	赵匡胤	建隆	960～963
		乾德	963（11月）～968（10月）
		开宝	968（11月）～976（11月）
太宗	赵光义	太平兴国	976（12月）～984（10月）
		雍熙	984（11月）～987
		端拱	988～989
		淳化	990～994
		至道	995～997
真宗	赵 恒	咸平	998～1003
		景德	1004～1007
		大中祥符	1008～1016
		天禧	1017～1021
		乾兴	1022
仁宗	赵 祯	天圣	1023～1032（10月）
		明道	1032（11月）～1033
		景祐	1034～1038（10月）
		宝元	1038（11月）～1040（元月）
		康定	1040（2月）～1041（10月）
		庆历	1041（11月）～1048
		皇祐	1049～1054（2月）
		至和	1054（3月）～1056（8月）
		嘉祐	1056（9月）～1063
英宗	赵 曙	治平	1064～1067
神宗	赵 顼	熙宁	1068～1077
		元丰	1078～1085
哲宗	赵 煦	元祐	1086～1094（3月）
		绍圣	1094（4月）～1098（5月）
		元符	1098（6月）～1100

徽宗	赵 佶	建中靖国	1101
		崇宁	1102～1106
		大观	1107～1110
		政和	1111～1118（10月）
		重和	1118（11月）～1119（元月）
		宣和	1119（2月）～1125
钦宗	赵 桓	靖康	1126～1127（4月）

南宋

高宗	赵 构	建炎	1127（5月）～1130
		绍兴	1131～1162
孝宗	赵 昚	隆兴	1163～1164
		乾道	1165～1173
		淳熙	1174～1189
光宗	赵 惇	绍熙	1190～1194
宁宗	赵 扩	庆元	1195～1200
		嘉泰	1201～1204
		开禧	1205～1207
		嘉定	1208～1224
理宗	赵 昀	宝庆	1225～1227
		绍定	1228～1233
		端平	1234～1236
		嘉熙	1237～1240
		淳祐	1241～1252
		宝祐	1253～1258
		开庆	1259
		景定	1260～1264
度宗	赵 禥	咸淳	1265～1274
恭帝	赵 㬎	德祐	1275～1276（4月）
端宗	赵 昰	景炎	1276（5月）～1278（4月）
	赵 昺	祥兴	1278（5月）～1279（2月，亡于元）

目录

前言

许慎（58～147）注《淮南子》，对“铤”字的解释是：“铤者，金银铜等未成器，铸作片，名曰铤。”把“铤”描述成板块状的金属原料。到唐宋时期，“铤”演变为金银的计量单位。例如，1956年西安唐大明宫遗址出土的银铤中就见有“宣城郡和市银壹铤五十两”的字样。入元后，“铤”字又逐渐被“锭”字所取代。明清时，所有贡赋的金银，都被称为“金锭”或“银锭”，在民间又俗称“金元宝”“银元宝”。

北宋雍熙四年（987），宋太宗诏令：“诸州道府军监课利上供银，今后煎作摺角铤送纳，不得更作板石之铤。”这是宋廷首次就上供银两的铸造外形进行规范。实际上，宋铤的形制是由唐铤演变而来。“船”形曾是唐代银铤的主要式样之一，但其挺拔而略显夸张的造型并不利于存放与携带，于是时人多将银铤首尾两端的高翅砸扁、折叠，即呈现“平首摺角”状。而这种平首略带弧腰的器形便成为北宋银铤的标准制式，首尾两端不再起翅。到南宋时，金银铤又发展为弧首束腰形。至于宋铤的大小，主要分为大小三类，即五十两、二十五两、十二两半。正如胡三省（1230～1302）在《通鉴释文辨误》卷二中写道：“今人冶银，大铤五十，中铤半之，小铤又半之，世谓之铤银。”由于金银铤系手工铸造，各铤间形制、成色及重量多有差异，但这不是重点，我们真正需要关注的是铤中铭文所蕴含的信息。

金银凭借其耀眼的光泽，以及稀缺且不易损坏的特点，长期以来成为进献、赏赐和皇家贮藏的主要物资，成为古代财富的天然象征。白银的使用，在宋代达到了一个前朝未有的高度，宋廷在财政收支上对白银有着特别的偏好，无论是上供收入还是赋税收入，银已成为主要的征调对象。与此同时，白银的使用已深入民间，成为一种风尚，甚至酒肆商贩也常以银器招徕顾客。宋代白银表现出二元属性，一方面，其本身也是一种商品，可以自由买卖；另一方面，它又具备货币的职能，充当了一般等价物，用以估值、折算甚至直接交换其他商品。令人惊喜的是，在目前所见的宋铤中，有的铭文完整记载了这些银铤的来源、用项，其时间、地点、人物一应俱全，铭文多达数十字甚至上百字，涉及财税、商业、海外贸易、边境贸易、专卖收入、上供，以及政治、军事等诸多方面，其内容之丰富，令人拍案称奇！

研究宋铤之前，我们有必要回首其所处的时代。两宋（960～1279）凡319年，常被标签为“积贫积弱”，这甚至成为人们的固定思维。然而，一个延续了三个世纪的王朝，其对历史与文明的贡献远非想象的那么黯淡。我们看看学者们对两宋的评价还有什么。关于文化，陈寅恪先生评价称：“华夏民族之文化、历数千载之演进，造极于赵宋之世。”关于艺术，日本史学家宫崎市定认为：“一旦进入宋代，社会突然打破沉滞，而生机勃发，从某种意义上说，中国的文艺复兴开始了。”关于科技，英国科技史专家李约瑟指出：“中国的科技发展到宋朝，已呈巅峰状态，在许多方面实际上已经超过了18世纪中叶工业革命前英国或欧洲的水平。”事实上，宋代的采矿业、造船业、航海业、纺织业、印刷业以及农田水利等方面都呈现出高度发展的势头。关于商业，美国学者斯塔夫里阿诺斯在其《全球通史》中写道：“宋朝时期值得注意的是，发生了一场名副其实的商业革命，对整个欧亚大陆有重大的意义，商业革命的根源在于中国经济的生产率显著提高，技术的稳步发展，提高了传统工业的产量。”

一千个读者眼中有一千个哈姆雷特，不同的观察角度也会有不同的史观。当西方还在中世纪的黑暗中踟蹰前行时，东方的赵宋王朝却来到了现代文明的边缘。赵宋基本施行的是开明专制，以文立国，仁治天下。平民可以通过科举跨越阶层，两宋133名宰相，123名为科举进士出身。君臣关系相对融洽，未有乾纲独断的皇帝，“不杀士大夫和上书言事人”，不搞文字狱，社会向契约化、法制化发展。

在民间，城镇化、市俗化快速发展，50万以上人口的城市，在徽宗崇宁年间逾50座，较之唐代近三倍之多。汴京与临安的人口则在百万上下。县以上城市至少在1200个以上，而小的集市也在5000个上下。汴梁、杭州、鄂州、潭州、泉州、广州、建康、京兆府都称得上是大都市，人口规模远超同时代其他国家。

人们的生活，由上至下，似乎更风行享乐主义，“多积金，市田宅以遗子孙，歌儿舞女以终天年”，瓦子勾栏、酒肆茶楼，令人流连忘返。有的酒楼中，即使是一两人的寻常小酌，也会摆上成套的银器，“虽一人独饮，碗遂亦用银盂之类”。宋代还是历史上节日最多的朝代，仅官方节假日就有76日之多，节日里士大夫与平民之间积极互动，使得宋代节日呈现出商业化、娱乐化的显著特点。宋代社会生活中的繁盛与雍容、诙谐与浪漫皆在节日中得以充分的显现。

与其他朝代“重农抑商”不同的是，宋代长期厉行“通商惠工”的政策，这极大地刺激了商品经济的发展，城市中坊市分离的结构被彻底瓦解，代之以街市。如《梦粱录》中记载：“自大街及诸坊巷，大小铺席，连门俱是，即无虚空之屋。每日清晨，两街巷门，浮铺上行，百市买卖，热闹至饭前，市罢而收。”宋廷也不像汉唐一般实行宵禁，“杭城大街，买卖昼夜不绝，夜交三四鼓，游人始稀，五鼓钟鸣，卖早市者又开店矣”。

在对外交往上，宋廷以泉州、广州、明州等港口城市为中心，先后与日本、高丽、阇婆、天竺、大食等50多个国家通商，所谓“万国衣冠，络绎不绝”，从而开通了繁华一时的海上丝绸之路。宋廷还设立有专门的海外贸易管理机构“市舶司”，这是中国最早的“海关”。广州、泉州是当时世界上最大的港口。

宋代的金融业更像是站在了近代的边缘。13世纪欧洲威尼斯商人马可·波罗在其著作中感叹元朝的纸币仿佛为东方的点金术，而稍晚些的阿拉伯旅行家伊本·巴图塔来到元顺帝统治下的中国，也同样感叹纸币居然可以替代金银在市场中流通。殊不知，中国的纸币早在约300多年前的宋代就已诞生，时称“交子”。盐、茶、矾等物资在宋代实施国家专卖，作为商人支请、运销过程中使用的“钞引”，即一种纸质的凭证，因其可以远期及异地兑付的功能而演变为“有价券证”；以官钱为本金设立的“抵当所”，允许民间进行抵押借贷，而那些投入官钱的机构则可以获取利息。甚至私人也可以提供抵押贷款的服务，有如《清明上河图》中画有挑着“解”字招牌的铺户。而宋廷铸行的铜钱，也因用料上乘、制作精良，在边境贸易中大受欢迎，成为国际通行货币，日本、高丽、安南、印度、中亚、非洲都有宋钱出土。

以上种种，不过是大宋千姿百态画卷中的一角。对宋铤的研究也是对所处时代的观察，两者之间总是有着必然的、千丝万缕的联系，只是本书以宋铤为主线，换个角度而已。例如银铤中出现的“元宵节银”是宋代热衷节日庆典活动的见证；“市舶司”银铤是宋代海上丝绸之路的珍贵历史遗存；“抵当所”与“钞铺”相关的银铤是宋代金融业的缩影；银铤中累计发现达68家之多的临安金银铺户，亦反衬出宋代都市的繁荣景象；《岳阳楼记》中的主角，滕子京，因动用公用钱而贬谪，是罪还是党争？“公用银”的发现，让我们进一步了解此桩公案背后有关宋代地方经费的来源及公款的使用制度；北宋邵伯温所著《邵式闻见前录》中记载有王安石帮助因赔付官物而鬻妻者，令其夫妻破镜重圆的故事。而“折欠银”的发现，让我们体会到故事背后那真实且尽显沉重的历史现实；“四川茶马司马本纲银”则令人想起了西南边陲茶马古道上那行色匆匆的马队……如此种种，还有不少这样内容丰富的宋代金银铤，它们是曾经的国家宝藏，是历史的注脚，值得我们细细品味！

近年来，湖北黄石西塞山、黄石陈伯臻粮库、襄樊羊祜山、阳新县大德乡，内蒙古巴林左旗、巴林右旗，河南方城王营村，安徽六安、休宁、嘉山，江苏南京、金坛、盱眙、高淳、宝应、邗江，四川双流黄佛乡，浙江杭州、湖州，广东南雄、阳江海域等地，先后出土、出水有不少宋铤，加之海内外收藏家们手中的珍藏，为我们研究宋铤提供了宝贵的资料。这是一个相对较新的领域，笔者不揣浅陋，将这些银铤整理出来以飨读者，同时也希望能起到就正方家、抛砖引玉的作用。

上编

宋代银铤考

第一章

宋铤中出现的官僚机构

宋铤中时常出现一些行政机构的名称，有的是这些银铤的起发单位，有的则是这些银铤的目的地。宋代财赋的供输过程，是一个由地方供输中央或是由地方调拨至指定地点或指定机构的过程。在这个过程中，路级行政机构及总领所扮演了重要的角色。目前在宋铤中出现过的路级机构有：转运司、常平司、提刑司、安抚使司、提举学事司，以及四大总领所中的淮西总领所、鄂州总领所、淮东总领所（另一个是利州总领所，未见于现有银铤铭文）。下面将分别试述它们在财赋方面的作用及出现在银铤铭文中的意义。

第一节　路级官僚机构

宋廷通过增设地方统治机构，分散地方长官职权、财权、人事权，从而达到由中央统管的目的，这是一种“先分权而集权”的策略。地方上的三级行政制度便是在这种思路下产生的。宋代地方政区的设置，分为路、州、县三级，“路”相当于现在的“省”。宋太宗至道三年（997）将全国分为十五路，仁宗朝改为十八路，元丰年间又增至二十三路。宋廷南渡后，疆域缩小，共划分十六路。它们是两浙东路、两浙西路、淮南东路、淮南西路、江南东路、江南西路、福建路、广南东路、广南西路、京西南路、荆湖北路、荆湖南路、利州路、成都府路、夔州府路、潼川府路。其中利州路后又划分为利州东、西二路。路之下是府、州、军、监一级，再下则是县一级。县则根据地理位置及户口多寡再划分为八等。而宋廷对地方采取了层层收权的措施，即：

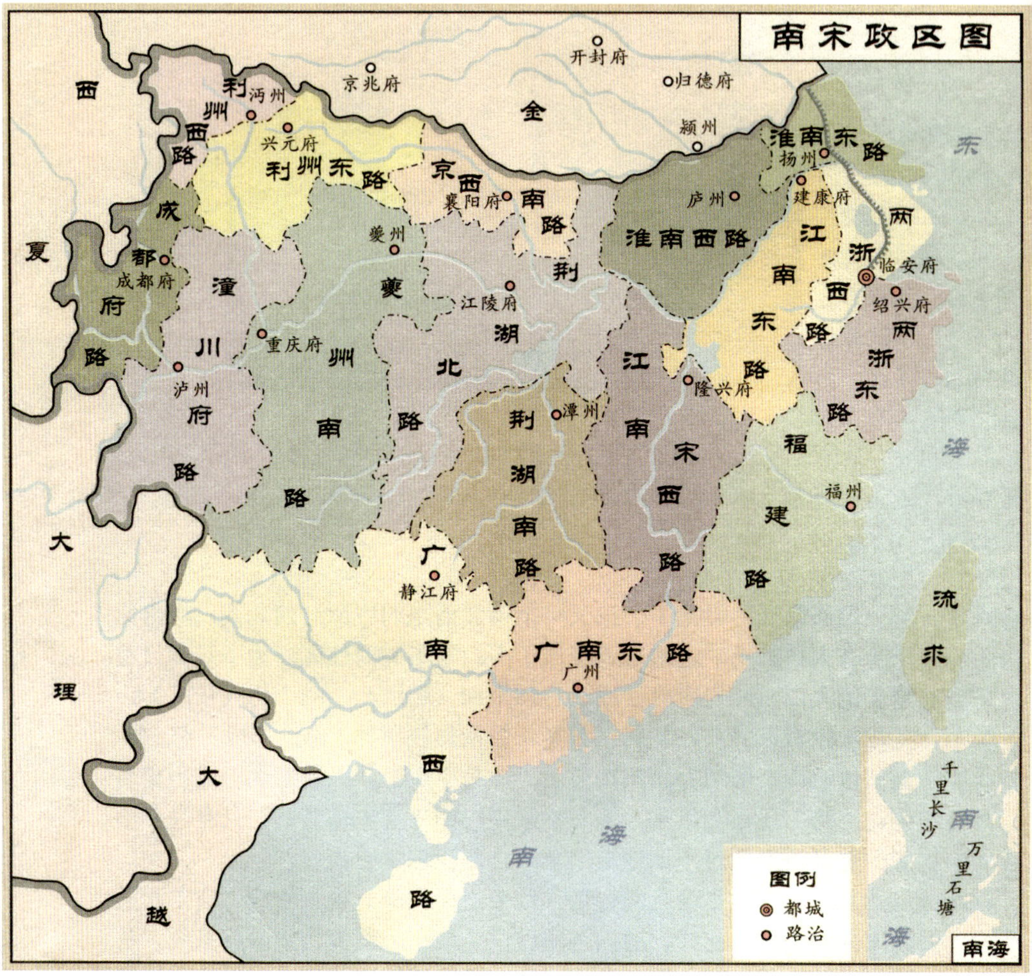

南宋政区图

收乡长、镇将之权，悉归于县；收县之权，悉归于州；收州之权，悉归于监司；收监司之权，悉归于朝廷。[1]

监司即监察机构，是朝廷的“耳目”，既刺举地方官吏，又兼任行政之职，还积极参与管理地方财政事务。转运司、提点刑狱司、提举常平司、安抚司即是这种的监司机构。

一、转运司

铤1：（刻字）（正面）杭州都税院买发转运衙大观元年郊禋银壹阡（仟）两每铤伍拾两专秤魏中应等监匠（背面）左班殿直监杭州都税院郭立

铤2：（刻字）两浙路转运司市舶案进奉淳祐七年天基圣节银五百两每铤伍拾两计壹拾铤 十二月廿一 朝请郎直秘閤（阁）两浙路转运判官尹焕上进

铤3：（刻字）广东运司淳祐九年 押人何聚叶盛

（戳记）旧日苏韩张二郎 京销铤银 重拾贰两半 黄俊验（图1–1）

铤4：（戳记）广东运司 赵孙宅 京销铤银（图1–2）

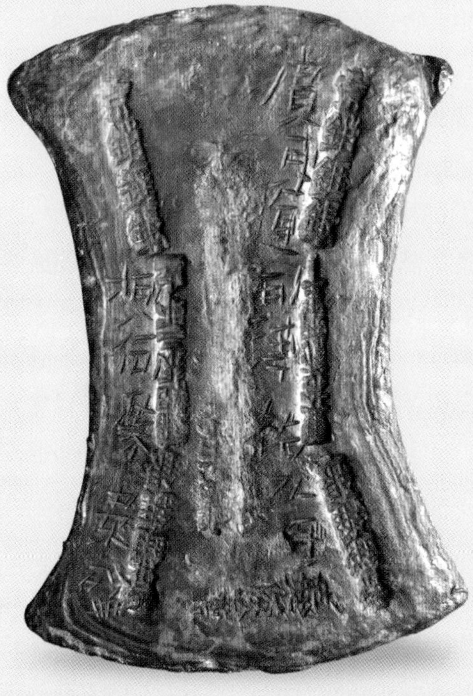

图 1-1

广东运司淳祐九年，十二两半银铤

刻字：广东运司淳祐九年 押人何聚叶盛
戳记：旧日苏韩张二郎 京销铤银 重拾贰两半 黄俊验
规格：通长 89 毫米，首宽 65 毫米，腰宽 42 毫米，厚 12 毫米；重 430 克

图 1-2

广东运司，十二两半银铤

戳记：广东运司 赵孙宅 京销铤银
规格：通长 88 毫米，首宽 60 毫米，腰宽 42 毫米，厚 11 毫米；重 461 克

转运司又称“漕司”，各路均有设立，由转运使执掌。宋铤中“广东运司”即指广南东路转运司。转运司负责一路之财政，所谓“凡一路之财，置转运使掌之”，其职责有三：

其一，负责足额缴纳上供物资，以保证中央财政收入，这是转运司最重要的职责。各路每年供输京师的粮、钱、金、银、丝、帛等物品皆有定数，又称上供年额。这些年额分摊于本路各府州军监。转运司并不直接征赋于民，而是起到督征的作用。例如，景德三年（1006），各路每年分两限运往京师，第一限到二月底，第二限到七月底。如有拖欠，转运司将受惩罚。南宋绍兴四年（1134），宋高宗诏令“广南东、西路转运司当职官各降一官，吏人从杖一百科断”，其原因是“户部比较绍兴三年未起上供钱物，本路拖欠最多”。[2]

其二，调拨本路财赋，移盈补缺，以保证所辖州军的开支需要。有的州军地处偏远，土瘠民贫，或者遇上灾伤之年，课税收入少，其经费则需要由转运司于上供钱之外，通融调拨。这些可供调拨的钱，又称“移用钱”。值得一提的是，金银作为国家财赋的主要储备物质，也可以看作是一种特殊的商品，地方需要买银上供。买银交纳如有亏空，也由转运司补足。至北宋后期起，广东岁额上供钱15万缗，依例买银起发。绍兴以前“诸州并无银本钱”，乃从本州经费中挪拨，或科敛于百姓。绍兴后，广东运司就“每岁桩办得钱五万缗，均分诸州做银本”。[3]

其三，监察本路州军财务。定期巡历州军，点检储积，稽考帐籍。转运司下设帐司机构专职考核各州军申报的收支月帐。

两宋时期，各路经济水平不均衡，加之边境地区军费开支浩大，州军上供钱物除直接交纳户部外，很大一部分被中央调拨补助他路。在转运司上报朝廷的《收支见在钱物状》“支”项中，“起发若干”即指调往他路。

转运司相关的银铤不多，目前发现一枚北宋大观元年（1107）“杭州都税院”买银发送“转运衙”的“郊禋银”（见铤1，1958年春季内蒙古昭乌达盟巴林左旗毛布力格村出土）。这个转运衙，又称转运使衙，乃两浙路转运司之治所。一枚南宋“两浙路转运司市舶案”庆贺理宗生诞的“天基圣节银”（见铤2）。还有十数枚加盖“广东运司”戳记的年额上供银。上述南宋银铤坑口一致。“广东运司”则分为戳记版及刻字版两种，其中一枚刻有“淳祐九年”的纪年，有的则加盖“京销”字样或临安地名、金银铺铺名，这说明它们来源于临安。由于“广东运司”戳印明显浅于四周的标准戳记，可见戳记加盖的时间不一致，是在已冷却凝固的银铤上后加盖上去的，所以呈现出较浅的印记。可见，银铤铸造在先，随后由广东运司买银交纳。银子本身也是一种商品，而临安则是南宋最大的金银钞引集散中心。宋人吴泳于淳祐末年任广南东路转运使，他在《鹤林集》中写道：

> 广州非产银去处，本司逐时买银起纲，铢积寸累，极是艰辛……本司一年管催十四郡上供金银，解赴湖广总领所，纲解虽办于诸郡，而银本则实隶于本司。合诸郡上供计之，共当银四万二千八百八十七两有奇，又金十五两。本司岁支银本钱四万六千六百九十八贯有奇。各郡添贴之数不与焉。

在同批发现的宋铤中，最晚的纪年到宝祐二年（1254），这个时间段与吴泳任职广东转运使的时间高度重合，这些加盖“广东运司”的银铤恰巧是文献中记载的上供年额银（广义上的上供银，与专项上供银不同，参见本书第五章《上供银》相关论述）。当实物与文献相互印证，又能呈现于眼前，甚至触手可及时，其缘妙不可言。

二、提举常平司

铤5：（刻字）浙西提举常平司今发淳祐七年分天基圣节银每铤重式拾伍两铸销匠张兴秤子邱 修职郎官差平江府吴县丞权司法臣赵

（戳记）盛缣 贾寔 京销（图1-3）

铤6：（刻字）浔州常平库今解□□□□□□天基圣节银壹□□□□□□十一月□□□□常平库□□□

（戳记）贾寔 盛缣 沈执中

图 1-3

浙西提举常平司天基圣节银，二十五两

刻字：浙西提举常平司今发淳祐七年分天基圣节银每铤重式拾伍两 铸销匠张兴秤子邱 修职郎官差平江府吴县丞权司法臣赵

戳记：盛缣 贾寔 京销

规格：通长 111 毫米，首宽 74 毫米，腰宽 50 毫米，厚 16 毫米；重 990 克

铤7：（刻字）潭州酒务抵当所准提举司指挥支常平坊场积剩钱买到银壹铤伍拾两专秤库蔚明等行人李经官

北宋淳化三年（992），京畿丰收导致粮价大跌，宋廷为维护粮价稳定，派员于京城四门设场加价收购粮食，存储在就近的空仓里，并取名为“常平仓”。若到饥荒之年，粮价暴涨，再将仓中的粮食平价卖出。此后，常平仓形成定制，大部分州县效仿设立。宋廷按属地人口多寡截取上供银钱，从二三千贯至一二万贯不等，用作常平仓买粮之本金。这些本金又称籴本。同时规定常平仓每三年须换新粮，旧粮作军粮。到熙宁二年（1069），宋神宗依王安石推行变法时，常平仓被赋予了更多的职能，并将常平仓的管理机构升格为一路监司，以提高其地位，即提举常平广惠仓司，简称“提举常平司”或“仓司”。史载：

提举常平司掌常平、义仓、免役、市易、坊场、河渡、水利之法，视岁之丰歉而为之敛散，以惠农民。凡役钱，产有厚薄则输有多寡；及给吏禄，亦视其执役之重轻难易以为之等。商有滞货，则官为敛之。复售于民，以平物价。皆总其政令，仍专举刺官吏之事。[4]

由此可见，提举常平司不但管理常平仓等赈济惠农事务，还负责农田水利、青苗法、免役法、市易法在本路的推行。作为监司，按察地方官员也是其职责之一，但更偏向于经济方面的，例如按察抚恤作弊、救灾不力、和买不法等行为。到南宋时，由于青苗法、市易法的废除，提举常平司的事权也大为降低。特别在南宋初年，常平司废置不常。绍兴十五年（1145），常平司与茶盐司合并为“提举常平茶盐司”，而此时的常平钱“多取以赡军”。

宋代“仓”与“库”所储对象不同，常平仓用以储粮，常平库用以储钱。常平库的钱由籴本、常平息钱、封桩钱、免役钱、坊场钱，以及将没官、绝户物资变卖所得之钱组成。关于常平库的记载，另见于绍兴二十九年（1159）两浙路转运副使的奏请之中，时年两浙路诸州县大丰收，粮价很低：

专委诸路提举司，至岁正、二月以后减价粜，钱依旧椿还常平库，遇秋成日收籴。[5]

这里明确要求卖掉粮食的钱依旧存放于常平库中。至于常平息钱，是将籴本或免役宽剩钱等备作不时之需的经费，挪为放贷的本金，以收取利息。

铤5是淳祐七年（1247）浙西路提举常平司从平江府吴县调发的天基圣节银。不光是银，还有粮。此前乾道七年（1171），浙西地区发生灾害，“浙西常平司于平江府常平义仓米内供支五万硕，应副湖州赈粜，接济饥民”。[6]各地丰歉不一，但进奉圣节银已成惯例，当地方财政捉襟见肘之时，必然导致侵占挪用常平备荒钱粮。“淳祐初，柄国者立为厉禁，常平义廪之储，有司不得擅发，凡穷民遇岁旻始一济，所济者狭而受济者寡。”[7]常平司又因监督过严，吝惜救荒，使受济者受损。铤6铭文显示常平司进奉的天基圣节银，也是从常平库调拨的。虽然铤中铭文有漫漶不清之处，但根据只有理宗的生日称为“天基节”可以推断出该铤为南宋理宗年间所进奉。铤7为北宋银铤，是“潭州酒务抵当所”用“常平”并“坊场”的积剩钱买到的银两（详见本书第十六章）。

三、提刑司

铤8：（刻字）安吉州今起发进奉淳祐柒年天基圣节银壹仟两并起发提刑司刑式佰伍拾共壹仟式佰伍拾两计伍拾三铤 前赴行在左藏西交纳者迪功郎安吉州州学教授权添差通判□□□ 朝散郎通判安吉州军州事□□内劝等衔李溢 朝散郎集英殿修撰知安吉州□兼管内劝□蔡

（戳记）京销 沈执中 霸北街西（砸平）（图1-4）

提点刑狱司，又称“宪司”或“提刑司”，最初为监督并审理一路刑狱案件而设，是本路最高的司法机构。州县之疑难案件、平反冤假错案俱由提刑司负责。前些年热播的《大宋提刑官》主角宋慈，曾在南宋理宗时期历任两广、湖南等地提点刑狱官，其撰写的《洗冤集录》是世界上最早的法医专著。作为监察机构，提刑司还有按察一路官吏、参与地方财政事务的职责：

1. 负责管理督察一路经总制钱。经制钱、经总制钱合称经总制钱，是北宋末年到南宋时期重要的税源，但并非独立的税种，它在其他征收课税项目上增添一定的数额或比例，是一种附加税，由提刑司兼领。南宋建炎三年（1129），宋高宗令：

图 1-4

安吉州并提刑司起发左藏西天基圣节银，二十五两

刻字：安吉州今起发进奉淳祐柒年天基圣节银壹仟两并起发提刑司刑式佰伍拾共壹仟式佰伍拾两计伍拾三铤 前赴行在左藏西交纳者迪功郎安吉州州学教授权添差通判□□□ 朝散郎通判安吉州军州事□□内劝等衔李溢 朝散郎集英殿修撰知安吉州□兼管内劝□蔡

戳记：京销 沈执中 霸北街西（砸平）

规格：通长 107 毫米，首宽 69 毫米，腰宽 46 毫米，厚 14.5 毫米；重 925 克

东南八路州军收充经制钱、别置簿书拘管，委逐路提刑司兼领，检法官充属官。[8]

到宁宗朝，更是规定：

诸经总钱物，提点刑狱司每月抽摘诸州分隶历点勘，有无隐漏、增减不实，保明申尚书户部。[9]

2. 监管一路之封桩钱物。储物备用叫封桩，封桩钱物是指封存不用留作财政储备的那部分财物，主要用于应付战争、灾伤年份的不时之需。提刑司需要每半年差官点检。

3. 兼领一路茶税。宋哲宗“诏诸路茶税并专委提刑司，管其税务，毋得以茶税更易作杂税收附”。[10]此后一路茶税多由提刑司兼领。

4. 监督一路坑冶。没有设置提点坑冶铸钱司的矿产区，由提刑司负责催督课额。提点坑冶司夏季申报户部，提刑司限次年春季。

5. 兼领常平广惠仓及劝耕农桑。旧制，常平广惠仓专隶提刑司，后划归常平司。常平司废置不常，若有废罢，常平广惠仓则依旧由提刑司兼管。建炎二年（1128），宋高宗令提刑司将“常平司见在金银并起发赴行在”。此外，提刑司还“劝恤农民以时耕垦，招集逃散，检括陷税，凡农田一事已上悉领之”，[11]北宋提点刑狱官常兼领劝农使之职。

目前发现带“提刑司”铭文的银铤只有一枚，见铤8，此枚银铤为二十五两形制，是目前发现字数最多的宋铤，字戳总计多达119字，内容十分丰富，将起发地点、时间、交纳方、用项、银两总数、解送银铤总数、交纳地点、国库名称、三位地方主官并官衔等信息悉数錾刻于铤上，另外还加盖有入库校验人员的戳记，详尽地记录了宋代地方赋税解纳、输送的全过程。该铤极其珍罕，弥足珍贵，无论文物价值还是史料价值都堪称最上乘！

现将刻字中相关史料信息浅释如下：

安 吉 州：隶两浙西路。南宋宝庆元年（1225）以湖州改名。辖境包括今湖州、德清、安吉、长兴等地。

天基圣节：圣节，又称诞节。宋代将皇帝、皇后的生日定为节日，又称圣节。天基节为宋理宗圣节的专称。

行　　在：建炎三年（1129），宋高宗将杭州升格为临安府，又于绍兴八年（1138）定都于此，但未将临安府称为京师，而称“行在所”或“行在”，名义上仍以东京开封府为京师，以示恢复中原之志。领九县：钱塘、仁和、余杭、临安、富阳、於潜、新城、盐官、昌化。

左 藏 西：宋代最大的财库，所谓“贡赋悉入左藏库”，专用于储藏国家赋税收入及各地上供财物。政和六年（1116），左藏库修建新库，以东、西库为名。到南宋时仍用旧名，按《乾道临安志》记载，左藏库在杭州清湖桥之西。

州学教授：宋以前，地方教育都由地方行政长官兼管，宋代则设置了专门主管教育的机构。州县官学的教官被称为“教授”。《宋史》中记载，庆历四年（1044），朝廷下令诸州军监皆立学，“学者二百人以上，许更置县学。自是州郡无不有学。始置教授，以经术行义训导诸生，掌其课试之事，而纠正不如规者。委运司及长史于幕职，州县内荐，或本处举人有德艺者充”。“教授”往往一身兼多职，既是教官又可能是地方长官的属吏。该铤铭文“州学教授添差通判”即表明该州学教授还身兼通判一职。所谓“添差”是指原差遣之外增添的差事。宋理宗曾直接下诏任命一批理学信徒出任教授，淳祐六年（1246）“诏朱熹门人胡安之、吕焘、蔡模并迪功郎、本州州学教授”[12]。宝祐二年（1254），“诏饶州布衣饶鲁不事科举，一意经学，补迪功郎、饶州教授”[13]。“迪功郎”，寄禄官阶第三十七阶，从九品。

兼管内劝：在古代农业社会中，“朝廷第一重农”，宋廷要求全部官员人人参与，官职中常带上“劝农”之衔以示亲民。但劝农职衔几乎没有单独设置，地方官一般都例带此衔。其具体职能包括教化民众，变其风俗，以及引导农事、不误耕种。

关于“通判”“集英殿修撰”以及“朝散郎”等寄禄官阶的释读，将在本书第二章中细述，本节不再赘言。安吉州并提刑司共进奉天基圣节银一千二百五十两，金额巨大，知州及两位通判俱有参与其中，相互监督，共同背书。银铤中出现一州之三位主官，在所有发现的宋铤中，只此一枚。根据铭文“淳祐七年”“朝散郎集英殿修撰知安吉州”等信息，可以考证此蔡姓官员当为蔡节。蔡节，永嘉人，南宋淳祐六年任朝散郎集英殿修撰，《吴兴志·郡守》称蔡节于淳祐六年三月初六至七年七月初十，一年又四个月，曾守吴兴。吴兴为安吉州治所所在地。中国国家图书馆藏有宋刻本《论语集说》，其作者即为蔡节。宋许应龙《东涧集》称蔡节：

> 仓廪委积，悉赖大农，虽设立属立贰以任其责，而为之长者职尤高，虽以次迁，实阶显用，以尔疏通无壅，廉静寡求。出典辅藩，入登朝列，郎闱寺监，无施不宜。省闼弥纶，奉公守正，力求外补，勉徇雅怀。

铤中提及隶提刑司的二百五十两银子，未必就是提刑司总共进奉的数额，而很可能仅是从安吉州划拨出来的这部分，本路之内的其他州军也可能代之起发。

四、经略安抚司、安抚司

铤9：（刻字）鄂州进奉天基圣节银壹千两计贰拾铤每铤重伍拾两 复州团练使带御器械知鄂州兼京西湖北路安抚副使臣孟璟上进 十二月廿二十（图1–5）

铤10：（刻字）广州经总制库起发绍兴二十六年春季经总制银□铤伍拾两专库苏举李枢监官黄亨右宣教郎经略司干办公事权通判向

安抚司又称“帅司”，其主官为安抚使，或设为经略安抚使（两者略有不同，后者军事职能更为显著），通常由一路之首州知州兼任，掌一路兵民之事。与其他监司分工不同，“以婚田、税赋属之转运；狱讼、经总属之提刑；常平、茶盐属之提举；兵将、盗贼属之安抚”。[14]安抚使在北宋时期通常为临时差遣，遇灾荒或用兵之际才派员巡视、抚慰，事毕则罢，非常设之务。“皆特遣使安抚，事已则罢。”[15]直到南宋乾道年间，方在全国十六路设置安抚使。如果在战时，帅司地位提高，不仅总一路之军政、治安，还要与其他监司负责荐举、考课地方官。如果时局相对平稳，帅司职权则大为下降，对地方上的监管权又回到漕、仓、宪司手中。

赵宋自立国始，坚持执行“兵财分治”的原则。安抚司也不例外，它无权执掌一路之财计，但作为管辖一路之兵马机构，也并非毫无财权，它有公使库、抚养备边库、激赏酒库，特别是宋代的军队还允许自行经营生财，都为之带来了广泛的财源，也是社会生活与地方经济研究中不可忽视的部分。例如军队贩卖钞引、出售度牒、抵押借贷、买卖土地，经营酒业、药局、当铺、邸店等等。熙宁九年（1076），朝廷先后赐定州安抚司度牒五百道，定州安抚司“蒙赐度僧牒，回易收息，以赏艺兵士、保甲”[16]，就是安抚司将朝廷赏赐的度牒卖出后，用所得之钱当作官营的本金，周转贸易，再分取部分利润用以赡军的例子。

目前与安抚司相关的银铤仅见铤9、铤10两枚。铤9为南宋知鄂州兼京西湖北路安抚副使孟璟进奉给理宗的圣节银。孟璟，湖北随州枣阳人，抗蒙将领，其曾祖、祖父为岳飞之部将。孟璟、孟璋、孟瑛、孟珙等兄弟四人自幼随父抗金，其弟孟珙更是堪与岳飞比肩的一代名将。1234年正月，宋军由孟珙统领，与蒙古大军合围蔡州，金哀宗自缢身亡，金国亡。靖康耻，终得雪！其后的宋蒙战争中，四川、京湖、两淮为三大主战区，孟珙连续在四川、京湖抗击蒙军，并陆续收复荆襄失地，《宋史》中单独为其树传。孟璟同样屡立战功，在清平、归州大垭寨屡破蒙军，嘉熙三年（1239）时任湖北安抚副使，知峡州。银铤铭文为“知鄂州”，这个任职应该是理宗淳祐年间的事了。

图 1-5

京西湖北路安抚副使孟璟进奉天基圣节银，五十两

刻字：鄂州进奉天基圣节银壹千两计贰拾铤每铤重伍拾两　复州团练使带御器械知鄂州兼京西湖北路安抚副使臣孟璟上进十二月廿二十

戳记：京销 贾寔 盛继

相关史料信息简释如下：

复州团练使：武将的虚衔，用以定品级，团练使为武官阶中的正任官，从五品。复州，隶荆湖北路，南宋瑞平间设治所于沔阳。但复州团练使并不意味着孟璟在复州任职。“观察、防御、团练、刺史特以为右列叙迁之宠，虽有正任、遥领，大率不亲本州之务。”[17]孟璟真正的差遣是“知鄂州”。

带御器械：军职名。原指特许在皇帝身边佩带武器，后演变成恩宠与荣誉的加衔，被授予带御器械的武臣多为得到特殊信任的中高级武将。

京西湖北路：京西南路、荆湖北路的统称。此二路在长江中游段与蒙军隔江对峙，是蒙宋战争之三大主战场之一。

关于铤10，1975年4月河南方城王营村出土。有两点值得思考：其一，宋代路级官员常常由于各种形式的兼职而扩大了自身的权力范围，经总制库内的银钱，通常由通判与提刑司负责，但经略司官员兼职通判后，也就变相扩大了财权。其二，战事急迫时，例如南宋初年及末期，各官、民、兵为一体；安抚制置司、总领所为一家，而此时安抚使（或经略使、安抚制置使）的财政大权则必为扩大。

五、提举学事司

铤11：（刻字）京西北路提举学事司进奉崇宁肆年天宁节银每铤伍拾两（图1–6）

宋代有崇文尚学的社会风气，自宋初以来，州县之“官学”发展迅速，官学亦多由地方长官所兼管，如镌刻于宋仁宗至和元年（1054）的《京兆府小学规》下所署官名“尚书比部员外郎通判军府兼管内劝农事提举府学薛俅”“大理寺丞签署观察判官厅公事专管勾府学李綖”等。到元符二年（1099），因国子监实施新的以教育取代科举的所谓“三舍”法，朝廷下令“诸路各选监司一员提举学校，仍令知、通专一管勾”[18]，这是宋代设置路一级“提学官”之始。宋徽宗崇宁二年（1103），始设提举学事司这一机构，简称“提学司”，以专管地方教育事务。宣和三年，随着三舍法废罢，提举学事司亦废罢。南宋绍兴年间提举学事司又恢复启用，并延续至宋末。

提举学事司属于一路之监司，其职能如《宋史・职官志七》中所描述：“掌一路州县学政，岁巡所部，以察师儒之优劣、生员之勤惰，而专举刺之事。”也就是：其一，每岁巡视本路诸州学政，例如监察贡院之建设，“学田”之收支等事务。所谓学田，是指学校通过朝廷拨赐、官府购买或民众捐赠等途径获得的田产。这些学田以租佃的形式出租，以所获之利充当办学及养士的经费。如有学田被侵占，也在提举学事司觉察举报之列。其二，甄选并考核本路州县学教官。其三，考核学生的优劣。如《宋史》中记载，庆元二年（1196），有大臣奏报：“请令太学及州军学各以月试合格第三名呈文上御史台考察，其有旧习不改，则坐学官、提学司之罪。”

铤11是京西北路提举学事司进奉给宋徽宗的圣节银，1971年出土于内蒙古巴林左旗。徽宗以十月十日为天宁节。

图 1-6

提举学事司进奉崇宁四年天宁节银，五十两

刻字：京西北路提举学事司进奉崇宁肆年天宁节银每铤伍拾两

规格：通长 198 毫米，首宽 84 毫米，腰宽 59 毫米，厚 22 毫米；重 1963 克

第二节　南宋时期的总领所

总领所是南宋时期特有的军需财赋供输机构，在宋铤中亦有铭文表述为“总领使所”或“总所”。总领所的设立即是有宋一代“稍夺其权，制其钱谷，收其精兵”治国理念的产物，又是宋廷南渡后为各战区就近提供军需保障的现实需要。

一、淮西、淮东、鄂州总领所的设立

南宋初年，金兵在川陕、江淮地区屡遭败绩，南下亡宋之心转为以战佐和，宋金双方在军事上保持着平衡。不久，宋金达成和议，史称“绍兴和议”。在偏安一隅的局面形成之际，宋高宗对诸军因战功而势力扩大的趋势深感忧虑，这其中就包括驻扎在淮东楚州（今江苏淮安）的韩世忠部、驻扎在鄂州的岳飞部、驻扎在建康（今南京）的张俊部。而民间更是将他们所率之军称之为韩家军、岳家军、张家军。为防止诸将尾大不掉，“杯酒释兵权”的故事再次上演。宋高宗明升暗调，将韩、岳、张三大帅调离原统领之部队，授虚职于中央，尔后宣布“宣抚司并罢，遇出师，临时取旨，逐司统制官已下，各带御前字入衔”[19]，使将不领兵。而所谓带“御前”字样，则表示直属皇帝，是赵家军。与此同时，中央需要对军队的财权进行管控。事实上，南宋国土面积较北宋缩小近三分之一，而临安的地理位置也无法像东京汴梁那样成为全国物资转输中心。特别在战事紧迫时，按战区就近调度军需也是必然的选择。在这种政治与军事的双重考量下，绍兴十一年（1141）五月，高宗诏令设立总领所：

（宋）刘松年《中兴四将图》　画中人物有岳飞、张俊、韩世忠等，分别屯驻湖广、淮西、淮东。

“直秘阁淮东转运副使胡纺为司农少卿，总领淮东军马钱粮，置司楚州。”

“尚书度支员外郎总领提举大军钱粮等事吴彦璋为太府少卿，总领淮西、江东军马钱粮，置司建康府。”

“太府少卿总领湖广江西财赋曾慥为太府卿，总领湖广江西财赋、京湖军马钱粮，置司鄂州。”

“各专一报发御前军马文字，诸军并听节制。盖使之与闻军事，不独职馈饷云。总领官正名自此始。”[20]

即设立淮东总领所，置司楚州，后迁至镇江；设立淮西总领所，置司建康；设立湖广总领所，置司鄂州。而南宋四大总领所之四川总领所，则设立于绍兴十五年（1145），置司利州。总领所的设置一直延续至宋末。遗憾的是，迄今所见之宋铤独缺四川总领所。总领“军马钱粮”指的是总领所的财赋管理职能，其供应的对象在南宋前期仅限于御前诸军九都统司（嘉定后为十都统司），它们分别是淮东的镇江都统制司；淮西的建康、池州都统制司；湖广的鄂州、荆南、江州都统制司；四川的兴元府、兴州（后改为沔州）、金州都统制司。其他地方军兵之军需则由所在各路自行筹措。南宋后期，因御前诸军不足以抵御外敌，需借助地方力量，才出现总领所负责供给地方军的情况。“专一报发御前军马文字”“并听节制”及“与闻军事”则体现总领所的“监军”职能。军中事务，总领所有知情权与建议权。诸军向朝廷的请示，及朝廷对诸军的指挥，其文书均由总领所经办。较之此前各路监司，它可以统筹调动多路的资源服务于战区。在正式设立总领所之前，为满足抗金的需要，曾随军设置总领财赋官，由朝廷直派，但无固定的辖域，身份仅为临时派遣的性质。

总领所，设总领一人，为总领所长官。属官设干办公事、主管文字、准备差遣、准备差使、签厅公事等各一至两人。属官之下再设“吏”，员额不等。另下辖若干常设机构，例如：一，负责御前诸军将士俸禄发放的分差粮料院；二，负责军籍及监察俸禄发放有无欺侵的审计院（司）；三，负责粮料贮藏的大军仓，以及贮藏钱物的大军库。宋铤有铭文为“赴淮西大军库交纳”即可例证。四，负责收储兵器的御前封椿甲杖库。

二、总领所的财赋来源

下面结合部分宋铤实物，对总领所的财赋来源试作分析。

淮东总领所银铤

铤12：（刻字）镇江府 今起发淳祐七年分进奉天基圣节银三百两共六铤每铤计五十两专知官臣胡靖 文林郎镇江府录事参军臣施来 中奉大夫权尚书户部侍郎淮东总领兼知镇江军府事臣王埜 上进　十二月十一日

（戳记）京销 盛缫 沈执中 贾寔（图1-7）

湖广总领所银铤

铤13：（刻字）连州起淳祐六年经制银赴湖广总所交 权司法 元

（戳记）蒲四郎记

铤14：（刻字）潮州经总银鄂州交纳

（戳记）铁线巷南 重贰拾伍两

铤15：（刻字）新州解发淳祐四年鄂州纲银

（戳记）京销银 赵孙宅 重拾贰两半（图1-8）

淮西总领所银铤

铤16：（刻字）今申解淮西银每铤贰拾伍两洪字号秤子经荣唐深 从事郎永州司法参军赵常□ 承议郎通判永州军州事莫绍（图1-9）

铤17：（刻字）（正面）武冈军今解淳祐六年夏季经总银二伯（佰）八十六两二钱八分七厘大小六铤赴淮西大军库交纳（背面）朝散郎通判军事徐耜　武翼郎閤门宣赞舍人知军事王克仁

铤18：（刻字）武冈军今起发淳祐六年闰四月下（夏）季经总艮（银）计三百六十三两弍钱七厘大小八铤赴淮西大军库交纳 朝散郎武冈军通判事徐 武翼郎閤门宣赞使知军公事王

铤19：（刻字）郴州起发淳祐七年上半年淮西总所纲银

铤20：（刻字）郴州起发淳祐八年下半年纲银赴淮西总所交纳

（戳记）霸北街东　壹拾贰两半　□□□□（图1-10）

图 1-7

权尚书户部侍郎淮东总领王埜进奉天基圣节银，五十两

刻字：镇江府 今起发淳祐七年分进奉天基圣节银三百两共六铤每铤计五十两专知官臣胡靖 文林郎镇江府录事参军臣施来 中奉大夫权尚书户部侍郎淮东总领兼知镇江军府事臣王埜 上进 十二月十一日

戳记：京销 盛继 沈执中 贾寔

图 1-8

新州解发淳祐四年鄂州纲银，十二两半

刻字：新州解发淳祐四年鄂州纲银
戳记：京销银 赵孙宅 重拾贰两半
规格：通长 86 毫米，首宽 60 毫米，腰宽 40 毫米，厚 12 毫米；重 443 克

铤21：（刻字）武冈军今解淳祐□年□□僧道免丁银三十五九钱一分计壹铤赴淮西大军库交纳

铤22：（刻字）武冈军今解淳祐十年春季经总银二百八十六两二钱大小六铤赴淮西大军库交纳承议郎通判军事胡 朝散郎武冈知军事何

铤23：（刻字）道州通判厅发起淳祐九年冬马司银每铤重伍拾两赴淮西总领所交纳专库□□ 从事郎道州军事判官权司法黄何部

铤24：（刻字）道州通判厅发起宝祐贰年秋季马司银每铤重伍拾两赴淮西总领所交纳 专库熊萧等 迪功郎道州司法参军李士安

铤25：（刻字）全州通判起解宝祐二年冬季银前赴淮西总所交纳 从事郎全州军事推官赵崇达

有关总领所地位的问题，学术界有两种不同的看法：观点一，认为总领所是分割户部权力的新机构，以《朱子语类》中“凡诸路财赋之入总领者，户部不得而预也”之语为证。观点二，认为除四川总领所之外的东南三所，仅是户部的派出机构。然而铤

图 1-9

永州申解淮西银，二十五两

刻字：今申解淮西银每铤计贰拾伍两洪字号秤子经荣唐深 从事郎永州司法参军赵常□ 承议郎通判永州军州事莫绍

规格：通长 112 毫米，首宽 82 毫米，腰宽 45 毫米，厚 23 毫米；重 1018 克

图 1-10

郴州申解淮西银，十二两半

刻字：郴州起发淳祐八年下半年纲银赴淮西总所交纳

戳记：霸北街东 壹拾贰两半 □□□□

规格：通长 90 毫米，首宽 61 毫米，腰宽 41 毫米，厚 12 毫米；重 461 克

12中的铭文清楚显示，王埜是“权尚书户部侍郎淮东总领”，即代理户部侍郎与淮东总领之职。南宋兼职情况较为常见，能集主管中央与地区财赋二要职于一身，显然是为了更好地上下驱使通融，互通有无，观点一与其说是对户部权力的分割，不如视作在敛财职能上的互补。王埜（野），淳祐四年九月始至淳祐七年（1244～1247）任职淮东总领，见表1-1。宝祐二年（1254）升瑞明殿学士，签书枢密院事，封吴郡侯。观点二较为妥帖，但又不尽然，总领所督催辖路赋税以供军，如遇缺额，则通过户部进行跨区调拨。二者需密切配合，否则无法调剂指挥，地方州军在赋税输纳时亦将不知所从。但紧密配合未必就是从属关系，户部更多的是宏观调控，而总领所则需独当一面，督催甚至自行筹措赡军物资，另一方面还执行着监军的任务，这已大大超越了户部的职责范围。

考察铤13～铤25，为何连州、潮州、新州的银铤发往湖广总领所？而荆湖南路的州军为何又将银两发往淮西总领所？回答这些问题，我们需要就总领所财赋的来源进行分析。查阅相关史料，南宋十六路可划分为五大财赋供输区域，即行在临安与四大总领所。各区域对应路分：

表1-1 淳祐二年至宝祐二年（1242～1254）四大总领年表[21]

时间	淮东总领	淮西总领	湖广总领	四川总领
淳祐二年（1242）	丁煜（丁晖？） 丘岳（徐瑑？七月始）	尤焴 池圣夫	贾似道	余玠（兼）
三年	丘岳（徐瑑？） 马光祖（八月始）	池圣夫	贾似道	余玠（兼）
四年	马光祖 王埜（九月始）	池圣夫	贾似道	余玠（兼）
五年	王埜	池圣夫 董槐 王爚	贾似道 （沿江制置副使兼）	余玠（兼）
六年	王埜	王爚、郑霖	贾似道 （京湖制置使兼）	余玠（兼）
七年	王埜 赵汝捍	郑霖 韩補（二月始）	贾似道 （京湖制置使兼）	余玠（兼）
八年	赵汝捍 李迪（八月始）	韩補 陈绮（四月始）	贾似道 （京湖制置使兼）	余玠（兼）
九年	李迪	陈绮	贾似道 （京湖制置使兼）	余玠（兼）
十年	李迪 余晦（十月始）	陈绮 徐栗（十一月始）	贾似道 （京湖制置使兼） 李曾伯 （京湖制置使兼）	余玠（兼）
十一年	余晦 徐栗（六月始）	徐栗 吕好问（十月始）	李曾伯 （京湖制置使兼）	余玠（兼）
十二年	徐栗	吕好问	李曾伯 （京湖制置使兼）	余玠（兼）
宝祐元年（1253）	徐栗	吕好问 马光祖（八月始）	李曾伯 （京湖制置使兼）	余玠（兼） 余晦（兼）
宝祐贰年	徐栗	马光祖 赵与弼（十二月始）	李曾伯 （京湖制置使兼）	余晦（兼）

行在临安府：两浙东路、福建路；

淮东总领所：淮南东路、两浙西路、江南东路部分地区；

淮西总领所：淮南西路、江南东路部分地区；

湖广总领所：荆湖南路、荆湖北路、京西南路、江南西路、广南东路、广南西路；

四川总领所：利州路、成都府路、夔州府路、潼川府路。

由于连州、潮州、新州隶属广南东路，是故铤13、14、15交纳至湖广总领所，又因为鄂州是湖广总领所所在地，有的银铤上则錾刻“鄂州”代表交纳至湖广总领所。永州、武冈军、郴州、道州、全州（见铤16～铤25）虽隶属于荆湖南路，却没有交纳至湖广总所，而是交纳至淮西总领所，这与原划分区域不符。因此，一定是出现了调拨的情况。而事实上这种调拨并不鲜见。例如，江西财赋原定供输湖广总领所，但《建炎以来系年要录》卷一八四记载，绍兴三十年（1160）：

> 池州大军岁用米十四万四千石，系于吉、信州、南安军科拨。建康府大军岁用米五十五万余石，系于吉、抚、饶州、建昌军科拨。

即淮西总领所负责建康、池州大军的军需供应，但岁用米却由隶属于江南西路的吉州、抚州、南安军、建昌军调拨。跨区域之间的调拨当是户部协调的结果，各总领所之间并无权直接调拨。目前笔者所见淮西总领所相关的银铤中，纪年跨度在淳祐二年至宝祐二年（1242～1254）之间，其供输皆来自于荆湖南路下辖州军，至少在这十二年间内，由荆湖南路起发淮西总领所似乎已成定例。而这种改变恐怕与当下的时局有关。淳祐二年（1242），两淮、江浙大水，供赋受影响，军需物资需由外路调拨补缺。与此同时，蒙古大军不断袭扰临近淮西的扬州、滁州、和州，这几乎是蒙古大军最为鼎盛的时期。如果将视野移至当时的欧洲，这一年，蒙古大军在东欧取得全面胜利，其杀伐与屠戮，使整个欧洲为之颤抖。可以想象，淮西方面正承受着巨大的军事压力。淳祐五年、六年蒙军依然不断袭扰淮西，所以必须保障对淮西的供给，而调拨荆湖或其他地方的财赋物资至淮西总领所也就不足为奇了。应该说这些银铤的发现，弥补了部分史料的空白。

根据李心传《建炎以来朝野杂记》的记载，我们可以了解南宋初期宋金休兵后，东南三总领所岁费的情况：

“淮西岁费七百万缗，米七十万石……至乾道中，淮西岁费已增为一千一百余万缗，而米犹故；淮东总领所岁费为钱七百万缗，米七十万石。”

“湖广总领所岁费为钱九百六十万缗，米九十万石。”[22]

笔者未能查阅到南宋晚期各总领所岁费的数据，但可以肯定的是，战时的岁费将远高于平时。

有关总领所敛财的方式，可分为自筹及各路划拨两大类。自筹部分，一般有如下方式：一，淮东、淮西总领所在南宋初期时兼提辖榷货务都茶场，以茶利赡军。宋孝宗乾道三年（1167），榷货务都茶场年课利金额分配如下：

以二千四百万缗为额，建康千二百万缗，临安八百万缗，镇江四百万缗。于是淮东总领所实在镇江，月支榷货钱三十万缗为赡军之用。[23]

月支三十万缗，相当于年支三百六十万缗，即镇江榷货物四百万课利年额的绝大部分都划拨淮东总领所。而此时淮东总领所“岁费为钱七百万缗”，茶利居然占淮东总经费的一半以上。二，设立赡军酒库，以指定州军卖酒的收入作为总领所财源的一部分。三，设立惠民药局、熟药库以获利。四，设立市易抵当库。抵押借贷，以息钱助军。五，通过大量发行纸币达到敛财赡军的目的，如发行两淮地区行使的“两淮会子”，湖北地区行使的“湖北会子”，四川地区行使的“钱引”等。不可否认，这些纸币在战时起到过一定的作用，但滥印超发却导致了纸币的严重贬值，也严重阻碍了商业的发展，最终承受损失的还是民间百姓。总领所有关纸币的发行与管理，在中国货币史中具有重要的历史地位，限于篇幅，本文不作详述。

至于各路划拨部分，这些银两可以来自于两税正税收入，也可以来自于各项杂税收入。上述宋铤反映出的具体课目有经制银、总制银、僧道免丁银、马司银等，这些税项我们将在后面的文章中作具体介绍。至于未列明具体用项的淮西银、冬季银、纲银等，则指每年按规定输纳至总领所银两的统称，它们可能来自于地方上的某一税款。也可能来由多种税款汇聚而成。与“冬季银”类似的，还发现有“夏季”“秋季”起发总领所的银铤，这说明地方是按季向总领所供输钱粮物资的。且地方州军明确以通判为主管官，负责向总领所输纳事宜，“诸州起发总领所财赋，以通判为主管官”[24]。

注释

[1]（宋）李焘：《续资治通鉴长编》卷四六八。

[2]（清）徐松：《宋会要辑稿》食货六四之五。

[3] 廖顒：《奏均减上供银表》，参见包伟民著《宋代地方财政史研究》，上海古籍出版社，2001年，第30页。

[4]（元）脱脱等：《宋史》职官志七。

[5]（清）徐松：《宋会要辑稿》食货六二。

[6]（清）徐松：《宋会要辑稿》食货五八。

[7]《开庆四明续志》。

[8]（清）徐松：《宋会要辑稿》食货六四之八六。

[9]（宋）谢深甫：《庆元条法事类》卷三〇《经总制》。

[10]（宋）李焘：《续资治通鉴长编》卷四七四。

[11]（宋）李焘：《续资治通鉴长编》卷九五。

[12]（元）脱脱等：《宋史》卷四三。

[13]（元）脱脱等：《宋史》卷四四。

[14]（宋）谢深甫：《庆元条法事类》卷四。

[15]（清）徐松：《宋会要辑稿》职官四一之七九。

[16]（宋）李焘：《续资治通鉴长编》卷二七二。

[17]（元）脱脱等：《宋史》职官志一。

[18]（宋）韩元吉：《看详学事申状》。另参见顾宏义《宋代提举学事司考略》，《古籍研究》2000年第4期。

[19]（宋）李心传：《建炎以来系年要录》卷一四〇，绍兴十一年四月乙未。

[20]（宋）李心传：《建炎以来系年要录》卷一四〇，绍兴十一年五月辛丑。

[21] 摘录自雷家圣：《聚敛谋国——南宋总领所研究》，附表一：《淮东、淮西、湖广总领年表》，台北万卷楼出版社，2013年，第179页。

[22]（宋）李心传：《建炎以来朝野杂记》甲集，卷一七《淮东西湖广总领所》。

[23]（宋）李心传：《建炎以来朝野杂记》甲集，卷一七《榷货物都茶场》。

[24]《两朝备要》卷七《以通判主管总领所财赋》。

第二章

宋铤中出现的“官”与“职”

宋铤研究中，一个重要的课题便是宋代官制研究。一件记述完整的解纳或上供用官铤往往錾刻有解发地点、时间、用项、数量、官员、银匠等信息。对于官员的说明通常是冠以职衔，其描述完整且规范。透过这些官职信息，我们可以更深入地了解该铤的征收来源和税项。值得注意的是，铭文中官员职位愈高，所含历史信息愈丰富，也更具研究价值。

摘录几铤铭文，以窥其貌：

“从事郎隆兴府左司理参军兼佥厅　赵”

“朝散郎集英殿修撰知安吉州军州兼管内劝　蔡”

“朝请郎签书平海军节度判官公事　卓”

“右宣教郎经略司干办公事权通判　向”

“中奉大夫权尚书户部侍郎淮东总领兼知镇江军府事　臣　王埜”

以上官称的表述可归纳为：“寄禄官＋（职名）＋属地＋差遣、职事官＋（兼职）＋姓（名）”。

以第二铤铭文为例，“朝散郎”为寄禄官名，“集英殿修撰”为职名，“知安吉州军州”为职事官，属地为安吉州，兼管“内劝（农事）事”。其中，职名、兼职并非每位职官所有，视实而署即可。职事官名中含任职地点的，属地可以省略。宋铤中有关官职的铭文大都依此格式，个别有所简化。

宋代官制发展大体分为两大阶段。其一，北宋前期官制阶段。赵宋立国之初，为了稳定人心，减少抵抗，宋廷并未触动原有的官僚机构，但这只是权宜之策。鉴于唐末、五代藩镇割据、武臣擅权、君弱臣强的流弊，朝廷在旧机构之外又重设新衙，用以削弱相权、切割省部寺监之权。而留用的旧官员也只是干领俸禄、不掌实权，又使其相互牵制。同时委派文臣京官、朝官出任知州、知县以接管原节度使、团练使等武臣所掌地方之权，即所谓“三岁一易，坐销外重分列之势”。[1]原坐镇一方的节度使、观察使、防御使、团练使、刺史等武职则获得优厚的俸禄，但不再执事。因此北宋前期官制名实不符，形成了官与差遣分离的特点。“官”，或称“正官”“本官”，即三省六部、九寺五监等官司之官名，[2]此阶段的“官”只用作定品秩、俸禄、章服和序迁的依据，而“差遣”才是官员实际担任的职务，又称“职事官”，前面常带有“知”“权”“勾当”“提举”“签书”等前置词。司马光曾抨击道：“今之所谓官，古之爵也；所谓差遣者，古之官也。官所以任能，爵所以酬功。今官爵混淆，名实不副，员数滥溢，是以官吏愈多，而万事愈废。”北宋前期官制紊乱可见一斑。

其二，元丰五年（1082），神宗对前期官制，特别是文官体系进行了大幅改革，颁行新官制，又称“元丰改制”。而以此为界，直至南宋灭亡则可称为宋代官制变迁的第二阶段。这一阶段还可以细分为元丰新官制、元祐之制、崇宁、政和之制、南宋之制等四个时期，这几个时期基本上遵循元丰官制，只是进行了一些修补，并未作颠覆性的改变。

迄今发现有明确纪年的宋铤中，从最早的北宋元祐四年（1089）到最晚的南宋宝祐二年（1254），时间横跨165年，这些錾刻的年号分别有北宋的元祐、绍圣、崇宁、大观、政和以及南宋的绍兴、乾道、淳熙、庆元、嘉定、宝庆、绍定、淳祐、宝祐。由于发现的宋铤均在元丰年之后，因此，我们将研究的重点放在元丰新官制后的第二阶段。

第一节　寄禄官

元丰官制改革中最重要的一项改革内容是制定了文官的《元丰寄禄格》，格目内设定了二十五阶寄禄官。所谓“寄禄”，即决定俸料之意。此二十五等也就决定了文臣京官、朝官的官品与俸禄。新制还包括：一至九品有正、从之分，共为十八阶；官品决定官员服色，四品以上服紫，五、六品服绯，七至九品服绿。

到元祐年间，原元丰二十五级寄禄官，除“开府仪同三司、特进、通议大夫、太中大夫、中散大夫”等五阶外，余下的二十阶每阶再划分“左”“右”。以进士出身加“左”阶，地位略尊于同级“右”阶。到大观二年（1108），罢左、右之分。

南宋时，寄禄官阶仍有复罢，绍兴元年（1131）时又分左、右“以别流品”，到淳熙元年（1174）再罢。在发现的宋铤中不但可以看到官制沿革的痕迹，而且提供了很好的佐证。例如，1976年湖北襄樊羊祜山出土一枚绍兴三十年银铤，铭文为“潮州发绍兴三十年分钞价银赴广州提举衙交纳右从政郎司理参军郑公弼专知林规银匠罗端”。显然，“从政郎”有左、右之分。再看另一枚发现的淳熙二年银铤，其铭文为“永州今申解淳熙二年到淳熙三年银从政郎永州录事参军□□□总计十铤每铤二十五两□□”，而此时的“从政郎”已不分左右了，这与史籍所载完全相符。参阅龚延明《宋代官制辞典》，现将官阶对照表引述如下（表2-1）：

表2-1　两宋文臣（朝官、京官、选人）寄禄官阶对照简表

阶次		旧阶	元丰后寄禄官阶	官品
朝官	1	使相	开府仪同三司	从一品
	2	尚书左、右仆射	特进	从一品
	3	吏部尚书	金紫光禄大夫	正二品
	4	兵、户、刑、礼、工部尚书	银青光禄大夫	从二品
	5	尚书左、右丞	光禄大夫	正三品
	6	—	宣奉大夫（大观新增）	正三品
	7	—	正奉大夫（大观新增）	正三品
	8	吏、兵、户、刑、礼、工部侍郎	正议大夫	从三品
	9	—	通奉大夫（大观新增）	从三品
	10	给事中	通议大夫	正四品
	11	左、右谏议大夫	太中大夫	从四品
	12	秘书省监	中大夫	正五品
	13	—	★中奉大夫（大观新增）	从五品
	14	光禄卿、卫尉卿等至殿中省监、少府监	中散大夫	从五品
	15	太常寺少卿至司农少卿 尚书省左、右司郎中	朝议大夫	正六品

续表

阶次		旧阶	元丰后寄禄官阶	官品
朝官	16	—	奉直大夫（大观新增）	正六品
	17	前行郎中	朝请大夫	从六品
	18	中行郎中	朝散大夫	从六品
	19	后行郎中	朝奉大夫	从六品
	20	前行员外郎，侍御史	★朝请郎	正七品
	21	中行员外郎，起居舍人	★朝散郎	正七品
	22	后行员外郎，左、右司谏	★朝奉郎	正七品
	23	左、右正言、太常寺博士、国子监博士	★承议郎	从七品
	24	太常寺丞、秘书省丞、殿中省丞、著作郎、秘书郎	★奉议郎	正八品
	25	太子中允、左右赞善大夫、太子中舍、洗马	通直郎	正八品
京官	26	秘书省著作佐郎、大理寺丞	宣德郎（政和改★宣教郎）	从八品
	27	光禄寺、卫尉寺丞、将作监丞	宣义郎	从八品
	28	大理寺评事	承事郎	正九品
	29	太常寺太祝、奉礼郎	★承奉郎	正九品
	30	秘书省校书郎、正字、将作监主簿	承务郎	从九品
选人	31	三京府判官、留守判官，节度、观察判官	★承直郎（崇宁改名）	从八品
	32	节度掌书记、观察支使，防御、团练判官	★儒林郎（崇宁改名）	从八品
	33	京府、留守、节度、观察推官，军事判官	★文林郎（崇宁改名）	从八品
	34	防御、团练、军事推官，军、监判官	★从事郎（崇宁改名）	从八品
	35	录事参军、县令	★从政郎（崇宁时为通仕郎，政和改名）	从八品
	36	试衔知录事参军事，知县令事	★修职郎（崇宁时为登仕郎，政和改名）	从八品
	37	三京军巡判官，司理、司法、司户参军，县主簿、县尉	★迪功郎（崇宁时为★将仕郎，政和改名）	从九品

表注1：带*者均可见于宋铤铭文中。
表注2：绍兴元年，寄禄官复用左、右之分，宋铤中已发现的有“右宣教郎”“右从政郎”两种。
表注3：通仕郎、登仕郎、将仕郎为荫补未出官人之阶。将仕郎为吏人出职初阶，无品，循至修职郎，至从政郎止。

崇宁二年（1103），改选人幕职州县官的七阶官名为承直郎、儒林郎、文林郎、从事郎、通仕郎、登仕郎、将仕郎。政和六年（1116），又将通仕郎改为从政郎、登仕郎改为修职郎、将仕郎改为迪功郎。上述阶官除通仕郎、登仕郎外，余者均可在宋铤铭文中寻觅得到。

现将所见宋铤中出现过的寄禄官阶举例如下：

中奉大夫--

“镇江府今起发淳祐七年分进奉天基圣节银三百两共六铤每铤计五十两 专知官臣胡靖 文林郎镇江府录事参军臣施来 中奉大夫权尚书户部侍郎淮东总领兼知镇江军府事臣王埜 上进 十二月十一日”

朝请郎--

“泉州通判厅起发淳祐六年分 秤子董成 夏季纲银 监官朝请郎签书平海军节度判官公事卓”

朝散郎--

“道州起发淳祐六年上半年马司银每铤伍拾两赴淮西总领使所交纳 专库□□ 赵□ 迪功郎道州录事参军廖 朝散郎知道州军州事李”

朝奉郎--

“武冈军今解发淳祐十年秋季经总银二伯（佰）八十六两二钱八分赴大军库交纳 朝奉郎武冈军通判军事许”

承议郎--

“今申解淮西银每铤贰拾伍两 □字号秤子经□唐□ 从事郎永州司法参军赵荣 承议郎通判永州军州事□□”

奉议郎——

“永州通判申解秋季马司银壹铤计式拾伍两 天字号秤子唐深经荣 奉议郎通判永州事张仲”

宣教郎——

“广州经总制库起发绍兴二十六年春季经总制银□铤伍拾两 专库苏举李枢 监官黄亨 右宣教郎经略司干办公事权通判向”

承奉郎——

“随州枣阳县买到输赍 承奉郎知县管勾劝农公事梁庭 银壹铤 书典邓□库□□秀□”

承直郎——

“（全州）解发淳祐四年下半年分免丁银□□前赴淮西总所交纳 承直郎全州军事推官赵崇诚”

儒林郎、从政郎——

“静江府今申解宽剩银每铤伍拾两法务秤子吕□专典莫永进 从政郎静江府司理参军□□ 儒林郎静江节度推官周□□”

文林郎、迪功郎——

“建康府起解进奉淳祐柒年分 圣节银每铤重伍拾两专库王铭匠人程元寿 宿 十月初九日 迪功郎建康府司户参军兼监赵兴德 文林郎建康府录事参军兼监张士逊”

从事郎——

“泉州起发淳祐七年进奉天基圣节银 秤子董成监官 十二月廿日 从事郎泉州录事参军赵兴□专知张□”

修职郎——

"浙西提举常平司今发淳祐七年分天基圣节银子每铤重式拾伍两 铸销匠张兴秤子邱 修职郎官差平江府吴 县丞权司法臣赵"

将仕郎——

"崇宁四年分年额银伍拾两专副严俪曹伸 行人李诚 将仕郎司户参军监宋□"

第二节 职名

"朝散郎集英殿修撰知安吉州军州兼管内劝 蔡"中的"集英殿修撰"为职名，"职名"省称"职"，原本是文学高选的一种标志，表明了才学、德行兼优的一种身份。三馆秘阁官、诸殿大学士、学士、枢密直学士、诸阁学士、直学士、待制、直阁等皆可称"职"，然而这些"职"并无实际的"职事"，不过是职事官（包括差遣）所带的荣衔，主要作用在于提高资序、提高威望，或予以俸禄上的优待。与不带职差遣比，在升迁、恩数上具有优先权。特别是对于官员补外任路监司、帅守等职事官时，带职更显恩宠。差遣所带职名，又称"贴职""加职""带职"等。政和六年（1116），设定庶官贴职自"集英殿修撰"至"直秘阁"九等，其中集英殿为贴职之冠，一转则升为待制，其他依次是：右文殿修撰、秘阁修撰、直龙图阁、直徽猷阁、直显谟阁、直宝文阁、直天章阁、直秘阁。品位如下：

正六品　*集英殿修撰；

从六品　右文殿修撰（原称集贤殿修撰，政和五年改）、秘阁修撰；

正七品　直龙图阁、直天章阁直、宝文阁；

从七品　直显谟阁、直徽猷阁；

正八品　*直秘阁。

随着南宋敷文阁至显文阁先后建立，又依次增添"直敷文阁、直焕章阁、直华文阁、直宝谟阁、直宝章阁、直显文阁"。至此，南宋职事官带职的情况变得普通了，也突破了九等之制。职事官带诸阁待制以上至殿学士、大学士者皆泛称贴职。

铭文"直秘阁"相关的宋铤有："两浙路转运司市舶案进奉淳祐七年天基圣节银

五百两 每铤伍拾两计壹拾铤 十二月廿一 朝请郎直秘阁（阁）两浙路转运判官 尹焕上进”。

第三节 州级属官

宋代的赋税制度决定了财赋的输送是由地方到中央，或由地方到总领所的，上供、进奉亦是由州、府、路转运给朝廷的，宋铤铭文中频繁出现州（府、军、监）级属官的称谓便是最好的例子，我们可以从中看到这些阶官都曾参与到地方的经济活动中来。故此，有必要就州级属官这些地方官做进一步说明，有助于我们了解宋代的政治经济结构。

宋代实行路、府州军监、县三级地方行政管理制度。府、州、军、监行政地位略有不同，依次递减，但级别上平级。州一级是正式且完整的地方财政级别，是具体经办地方财政的中心，负责税赋课利及其上缴，同时又负责了一方的司法审判与军民之政。州之行政长官，为“知某州军州事”，简称“知州”。佐贰官为“通判某州军州事”，简称“通判”。通判有监督制衡知州之职，凡本州公事，需要知州与通判连署。府之长官，称“知某府军府事”，简称“知府”，佐贰为“通判某府军府事”，同样简称为通判。军之长官为“知军事”，监之长官为“知监事”。现摘录宋铤中有关州级官称如下：

道州起发淳祐六年马司银中錾刻有“朝散郎知道州军州事李”；

镇江府淳祐七年进奉天基圣节银的银铤中錾刻有“中奉大夫权尚书户部侍郎淮东总领兼知镇江军府事臣 王埜”；

武冈军淳祐六年经总银银铤中錾刻有“朝散郎通判军事徐耜 武翼郎阁门宣赞舍人知军事王克仁”。

宋代州级长官的属官由幕职官及诸曹官两部分组成，宋铤中时常可以见到。幕职官，简称职官或幕职，官名沿用了中唐以后藩镇幕府中节度判官、军事推官等属官的名称。宋初，原藩镇统治瓦解，宋廷确立了新的地方行政体制，原藩镇佐理军政的官职沦为散官，而原来参与财税、司法、文书等政务的判官、推官等职，则被吸纳进州级属官体制中。由于节度使、观察使已无实际职掌，宋代判官、推官、掌书计等职虽然仍带着节度、观察、防御、团练等称号，但实际上与节度使、观察使、防御使、团练使无关，不是他们的属官，而是由宋廷直接铨选统一除授，佐助知州、通判的州（府、军、监）级属官。宋代的州，如果根据地势的冲要及户数的多寡，可分为辅、雄、望、紧、上、中、中下、下八等；如果按节度体系划分，则分为节度州、防御州、团练州、军事州（刺吏州），其等第依次而降，这种不同等第被称为“格”。州格的不同，决定了幕职官的定额及名称，也有边远小州不置幕职官而由他职兼任的情况。唐代晚期，节度使常兼观察使，宋代受其影响，节度州不仅有节度判官、节度掌书记、节度推官，还有观察支使、观察判官、观察推官。防御州、团练州、军事州（刺史州）则各有判官、推官。幕职官的等级依州格也是依次下降（见表2-2）。

表2-2 幕职官等级

属官名（排名由高至低）
*节度判官、观察判官
节度掌书记、观察支使、防御判官、团练判官
*节度推官、观察推官、*军事判官
防御推官、团练推官、*军事推官

表注：带*者均可见于宋铤铭文中

一般情况下，节度州置判官一员、推官两员，掌书记或支使一名，至多不超过四员，余下州军只设判官、推官各一员，不设判官、签判的州军可由推官主持佥厅公事。幕职官主要由选人担任，由京朝官担任州府判官的，又称“签书某军节度判官厅公事”或“签书某州判官厅公事”，简称签判。例如，反映在宋铤上的有：

> 泉州通判厅起发淳祐六年分 秤子董成 夏季纲银 监官朝请郎签书平海军节度判官公事卓

幕职官的主要职责是：“掌助理郡政，分案治事，其簿书、案牍、文移付受、催督之事皆分掌之。凡郡事，与守倅通签书。”[3]也就是说，这些幕职官与通判一道，每日赴佥厅议事，签书公文处理州政，同时审理各类刑事民事案件。诸判官、推官还参与管理一州之税籍户帐。太祖乾德元年（963）十月，诏令：诸州版籍、户帖、户钞、委本州判官、录事掌之。此外，判官、签判还掌管仓库钱物，如著名理学家程颢任签书镇宁军节度判官时，“筦库细务，无不尽心，事小未安，必与之（知州）辨，遂无不从者，相与甚欢”。又如，南宋《宝庆四明志》卷五载：“（经总制钱物）州军委通判，无通判委签判拘收。”再如，和州防御判官除主持佥厅公事外，其一州“省司仓谷库、常平财谷，责于判官一人”，庆元四年（1198）始增司户参军一员，以分其责。[4]

相关宋铤举例如下：

铤1：（刻字）静江府今申解宽剩银每铤伍拾两 法务秤子吕□ 专典莫永进 从政郎静江府司理参军□□ 儒林郎静江节度推官周□□

铤2：（刻字）道州通判厅发起淳祐九年冬马司银每铤重伍拾两赴淮西总领所交纳专库□□ 从事郎道州军事判官权司法黄何部

铤3：（刻字）（全州）解发淳祐四年下半年分免丁银□□前赴淮西总所交纳 承直郎全州军事推官赵崇诚

诸曹官，包括有录事参军、司理参军、司法参军、司户参军，系选人最低阶层，仍为州级属官，分掌户籍、赋税、仓库出纳、议法断谳等政务，但是，诸曹官不须每日赴长官厅参与议事也无须签押公文，地位较幕职官略低。诸曹官官职均可见于宋铤铭文之中，以下分述之：

录事参军

乃诸曹官之长，在府者有改称“司录参军”，但在南宋时亦有在府者仍用录事参军名而未改者（如镇江府、临安府等），其职能是“掌州院庶务，纠诸曹稽违”。所谓庶务，即是诸曹日常政务。甚至州印日常也归其掌管，“州印昼则付录事掌用，暮则纳于长吏”。审刑断案也是录事参军的职责，《宋会要》记载：“（州属官中）录事、司理、司户参军掌分典狱讼，司法参军掌检定法律。”所谓纠诸曹稽违，是指负责监督劾察本州其他曹官及所辖诸县县官之责。徽宗政和年间，为录事参军制定了纠举各官司失职之“簿”，以督促各官勤于职守，并由此定升黜。此外，录事参军还与判官一起掌领一州户籍税帐，与司户一起分掌粮料院的给纳，与通判一起监管军资库，军资库的簿书由录事参军与通判共同签署，以防主管挪用。宋铤记载举例如下：

铤4：荆南军资库元祐四年 兴龙节银每铤□拾两 司录参军监杨

铤5：广德军进奉圣节银贰拾肆两壹钱 元字号 迪功郎录事参军蒋 十二月廿二

司理参军

宋代审判制度下，审与判是分开的。审为鞫，判为谳。司理参军主管审的工作，断狱问案。宋太祖有鉴于五代之时司狱者的渎职蔑法，所以采用士人而非武臣担任鞫狱者，诏曰："州府并置司寇参军，以新及第九经、五经及选人资序相当者充。"[5]太宗太平兴国四年十二月改司寇参军为司理参军，并且在较大的十六州内设左、右司理两院。从实物的考证来看，司理参军在北宋与南宋时期的职责有较大不同，如雍熙三年（986）太宗诏令"司理、司法不得预帑藏之事"，端拱元年（988）又诏"诸道州府，不得以司理参军兼莅他职"[6]。然而到了南宋时期，司理参军与其他曹官一样，常兼领诸多方面的职务，包括帑藏之事，我们在宋铤中可以得到印证，这是以实物物证弥补了史料记载中的不足。

铤6：从事郎隆兴府左司理参军兼佥厅兼造公用 赵

铤7：潮州发绍兴三十年分钞价银赴广州提举衙交纳右从政郎司理参军郑公弼专知林规银匠罗端

铤8：静江府今申解宽剩银每铤伍拾两法务秤子吕□ 专典莫永进 从政郎静江府司理参军□蔡正 儒林郎静江军节度推官周□□

司法参军

在录事参军、司理参军审理案件后检索出相应的条法律文，用以判决定罪，间或协助知州纠查案情。在不设录事参军、司理参军的州府，司法参军兼任其职。南宋时，司法参军与司户参军的职权多混淆，"司户兼司法"可以合并为一位参军。孝宗以后，司法参军还管财赋账簿业务。《宋会要》食货志有载："（淳熙二年）祖宗时，有会计录备载天下财赋，出入有账，一州以司法掌之，一路以漕属掌之。"此外，司法参军还可以兼管常平仓，例如，南宋名臣崔与之（1158～1239）任广西浔州司法参军时，因为葺治常平仓有功，而被调官为淮西提刑司检法官。而沈连（1169～1226）调任静江府司法参军时，检校常平仓，运用学廪整修大成殿，被视为"闻而善之，为助材焉"，可见南宋司法参军的职责不只是检法而已。由司法参军监造起发的宋铤有：

铤9：道州通判厅发起宝祐贰年秋季马司银每铤重伍拾两赴淮西总领所交纳 专库熊萧等 迪功郎道州司法参军李士安

铤10：今申解淮西银每铤贰拾伍两 民字号 秤子经荣唐荣 从事郎永州司法参军赵常□ 承议郎通判永州军州事莫□

司户参军

掌管户籍、赋税与仓库受纳，以及与户籍相关的婚姻、田产的诉讼。宣和四年（1122），两浙转运副使奏："本路财计，系逐州户曹专任其责。"又如南宋政治家周必大所称"户曹掌州帑廪，或行狱讼事"。另外，宋代房屋出租及旅店业较为普遍，管理机构称为"楼店务"，又称"左右厢店宅务"，其所收官屋、邸店房廊钱亦均由司户参军掌管。由于录事参军、判官与通判常常直接掌管户账、税籍，司户参军的作用大为削弱，较小的州军往往还有设官不全的情况，司法与司户参军常并为一人。在宋铤中见的有：

建康府 起解进奉淳祐柒年分圣节银每铤重伍拾两 专库王铭 匠人程元寿宿 十月初九日 迪功郎建康府司户参军兼监赵兴德 文林郎建康府录事参军兼监张士逊

此外，还分别见有錾刻"迪功郎司户林""潮州司户林"等简单铭文字样的二十五两宋铤。

以上州级属官及县级的知县事、主簿、县尉等称为"州县官"，又与"幕职官"一道被统称为"幕职州县官"，是文官中最基层的部分，官品自从八品到从九品，与京官官品相近，是京官的"候选"，通常即称为"选人"，幕职官、州县属官地位均在知州、通判之下。宋人入仕，大都要经过"选人"阶段，许多人甚至终身止步于"选人"，只有升改为京官，才能得到升迁中高级官员的机会。士人考中进士后，通常只有前三至五名入列为低级"京官"。

第四节　武官阶与统兵官

宋代武臣寄禄官阶以徽宗政和二年（1112）颁布《改武选官名诏》为界，分前期旧名与后期新官两个阶段，但是其武阶的层次保持不变，均由正任官、遥郡官、横行官、诸司正使、诸司副使、大使臣、小使臣、殿侍以下无品、不系磨勘之杂阶组成。政和新改名后，把不同层次的武阶分成了自“太尉”至“承信郎”的五十二阶。到南宋绍兴年间，把诸郎统移置于大夫之下，并增加了无品的武阶“进勇副尉”“守阙进勇副尉”二阶，使无品级的杂阶增为八阶，加上之前的五十二阶，总计六十阶。无品级杂阶常授予初入仕而未出官之武人，未入流。

出现武官阶铭文的宋铤不多见，品类如下（表2-3）：

表2-3　政和、绍兴年武官阶表

	阶次	旧官阶	政和新官阶	绍兴厘正阶序
	1		太尉（正二品）	太尉（正二品）
正任官	1	节度使	节度使（从二品）	节度使（从二品）
		节度观察留后	承宣使（正四品）	承宣使（正四品）
		观察使	观察使（正五品）	观察使（正五品）
		防御使	防御使（从五品）	防御使（从五品）
		团练使	团练使（从五品）	★团练使（从五品）
		刺史	刺史（从五品）	刺史（从五品）
遥郡官	1	遥郡节度观察留后	遥郡承宣使	遥郡承宣使
		遥郡观察使	遥郡观察使	遥郡观察使
		遥郡防御使	遥郡防御使	遥郡防御使
		遥郡团练使	遥郡团练使	遥郡团练使
		遥郡刺史	遥郡刺史	遥郡刺史
横行官	2	内客省使	通侍大夫（正五品）	通侍大夫（正五品）
	3	延福宫使	正侍大夫（正五品）	正侍大夫（正五品）

续表

	阶次	旧官阶	政和新官阶	绍兴厘正阶序
横行官	4		宣正大夫（正五品）	宣正大夫（正五品）
	5		履正大夫（正五品）	履正大夫（正五品）
	6		协忠大夫（正五品）	协忠大夫（正五品）
	7	景福殿使	中侍大夫（正五品）	中侍大夫（正五品）
	8	客省使、宣庆使	中亮大夫（从五品）	中亮大夫（从五品）
	9	引进使、宣政使	中卫大夫（从五品）	中卫大夫（从五品）
	10		翊卫大夫（从五品）	翊卫大夫（从五品）
	11		亲卫大夫（从五品）	亲卫大夫（从五品）
	12	四方馆使、昭宣使	拱卫大夫（正六品）	拱卫大夫（正六品）
	13	东上閤门使	左武大夫（正六品）	左武大夫（正六品）
	14	西上閤门使	右武大夫（正六品）	右武大夫（正六品）
	15		正侍郎	武功大夫（正七品）
	16		宣正郎	武德大夫（正七品）
	17		履正郎	武显大夫（正七品）
	18		协忠郎	武节大夫（正七品）
	19		中侍郎	武略大夫（正七品）
	20	客省副使	中亮郎	武经大夫（正七品）
	21	引进副使	中卫郎	武义大夫（正七品）
	22		翊卫郎	武翼大夫（正七品）
	23		亲卫郎	正侍郎（从七品）
	24		拱卫郎	宣正郎（从七品）
	25	东上閤门副使	左武郎	履正郎（从七品）
	26	西上閤门副使	右武郎	协忠郎（从七品）

续表

	阶次	旧官阶	政和新官阶	绍兴厘正阶序
诸司正、副使	27	皇城使	武功大夫	中侍郎（从七品）
	28	宫苑、左右骐骥、内藏库使	武德大夫	中亮郎（从七品）
	29	左藏库、东西作坊使	武显大夫	中卫郎（从七品）
	30	庄宅、六宅、文思使	武节大夫	翊卫郎（从七品）
	31	内园、洛苑、如京、崇仪使	武略大夫	拱卫郎（从七品）
	32	西京左藏库使	武经大夫	亲卫郎（从七品）
	33	西京作坊、东西染院、礼宾使	武义大夫	左武郎（从七品）
	34	供备库使	武翼大夫	右武郎（从七品）
	35	皇城副使	武功郎	武功郎（从七品）
	36	宫苑、左右骐骥、内藏库副使	武德郎	武德郎（从七品）
	37	左藏库、东西作坊使	武显郎	武显郎（从七品）
	38	庄宅、六宅、文思副使	武节郎	武节郎（从七品）
	39	内园、洛苑、如京、崇仪副使	武略郎	武略郎（从七品）
	40	西京左藏库副使	武经郎	武经郎（从七品）
	41	西京作坊、东西染院、礼宾副使	武义郎	武义郎（从七品）
	42	供备库副使	武翼郎	★武翼郎（从七品）
大使臣	43	内殿承制	敦武郎（正八品）	训武郎（正八品）
	44	内殿崇班	修武郎（正八品）	修武郎（正八品）
小使臣	45	东头供奉官	从义郎（从八品）	从义郎（从八品）
	46	西头供奉官	秉义郎（从八品）	秉义郎（从八品）
	47	左侍禁	忠训郎（正九品）	忠训郎（正九品）
	48	右侍禁	忠翊郎（正九品）	忠翊郎（正九品）
	49	★左班殿直	成忠郎（正九品）	成忠郎（正九品）
	50	右班殿直	保义郎（正九品）	保义郎（正九品）

续表

	阶次	旧官阶	政和新官阶	绍兴厘正阶序
小使臣	51	三班奉职	承节郎（从九品）	承节郎（从九品）
	52	三班借职	承信郎（从九品）	承信郎（从九品）
未入流武人杂阶	53	三班差使	进武校尉（无品）	进武校尉（无品）
	54	三班借差	进义校尉（无品）	进义校尉（无品）
	55	殿侍	下班祗应（无品）	下班祗应（无品）
	56	大将	进武副使（无品）	进武副使（无品）
	57	正名军将	进义副尉（无品）	*进义副尉（无品）
	58	守阙军将	守阙进义副尉(无品）	守阙进义副尉（无品）
	59	甲头	甲头（无品）	进勇副尉（无品）
	60	公据	公据（无品）	守阙进勇副尉（无品）

表注：带*者均可见于宋铤铭文中。本表参考龚延明《宋代官制辞典》附表18。

铤11：（刻字）鄂州进奉天基圣节银壹千两计贰拾铤每铤重伍拾两 复州团练使带御器械知鄂州兼京西湖北路安抚副使臣孟璟上进 十二月廿二十

铤12：（刻字）（铤正文）武冈军今解淳祐六年夏季经总银二伯（佰）八十六两二钱八分七厘大小六铤赴淮西大军库交纳 （铤背文）朝散郎通判军事徐耜 武翼郎閤门宣赞舍人知军事王克仁

铤13：（刻字）杭州都税院买发转运衙大观元年郊禋银壹阡（仟）两每铤伍拾两专秤魏中应等监匠（铤背面铭文）左班殿直监杭州都税院郭立

铤14：（刻字）罗江军申解淳祐柒年 天基圣节银列字号贰铤共计伍拾两 行人李大珪等军资库子黄□□ 进义副尉申差夔州云安巡检监军官黄应庚

北宋、南宋的统兵机构不同。北宋前期，如有战事，则临时点将出师，统帅称为诸军都部署，师还则罢。徽宗时，设制置使、宣抚使，作为对辽、西夏作战的统帅。宋金战争后，军事机构相应增多，有大元帅府、御营使司、制置使司、都督诸路军事府、宣抚使司、招讨司、经略司等。有关这些军事机构，我们在宋铤中亦见其踪，如：

铤15：（刻字）广州经总制库起发绍兴二十六年春季经总制银□铤伍拾两专库苏举李枢监官黄亨右宣教郎经略司干办公事权通判向

铤16：（刻字）绍定六年解润州刘招讨军粮秣银饷差官武清匠昆玖

"经略司"，经略使司之简称，掌治一路之军事机构。长官为经略使，以文臣充任，节制都总管以下诸将，统制军旅，常与安抚使并衔，谓之"经略安抚使"。铤中"干办公事权通判"为经略使之幕僚，暂时代理或以差一任的资序任通判之职。"招讨司"，掌招抚、征讨寇盗之事。长官为招讨使，简称招讨，官序在宣抚使之下，制置使之上。南宋军兴，常以武臣为招讨使北伐。如岳飞曾以荆湖南北襄阳府路制置使、迁荆湖南北襄阳府路招讨使。

绍兴十一年（1141），宋金第二次和议，宣抚司改为某州驻扎御前诸军都统制司，此后，在诸路又扩展为十都统制司，长官为都统制，成了南宋实际统兵作战的军事指挥机构。都统制之禁军，按军、将、队三级编制，统兵官由高至低分为都统制、统制、统领、正将、副将、准备将、部将、队将、押队、拥队十等。铭文中出现统兵官的宋铤目前发现两种：

铤17：帐前统制官张青今解到银柒千陆百两每锭系市秤伍拾两重匠人张涣扈文炳宋国宁何庚

铤18：永州申解淳祐十年夏季僧道免丁 统制官供给零银重二十一两陆钱陆分陆厘 从事郎永州录事参军监销杨应和

注释

[1]（宋）林駉《古今源流至论续集》卷五《六部》。

[2] 三省：中书省（承旨造令）、门下省（审议覆奏）、尚书省（施行制命）。

六部：吏、户、礼、兵、刑、工部。

九寺：太常、宗正、大理、鸿胪、光禄、卫尉、司农、太仆、太府寺。

五监：国子监、少府监、将作监、军器监、都水监。

[3]（清）徐松：《宋会要辑稿》职官四八之八《哲宗正史职官志》。

[4]（清）徐松：《宋会要辑稿》职官三九之二二，庆元四年十一月十一日。

[5]（宋）李焘：《续资治通鉴长编》卷一四“开宝六年（973）七月壬子”条。

[6] 孙逢吉：《职官分纪》卷四一；《续资治通鉴长编》卷二九，端拱元年正月庚辰。

第三章

宋铤的贮藏

与现代社会“仓库”的称谓不同，古代“仓”与“库”代表着两个不同的概念。汉代刘熙在《释名》中有注：“仓，藏也，藏谷物也。”“仓”即是储粮之所。而许慎《说文解字注》曰：“库，兵车藏也。”“库”即武库。随着社会对仓、库使用的日益频繁，其含义也逐渐发生着变化。在宋代，贮藏粟麦等谷物的，仍为“仓”，藏盐、茶之所，称为盐仓、茶仓；而贮藏器物、银钱、绢帛的地方则称为库。

宋代，白银一直是国家财赋的重要贮藏物资，在其征解过程中，无论从起发还是交纳都涉及贮藏它的各式“库”房。在发现的宋铤中，我们见有常平库、军资库、经制库、经总制库、大军库、左藏西、卖钞库等铭文。其中常平库、军资库、经制库、经总制库为州府所设置；大军库由总领所设置，属于战区级军需专库。广东钞库则属于榷货务在路一级设立的专库；左藏西为中央级财库。厘清各库的库务情况及作用有利于研究宋铤的赋税来源与流向。

表3–1 宋铤中的“库”

库名	铭文	备注
常平库	（刻字）浔州常平库今解□□□□□□天基圣节银壹□□□□□十一月□□□□常平库□□□	私人收藏
军资库	（刻字）荆南军资库元祐四年兴龙节银每铤□拾两司录参军监杨	1959年内蒙古巴林左旗出土
军资库	（刻字）英州军资库绍圣二年银拾二两匠王平 （铤背铭文）司录参军监杨晏	中国财税博物馆藏
军资库	（刻字）军资库银 （戳记）苏宅韩五郎 重拾贰两半 霸北街西	1955年湖北黄石西塞山出土，湖北省博物馆藏，计有“军资库银”3枚

续表

库名	铭文	备注
军资库	（刻字）罗江军申解淳祐柒年 天基圣节银列字号贰铤共计伍拾两行人李大珪等军资库子黄□□进义副尉申差夔州云安巡检监军官黄应庚	2枚，私人收藏
经制库	（刻字）广州经制库银 （戳记）跨浦桥北 重拾贰两半	浙江省博物馆2016年“银的历程展”展品
经制库	（刻字）广州经制库银 （戳记）广东城南 木念九郎 重贰拾伍两	私人收藏
经总制库	（刻字）广州经总制库起发绍兴二十六年春季经总制银□铤伍拾两专库苏举李枢监官黄亨右宣教郎经略司干办公事权通判向 （戳记）北张铺	1975年4月河南方城王营村出土
大军库	（刻字）二十四年下限上供银 总领司大军库交 等 参军监祖敏中	残铤。1975年4月河南方城王营村出土
大军库	（刻字）武冈军今解淳祐六年夏季闰四月经总银二伯（佰）八十六两二钱八分七厘大小六铤赴淮西大军库交纳（铤背铭文）朝散郎通判军事徐武翼郎閤门宣赞舍人知军事王	伍拾两，浙江省博物馆藏。另见凡五十两武冈军赴淮西总领所交纳银铤者，均錾刻“大军库”字样。
大军库	（刻字）武冈军今解淳祐十年春季经总银二百八十六两二钱大小六铤赴淮西大军库交纳承议郎通判军事胡朝散郎武冈知军事何	浙江省博物馆2016年“银的历程展”展品，重伍拾两
大军库	（刻字）武冈军今解淳祐□年□□僧道免丁银三十五两九钱一分计壹铤赴淮西大军库交纳	浙江省博物馆2016年“银的历程展”展品
左藏西	（刻字）安吉州今起发进奉淳祐柒年天基圣节银壹仟两并起发提刑司刑式佰伍拾共壹仟式佰伍拾两计伍拾三铤前赴行在左藏西交纳者迪功郎安吉州州学教授权添差通判□□□朝散郎通判安吉州军州事□□内劝□李溢朝散郎集英殿修撰知安吉州□兼管内劝蔡 （戳记）京销 沈执中 霸北街西（砸平）	私人收藏
广东钞库	（刻字）陈彦昭 （戳记）广东钞库 钞铺黎全 丁宅 京销铤银 梁平验	私人收藏，拾贰两半。“广东钞库”银铤遗存较为多见，不一一列举
卖钞库	（刻字）广东提举司十一年上半年卖钞库押人□□杨俊卿 （戳记）重拾贰两半 京销铤银	私人收藏

续表

库名	铭文	备注
卖钞库	（刻字）卖钞库 （戳记）霸北街西 苏宅韩五郎 重拾贰两半	1955年湖北黄石西塞山出土，湖北博物馆藏
卖钞库	（戳记）□□□广州卖钞库 监验 重壹拾贰两半 霸北街西 旧日苏韩张二郎	同上
卖钞库	（刻字）卖钞库 侯必才 （戳记）霸北里角 徐沈铺 重拾贰两半	同上

第一节　地方州府级官库

一、常平库

明代黄仲昭修撰的《八闽通志》卷六十四，记有宋人江点为民洗冤的故事：

> 江点字德舆。崇安人，以特恩补官，调郢州录参。时郡常平库偶失缗数甚伙，方捕缉间，有刘福者因贸易得银一笏，上有“田家抵当”四字，为银匠首发，刘不能直。官籍其家约万余缗，法当死。（江）点疑其枉。又见款牍不圆，除首发外皆非正赃，为立言于守，得别委襄阳节推方郎勘问与点同。未几，经总、军资二库皆被盗，失会以万计。时有小使臣李义者，供馆一妓，用度甚侈，点疑之，密嘱人袭妓家，得会一束，白于府，即于行囊中得千余贯，皆三库之物。刘之冤方得伸，人皆服点之见。终汉阳军签判。

其大意是宋代福建崇安人江点，在湖北郢州任录事参军，恰逢常平库失窃，丢失了大量钱银。一个叫刘福的人因贸易而获到一枚刻有“田家抵当”字样的银铤，被银匠发现并被告发，刘福因此入狱，官府不但没收其家产万余缗，还要治其死罪。但是，江点发现证据不足以自圆，有疑点，便邀请襄阳节度推官与之会审，也得到了相同的意见。没过多久，经总制库、军资库二库又接连被盗，其中包括纸币会子也丢失了不少。而低阶差役李义，用度阔绰，蓄妓于青楼之中，江点怀疑并暗中排人突查妓馆，搜得会子一束，随即抓捕李义并在其行囊中起获千余贯钱物，而这些正好是常平库、经总制库、军资库中的钱物。刘福的不白之冤终于得到洗清。人们十分佩服江点。最终江点也升职为汉阳军的签判。

故事中的常平、经总、军资三库正是宋代州府最常贮藏银钱会子的“库”，此外还有公使库、夏税库、籴本库等。与器物帐册类相关的，则有甲仗库、架阁库、牙契库、帐设库、银器库、杂物库、抵当库、回易库等。需要说明的是，宋代州府所设的“库”种类很多，不同州府间及不同年代下，其所设的“库”也不尽相同，有的库分而设之，有的则合二为一，有的库北宋无而南宋有，了解时需加以区分。

常平库由于常平仓的存在而存在。因此，在了解常平库之前需要了解常平仓的设置。早在战国时期的李悝及汉武帝时期的桑弘羊就曾建议官府在丰收之年买粮入贮，以免市场上因粮多价低而伤农；在歉收之年则卖出此前储存的粮食以维持粮价的稳定，一方面也起着赈灾救荒的作用。汉五凤四年（前547），大司农中丞耿寿昌设立常平仓：“令边郡皆筑仓，以谷贱增其贾（价）而籴，以利农，谷贵时减贾而粜，名曰常平仓。”自此以后，历朝多设立有常平仓。

宋代常平仓始设于太宗淳化三年，是年京畿丰收而导致粮价大跌，朝廷为维护粮价，派官员在京城四门设场加价收购粮食，就近存储于空仓中，并取名“常平”。而全国州县推广设立常平仓则是在景德三年之后。常平仓存储的是粮食，购入粮食曰“籴”，卖出粮食曰“粜”，用于购粮的钱则称之为“籴本”。常平库便是存放“籴本”的地方。有的州府另设有籴本库，但常平库则更为普遍。

关于籴本的来源，第一，拨款。朝廷规定各州常平仓（库）按照人口多寡从本该上供的银钱中截留，从二三千贯到一二万贯不等，为常平籴本。《攸县志》中记载，南宋嘉熙年间潭州攸县就籴本要求贮藏于常平库，“县拨钱、会（子）二千四百贯入寄常平库为籴本”。[1]

第二，出粜回本。卖粮的收入也算做将来再买粮的本钱，马光祖修《景定建康志》中提到：“粜在春夏，籴在秋冬，粜到本钱须是拘桩有所，今仰提督机察官将粜到钱即日拘上寄收常平库，令置簿籍，必籴米方支，如有分文移易并依常平法。”又例如绍兴二十八年（1158）九月十一日，两浙路诸州县秋季大丰收，粮价大跌，权两浙路计度转运副使汤奏请收购粮食以振粮价，曰：“专委诸路提举司，至岁正、二月以后减价出粜，钱依旧椿还常平库，遇秋成日收籴。”

第三，官田的租售收入。绍兴二十年（1150）四壬子，高宗下诏：“自今没官田土，更不许人承佃，并拨归常平司，与见兴修水利田，一就措置。用户部请也。既而本部又请在城市空闲官田及户绝、房廊白地，亦令常平司拘收。”规定今后被没收入官府的田地拨归给常平司，城市里的空闲官田以及无人继承的田地也交由常平司管理。常平司则将一部分田地租给佃户或卖掉一些，其钱充作常平仓籴本。

常平钱的支出除主要用作籴本购粮之外，常被拨充军费，用于军饷、军功激赏、购买军资以及募集士兵等。例如，仁宗康定元年（1040）十二月丙戌：“诏司农寺以常平钱百万缗助三司给军费。自景祐末不许移常平，数年间有余积矣，而兵食不足，故降是诏。”熙宁十年（1077）诏河北、河东、陕西五路常平积剩钱不必发往京城或其他诸路，“惟留本路，以备边赏”。元祐元年（1086），广南西路转运司言：“本路阙少预俵、和籴、今年南效赏给、来年诸军春衣钱，共一十五万余贯，望依每年例，下广东韶、惠二州，于铸到钱或于本路宽剩役钱内支拨应副。”[2]后来，哲宗准许从本路常平钱内支钱一十五万贯给广西转运司。到南宋时战事倥偬，养兵之费浩繁，常平钱更是被支为军费使用。

常平钱用于上供。宋神宗曾设置“元丰库”贮藏上供物资，元丰五年（1082）十月壬申诏户部右曹：“于京东、淮、浙、江、湖、福建十二路发常平钱八百万缗，输元丰库。”南宋乾道九年（1173），关报广南提举官廖颙札子：“广州都盐仓有积下不尽盐本银，计实十一万一千四百五十四贯文，桩积在库，别无支遣。又点检得本路诸州府逐年拘催常平诸色窠名钱物内，有现在宽剩五万贯，欲行起发，少助朝廷经费。奉圣旨依，并令赴南库送纳。”[3]地方上供中还有很大一部分是向皇帝的生日进献财物，表3-1中浔州常平库解天基圣节银便是很好的见证。

“粜在春夏，籴在秋冬”，粜回的钱除上供、中央调拨之外并非闲在库中，还当作本钱用以生财，例如充作抵当本钱、充作盐本、买铜本钱、青苗贷本等。抵当免行所用官钱作本，百姓以物品抵押借用，官府从中取息。元丰六年（1083）正月己未，太府寺言：“今欲乞将诸路常平司市易赊借钱、宽剩钱，五路各借十万缗，余路各借五万缗，充抵当本钱。”元丰七年（1084），京西路转运司请奏：“两路提举常平司各借十万缗与转运司，官自算请般卖解盐。”即京东、京西路借常平钱给转运司充作盐本。此外，常平钱还用来买䌷绢、酿酒、招募工役等。以上可见，常平钱在维持地方经济上发挥着重要的作用。

常平库、常平仓在州县的具体事物通常由州县长吏如知州、通判、知县或幕职官管理。路一级则由提举常平司主管，间或由提刑司、茶盐官兼管。常平库与常平仓的地理位置并非设置在一起，例如南宋宝祐五年（1257）黄岩孙等人修撰的《仙溪志》中记载，常平库在县治之东庑，而常平仓则设县中门外之东偏；有的常平库还作为子库与其他库一并存放在军资库内。宋人修撰的《临汀志》在仓场库务中载明："军资库，在州衙西庑。内子库十一所。夏税库、常平库、免役库、盐钱库、大礼库、物料库、免丁库、赃罚库、犒赏库、衣赐库，以上并在库内。抵当库，宝祐六年，奉朝旨移创州门前两庑。"

二、军资库

军资库并非储藏军用物资的库房，而是宋代州一级官府存放日常行政经费的官库。作为一州税赋民财出纳之所，贮存了地方上的主要收入，是地方上最为重要的库房，所谓"诸州军资者，岁用省计也"[4]。州府定额上供或调拨他路的钱物在起运解发之前，也在军资库内存放。

为何称存放钱物的库房为军资库？南宋宁宗时期国子博士章如愚在《群书索考》中就太祖重视军事写的一段话，给了我们清楚解释："宋朝大臣平章先军而后国；群臣先军而后州。库曰军资；监曰军监；官曰参军；务曰赡军；其于军事重矣，盖亦以是加之察乎。"的确，以行伍出身，在群雄环伺、战乱频仍的岁月中建立起政权的宋太祖深悟兵政及军事开支乃国之大计，其先军思想在随后的行政过程中得以实施，将州府贮财之所称为"军资库"恰符合了利以赡军的先军思想。正如宋人王明清所云："守臣、通判名衔必带军州，其佐曰签书军事；及节度、观察、军事推官、判官之名，虽曹掾悉曰参军。一州税赋民财出纳之所独曰军资库者，盖税赋本以赡军，著其实于一州官吏与帑库者，使知一州以兵为先。"[5]

查阅《庆元条法事类》卷三七中有关军资库的"钱帛帐"及"杂物帐"，在"诸州申钱帛帐"表目中，军资库的收入包括两税税租、酒曲、商税、房园诸色课利、欠负、赃罚、户绝、杂纳之类。而所收的物品则涵盖了金、银、钱、帛丝、绵、布、珠、玉、宝货、朱砂、水银、香、矾、铜、铅、锡、铁之类。究其收入途径有本州所收的钱数，也有朝廷调剂下拨的，有的州县还通过借用官钱回易生财，即从事商贸活动，其中部分钱物"转收"到军资库。以下分别简述军资库的主要收入来源：

1. 两税税租。两税，二税也，因按夏、秋两季征收而得名，是对土地拥有者征收的租税。夏税以布帛绢绸、银钱会子为主，秋税则以苗米粮食为主，地方上出产什么，官府便征收什么。不同地方征收项目各不相同，甚至同一路同一府辖下的各县，其两税征收名目也不同。据《景定建康志》所载，溧水县的夏税名目为“折帛钱、绢、绸、绵、小麦”，秋税名目为“苗米、正草、布、折草钱”；而江宁县的夏税为“折帛钱、绢、绸、丝、绵、小麦、麻皮”，秋税为“苗米、正草、布、正蘐、折豆钱”。江宁县比溧水县，夏税多收了丝和麻皮，而秋税则多征了蘐和折豆钱。两税收来的钱帛需要入存军资库。如《宋会要辑稿·食货》记载：“自来受纳二税，必使赴军资库送纳。”二税作为国之正赋，占国家财政结构中的最大比例。

2. 场务课利钱。两宋对茶、盐、酒、醋、矾等多行禁榷，即由官府专卖，广设茶场、酒务、盐务或盐场，对于邸店出租的有楼店务、征收商税的有都税务，这些场务的收入可统称场务课利，又称课利钱，须要入纳军资库。太宗淳化四年，诏令：“令诸州以茶盐酒税课利送纳军资（库）。”[6]神宗熙宁三年十一月，陕西常平司将原由衙前承包的酒税改为官监后，其收入便“于军资库送纳”。[7]七年又诏：“诸场务所收课利，除县寨合截留外，并于军资库送纳。”[8]各地所收课利钱，必须按时缴纳，条令规定：“诸场务课利次日纳军资库，少者五日一纳，并当日给钞。外县镇寨次月上旬并纳，先具起离月日报纳处拘催。”[9]而军资库收到各场务课利钱后，须“即时给钞，其每月所给附帐，监官用印”。[10]

3. 部分封桩钱物。北宋乾德三年（965）三月，太祖“于讲武殿后别置内库，以贮金帛，号曰‘封桩库’，掌岁终国用赢馀钱物，以备北伐军用与饥荒”。封桩库的设置是以节支名义封存，用来备战备荒用的，宋代历朝对这些封桩物资都十分看重。封桩钱物在起发京师前，于军资库内存放。高宗建炎三年（1129）曾诏：“诸路漕司差官根刷到诸路物钱，见于别库寄收，并以后州县起到钱物，并须管依法于军资库桩管。”[11]

4. 非常例性其他收入。特殊情况下的朝廷拨款，元丰七年（1084）四月，知延州刘昌祚上言，其州“军资库及转运司军须年计，才可支三两月”，神宗遂降旨，“赐鄜延路经略司见钱钞五十万缗，乘秋稔市刍粮”。[12]沿边守臣用官钱作本从事商贸，即“回易”生利的部分钱物需入纳军资库。其他杂项收入，如国子监所印经书付诸路出卖，售后“所有价钱，于军资库送纳”。[13]神宗元丰六年（1083），大名府路安抚使司称，所属博州军资库中，有熙宁初年卖官告所得9940缗现钱。[14]

值得一提的是，创立于宣和三年的经制钱和创立于绍兴五年的总制钱皆为杂税附加税，后来两者合称“经总制钱”，曾一度成为南宋时期重要的财政收入，叶适

（1150～1223）曾在《水心别集》中写道："户部经常之用十八出于经总制。"而这些经总制钱或于通判厅专设经总制库管理，或"发纳军资库，别为库眼桩管，许通判不时检察"。[15]

综上可知，宋代军资库储藏来源广泛，贮存了地方上的大多数收入。"诸路州军钱物，并合隶军资库"，"一金以上，尽入军资库收掌"，[16]这也是为什么无论起义还是兵变的均先"劫军资库、甲仗库"或强"取军资库钥"的原因。

根据前文军资库每年上报的"钱帛帐"记录，军资库的支出可分为七类：一，上供。其中两税税租、场务课利的大部分用以上供；军资库中的金银宝货，及够整匹的绫罗绵绮也须上供京师。1959年内蒙古巴林左旗白阴沟乡古井村出土的银铤："荆南军资库元祐四年兴龙节银每铤□拾两司录参军监杨。"正是荆湖南路为哲宗过生辰而从军资库调拨的进奉银。哲宗是熙宁九年（1076）十二月七日己丑生于宫中，《宋史·礼志》"哲宗本七日生，以避僖宗忌，故后一日"，《哲宗本纪》载五月丁酉"群臣请以十二月八日为兴龙节"。二，支付本地官员每月的俸料及军需，含本地驻军请给，给过往军人费用、运送官物的纲运费用、给诸吏人的费用。三，赏赐。分禁军赏赐、厢军赏赐、纲运赏赐等。四，杂支。五，转支。由朝廷或转运司调拨，即"赴别库务"交纳。六，籴买钱，从本该上供的银钱中截留充常平籴本。七，应付别州。各州之间可互相调剂盈亏。神宗元丰二年八月诏令称："熙州军资库，自六月以来，官吏俸、诸军癖料、随依蕃官请给、修城支用等钱，阙二万余缗、虑河、岷州、通远军亦如此。"遂责令陕西转运司从速筹备。[17]

军资库由通判总领，录事参军负责日常事务，"库子""敖子"之类吏人承办杂务。军资库日常每项收入都须分类逐项入帐，注明数量、名色即钱物品种。每项支出也记录原因、支出时间、支出品类及数量。又如军资库每年上报的"钱帛帐"表中，"杂支""转支"两栏，必须"以名色一般者为一项，每色计数，仍随项声说准某处指挥及所支事因，谓如支般官物地里脚钱，开水路或陆路、所般官物名件、地里、斤重，内水路仍说溯流、顺流之类"。"杂买钱"的栏目下，须说明用钱"若干支赴某处买某物，附某年分某色帐；若干买某物若干价值、使用名止，色数多者立项开具"。[18]军资库是系省钱物库。属于中央的财物贮存于地方即谓系省，所以"一文一勺悉申帐籍，非条例有定数者不敢擅支"，[19]而且各个项目均要按制式申报。军资库的明细帐每季度由监司检查一次，每年上报朝廷一次。

三、经制库、经总制库

“经制钱”是在北宋末期宣和三年（1121），由发运兼经制使陈遘所创的杂税附加税，因借其官名而统称之为“经制钱”。顾名思义，经制库是存放经制钱的库房所在。到南宋绍兴五年（1135）参各政事孟庾设置总制司，仿“经制钱”体例，增收“总制钱”。是故经制钱、总制钱合称“经总制钱”，其钱折银交纳便是“经总制银”。有关经总制银的问题请参见本书第九章。查阅《淳熙三山志》卷七，经制库、总制库存在分别设置的情况，记载如下：

（绍兴）三十一年复诏通判厅置库出纳，委提刑司检察之，今经制库置内通判厅，总制库绍兴十七年自军资库移外通判厅置。

诸州的经总制钱物，由于均由通判统一管理，也可以于通判厅内设立统一的经总制库，或于军资库“别置库眼，选曹职官一员，躬亲出纳，通判常切点检”，所谓“别置库眼”即指另设专库。并令“郡守每月一次驱磨，逐季于次季孟月二十五日以前尽数起发，提点刑狱拘催检察。如州县违限亏欠，并行按劾。[20]1975年4月河南方城王营村出土的宋铤很好地印证了上述史料，其铭文为：

广州经总制库起发绍兴二十六年春季经总制银□铤伍拾两专库苏举李枢监官黄亨右宣教郎经略司干办公事权通判向 北张铺

这包含的信息有：1. 该经总制银由经总制库内调发。2. 春季，恰对应“逐季于次季孟月二十五以前”起发这一条，这也可以推认为该铤是绍兴二十五年（1155）冬季征收于二十六年春季交纳的。事实上，我们在发现的宋铤中分别见有春季、夏季、秋季起发的经总制银。3. 经总制库由“专库”“监官”等管理，司职专库者为吏役，而日常库务则由监官负责。4. 铤中錾刻通判字样，也印证了南宋《宝庆四明志》卷五有关经总制钱物“州军委通判，无通判委签判拘收”的记载。

第二节　战区与路级专项官库

一、大军库

大军库是南宋总领所的下辖机构。宋代军事体制中，北宋以禁军为作战主力，靖康之难后，康王赵构南渡即帝位，宋军经历了从大溃散到重新编组的过程。南宋的军种分为屯驻大兵、禁兵、厢兵、士兵和弓手五类，其中屯驻大兵取代禁兵成为正规军，而禁兵与厢兵则为地方役兵，士兵与弓手则负责地方治安。南宋初年，韩世忠领兵屯驻淮东、张俊屯驻淮西、岳飞屯驻湖广、吴阶屯驻四川，形成了四大军事区域的格局。为这些区域的屯驻大兵提供军需钱粮的即是"总领所"，他们分别是淮东总领所、淮西总领所、湖广总领所、四川总领所。总领所下辖粮料院、审计院、大军仓、大军库、御前封桩甲仗库、榷货物都茶场、赡军酒库、惠民药局、赎药库、市易抵当库、杂买场等机构。

大军库主要贮藏军饷，其来源主要为两税收入、经总制杂税收入、茶盐酒课利钱等。这些军需财赋，主要由地方官府供应，如有不足，则由户部调拨补充，而四川总领所，所有财赋则完全自筹。大军库内贮有银两、铜钱、会子以及类似有价证券的"引"。银两，发现的宋铤中即有经总制钱折银交纳大军库的，也有僧道免丁钱折银交纳的。铜钱，绍兴二十九年（1159），中书门下省奏："江、浙四路所起折帛钱，地里遥远，欲就近桩管，以备军用……池、饶、太平州、南康军六十四万八千余缗，并起赴池州大军库。"[21]会子，孝宗隆兴元年（1163），"始措置于大军库储见钱，印造五百并一贯直便会子，发赴军前，并当见钱流转"。[22]引，即大军库曾专设卖引司。淳熙十六年（1189）十一月，湖广总领大军库卖引司负责桩管"江西茶长引二十万贯，榷货务都茶场于见在散乳香内品给降二十万贯"以应付屯驻大军的支用。（《宋会要辑稿》职官四一之六二），显然，这部分卖茶引所得之钱也被纳入到大军库的管理范围。

关于大军库中钱物的支用，首先是各级将士的军俸，绍兴十三年（1143）后，宋廷陆续规定各屯驻大兵的都统制每月支供给钱二百贯，副都统制一百八十贯，统制、副统制一百五十贯，统领一百贯，正将、同正将五十贯，准备将三十贯[23]。这些军俸在发放前应该都在大军库中存放。

其次，用作支付籴买军粮的费用。淳熙十四年（1187）九月，朝廷下令："封桩库支隆会子五十万贯，委浙西提举罗点和籴米二十万石，淮东总领所取拨镇江府见桩管会子一十九万贯，湖广总领所取拨鄂州并大军库见桩管会子共三十万贯，并各照例选官，就丰熟去处罢场，内浙西提举平江府置场。招籴堪好米斛。”[24]

其三，留存部分以备不时之需。嘉定五年（1212）三月，宁宗命湖广总领所于鄂州大军库“取拨铜钱一万贯、银一万两”和江陵府大军库“会子二万贯”，各就本库另项桩管。[25]这部分款项由皇帝特批方可调用。不时之需包括修浚运河、修治城墙等。例如，绍兴三十一年（1161），宋高宗命令“以淮东大军库趱剩钱六万九千缗，镇江府常平米万三千斛为工役费”，并命淮东总领使朱夏卿、两浙漕臣林安宅进行监督。[26]绍熙三年（1192），荆门军修治城墙，知荆门军陆九渊乞求宋光宗下拨修缮费用，于是光宗下令“于鄂州大军库桩管会子内支拨一万贯，付荆门专充修治城壁使用”。[27]

有关大军库的管理，其设监当官一员，负责日常的库务。乾道元年（1165）三月，淮西总领使杨倓上奏：“本所大军库事务繁冗，未有监官，本所甲仗库职事简省，乞改差监大军库官一员，却令兼管甲仗库。”经审核后，宋孝宗批准了他的请求，以“监总领淮西江东军马钱粮所建康府户部大军库兼封桩库御前甲仗库”[28]称呼。由于一些大军库地位重要，也可设有两名监官，如鄂州大军库，绍熙三年（1192）闰二月，湖广总领使：“鄂州大军库经常收支浩瀚，止有监当一员，委是阙官管干。照得绍兴二十三年五月内，得旨许令添置一员。”[29]四川利州大军库也因“日逐收支钱物，委是繁伙”而被特许设监官两名。

二、卖钞库

广东钞库、广州卖钞库银铤的发现，是宋代钞盐制度的实物见证。南宋广南东路，即广东，推行盐钞法，最初于吉州置榷货务，专卖广东盐钞，不久吉州务场废罢，仍然于行在临安榷货务算请，但是由于路途遥远，商旅不便，故在广南东路、广南西路设置卖钞库。广东在广州设卖钞库，广西则设在静江府。广东钞库实则广州卖钞库之别称。两广卖钞库为行在榷货务的分销机关，其钞引仍由太府寺引交库印刷颁给，售卖之数，仍然需要上报榷货务。关于卖钞库设立的时间，暂无史料记载。《宋会要辑稿·食货》载：“广东路奉行钞法，自绍兴间客铺赴广州卖钞库入纳，皆是用银，每两价钱三贯五十文九十八陌筭钞，以示优润。今二广盐通行客钞，以逐州在市实价折钱请钞。”可见，卖钞库的设置不晚于绍兴年间。为了解决资国赡军的费用，宋廷绍兴八年起就给两广确定了繁重的卖钞岁额，广东10万簩，计50万贯；广西8万簩，计40万贯。可以想象，卖钞库所贮之物少不了钞引凭证，也需要贮藏钞引售卖后的银钱。这在银铤“广东提举司十一年上半年卖钞库押人□□ 杨俊卿”上得以体现。“广东提举司”乃广东提举常平茶盐司之简称，总管本路常平、茶、盐等公事，该铤是作为卖钞所得之银两交纳的。

第三节　中央级官库——左藏西库

古代把贮存财物的库也称为“藏”。晋代时，便设有管理“藏”的官员“左右藏令”。到唐代时，朝廷设左藏、中藏、右藏以敛天下之财富。其中入“左藏”的乃全国税赋收入，如银钱布帛等。《新唐书·食货志》云：“故事，天下财赋归左藏。”“中藏”又称“内藏”“内库”“禁藏”，是由宦官管理的皇帝私库，为满足皇室的用度而建。“右藏”掌各道、州、县的上贡物资。

宋沿唐制设立左藏库，为宋代中央最大的财库，如宋人马端临在《文献通考》中所述：“贡赋悉入左藏库。”太平兴国二年（977）正月，左藏库分为三库，分别贮藏钱币、金银与匹帛。淳化三年（992）十一月左藏库划分为左藏库、右藏库二库，右藏库主收纳，左藏库主支给；淳化四年（993）废罢右藏库，将左藏库细化为左藏钱库、左藏金银库、左藏丝绵库、左藏生色匹帛、左藏杂色匹帛库。大中祥符二年（1009）冬，合并左藏钱库、金银库、丝绵库为一库，大中祥符八年（1015）十二月，生色匹帛、杂色匹帛并为一库，至此左藏库分为二库，又称为左藏南库、左藏北库。政和六年（1116）新建左藏库二库，遂改称为左藏东库与左藏西库。《宋史》职官志有记载：

> 太府寺。凡四方贡赋之输于京师者，辨其名物，视其多寡，别而受之。储于内藏者，以待非常之用。颁于左藏者，以供经常之费。所隶官司二十有五。左藏东西库，掌受四方财赋之入，以待邦国之经费，军兵奉禄赐予、旧分南北两库、政和六年修建新库，以东西库为名。

南宋绍兴三十二年（1162）七月，御前桩管激赏库拨归左藏库，称为南库，左藏库则分为东、西、南三库；淳熙十二年（1185）正月，左藏南库改名为左藏西上库，左藏仍分为东、西二库。

左藏库别名“左帑”“外帑”“御府”。初隶左藏库使，后隶三司，元丰改制之后隶太府寺，淳熙十年（1183）八月左藏库隶归户部。据《宋会要辑稿·职官》中记载，左藏库监官四员，熙宁九年（1076）增为五员，东库二员，一文一武；西库三员，二文一武。门官二，西库称都门官，东库称中门官。拘押官六员。吏额增减不定。例如，南宋绍兴元年（1131），左藏东库上、下界，专知官各一名，副知各一名，押司官共二名，手分共十二名，书手共三名，库级共二十名，兵士共二十五名；左藏西库上、下界，专知官各一名，副知各二名，押司官共二名，手分共十二名，书手共三名，库级共二十五名，兵士共二十五名；左藏东、西库门手分共二名，库子共二名。

关于左藏库的财赋来源：第一，国家赋税收入，这也是左藏库的主要收入来源。“左藏库受纳四方财赋收入，以供中央及地方经费开支，及文武官吏、军兵俸禄与赐赉。”[30]税收钱物以实物或折合为金、银等轻货的形式入库。

第二，地方上供年额、每遇“三年一郊”的郊祀大礼银以及为每年庆贺皇帝生辰的圣节银皆充实于左藏库。据宋开庆元年（1259）胡太初修、赵与沐纂《临汀志·供贡》记录：

> 上供银　每岁解发七千九百四十五两八钱三分五厘。赴行在左藏西库交纳。
>
> 圣节钱　每岁进奉二千两，赴行在右藏西库交纳。
>
> 大礼银　每遇大礼年分，解发进奉银二千两，赴行在左藏西库内交纳。

表3-1中银铤“安吉州今起发进奉淳祐柒年天基圣节银”亦是入纳左藏西库的珍贵历史遗存。

第三，内藏库调拨。本该供给整个国家财政运行的左藏库，在作为天子私库的“内藏库”不断的侵占敛财下，常常变得不堪重负。宋帝为彰显圣德也不得不拨出内藏钱物支援国家财政支出。例如，熙宁五年（1072）：“二月十七日，三司奏：‘准诏，与内藏库议，自今拨盐税钱及岁别出钱六十万赴左藏库给用。’从之。”两宋期间，左藏收入不足“便假于内藏”的例子并不鲜见。

第四，提点坑冶铸钱司交纳。铸钱司所铸之钱，每年定额向左藏、内藏交纳。

南宋绍兴三十年（1160）：“先是，提点坑冶铸钱官李直奏：‘岁额钱，内藏库二十三万缗，左藏库七十余万缗，皆是至道之后额数。’”

第五，其他非常例性收入，如大理寺赃罚钱、转运司售卖空闲官田钱、榷货务专卖收入钱等。

左藏库的支出大体可分为三项：其一，军费支出，这是左藏支出的最大一项。左藏南库由专门奖赏军队的御前激赏库演变而来，后来由于频繁的战争导致无法充盈库藏，南库也就不再有设置的必要了。正如《群书考索》后集卷十二记载：“孝宗即位，诏将御前桩管激赏库拨归左藏库，以左藏南库为名，专一桩管应副军期支遣，于是有东、西、南三库，寻罢南库，大抵国家用度多靡于赡兵，西蜀、湖广、江淮之赋类归四总领所，以饷诸屯。”其二，皇室用度。内廷供奉、皇氏添丁加口、皇族庆生辰等等都需要从左藏库中支出银钱。例如，淳熙七年（1180）十一月二十六日左藏南库出金七千两，银三万两，钱一十万贯，绢一万匹，度牒五十道，供奉德寿宫；又如，绍兴三十年（1160）辛亥皇后生辰在寺院做法事：“诏内侍吴因于左藏库取钱九十千，充九月十七日源圣皇后生辰斋千佛等使用。”[31]事实上，内藏库收入往往由左藏税赋并收后再转输内藏的。其三，中央行政经费。这包括京城百官俸禄、对大臣的赏赐、中央机构如国子监、宗正寺的公用钱支出以及南郊大礼费、天灾救恤费等杂项支出皆仰仗左藏库应付。

图 3-1

左藏北库之印

背文：政和□□□□铸

此印采自罗振玉《隋唐以来官印集存》和《贞松堂唐宋以来官印集存》

注释

[1]《永乐大典》卷七五一三页七引《攸县志》。
[2]（宋）李焘：《续资治通鉴长编》卷三七五。
[3]（清）徐松：《宋会要辑稿》崇儒七。
[4]（宋）李心传：《建炎以来朝野杂记》甲集卷一七《诸州军资库》。
[5]（宋）王明清:《挥麈录》馀话卷一。
[6]（元）马端临：《文献通考》卷十七《征榷四》。
[7]（宋）李焘：《续资治通鉴长编》卷二一七。
[8]（清）徐松：《宋会要辑稿·食货》五四之四。
[9]（宋）谢深甫：《庆元条法事类》卷三六《场务·场务令》。
[10]（宋）谢深甫：《庆元条法事类》卷三六《场务·仓务令》。
[11]（清）徐松：《宋会要辑稿·食货》五二之三二。
[12]（宋）李焘：《续资治通鉴长编》卷三四五。
[13]（清）徐松：《宋会要辑稿·职官》二八之二。
[14]（宋）李焘：《续资治通鉴长编》卷三四一。
[15]（宋）陈傅良：《淳熙三山志》卷七《公廨类一·经总制库》。
[16]（清）徐松：《宋会要辑稿·食货》卷五二之三二。
[17]（宋）李焘：《续资治通鉴长编》卷二九九。
[18]（宋）谢深甫：《庆元条法事类》卷三七《给纳·仓库式》。
[19]《历代名臣奏议》卷二九六。
[20]（宋）谢深甫：《庆元务法事类》卷三〇《经总制·场务令》。
[21]（宋）李心传：《建炎以来系年要录》卷一八二，绍兴二十九年五月己未。
[22]（元）脱脱等：《宋史》卷一八一《食货志》。
[23]（清）徐松：《宋会要辑稿》职官五七之七三、七四、八五。
[24]（清）徐松：《宋会要》食货四一之一八。
[25]（清）徐松：《宋会要》食货五二之八。
[26]（宋）李心传：《建炎以来系年要录》卷一八八。
[27]（清）徐松：《宋会要》方域九之二一。
[28]（清）徐松：《宋会要》职官四一之五一。
[29]（清）徐松：《宋会要》职官四八之一三九。
[30]（清）徐松：《宋会要·职官》二七之三。
[31]（宋）李心传：《建炎以后系年要录》卷一百八十五。

第四章

宋代的银行业

金银作为财富的象征，自古以来皆颇受青睐。例如黄金曾一度兴盛于先秦、西汉时期，是进献、赏赐以及皇家贮藏的主要物资，东汉以后稍落低谷，入宋后又再次兴起。如果说黄金在宋之前还主要在皇家与贵族间流转，那么随着宋代黄金器饰、服饰奢靡之风的盛行，黄金已成为民间的新宠。而白银的使用，在宋代也达到了一个前朝未有的高度，特别是宋廷在财政收支上对白银的依赖，无论是上供收入还是赋税收入，银已是主要的收贮对象。正如时人所言："国初上供随岁所入，初无定制，而其大者在粮、帛、银、钱。"[1]宋代商业繁荣，使用金银器皿已成民间风尚，正如孟元老在《东京梦华录》"会仙酒楼"一节写道：

> 凡酒店中，不问何人，止两人对坐饮酒，亦须用注碗一副，盘盏两副，果菜楪各五片，水菜碗三五只，即银近百两矣。虽一人独饮，碗遂亦用银盂之类。

而《武林旧事》中记载，富庶之家在婚姻嫁娶上，在聘礼、迎亲等环节会用到"金瓶""金银打造鱼箸""金钏""金镯""金帔坠""银楪"等金银器皿。百姓在服饰上，也使用"销金、泥金及真珠装缀衣服"，宋真宗曾对臣下感叹道：

> 京师士庶迩来渐事奢侈，衣服器玩多熔金为饰，虽累加条约，终未禁止。工人炼金为箔，其徒日繁，计所费岁不下十万两。[2]

以上可见，金银的使用已成为宋代普遍的社会现象。由于金银未被列入禁榷物资，宋境之内可以买卖流转，相伴随的则是银行人与金银铺的涌现。

第一节　银行人

在宋代，按商品种类的不同，分为不同的“行”，如绢行、肉行、米行、果子行、金行等。若将这些同业者组织在一起即为“行会”，而这些加入了行会的工商业者则被称为“行人”，如“斛豆行人”“珠子行人”“丝绢行人”等，据统计南宋临安曾多达414行。[3]行会的出现，往往也是因应官府消费的存在，正如《续资治通鉴长编》所载：“京师供百物有行，官司所须，皆并责办。”[4]显然，金银行指的是熔铸、打造、买卖金银的商业组织。我们在宋铤中，也发现有“行人”的铭文，例如：

铤1：罗江军申解淳祐柒年 天基圣节银 列字号贰铤共计伍拾两 行人李大珪等 军资库子黄□□ 进义副尉申差夔州云安巡检监军官黄应庚（图4-1）

图4-1

罗江军申解淳祐柒年天基圣节银行人李大珪，二十五两

刻字：罗江军申解淳祐柒年 天基圣节银 列字号贰铤共计伍拾两 行人李大珪等 军资库子黄□□ 进义副尉申差夔州云安巡检监军官黄应庚

规格：通长111毫米，首宽71毫米，腰宽39毫米，厚22毫米；重960克铤2：崇宁四年分年额银伍拾两专副严佪曹伸 行人李诚 将仕郎司户参军监宋□英州年额银（1985年5月内蒙古巴林左旗花加拉嘎出土）

铤3：潭州酒务抵当所准提举司指挥支常平坊场积剩钱买到银壹铤伍拾两专秤库蔚明等 行人李经官（1974年内蒙古巴林左旗出土）

铤4：南平军发庆元二年夏季经总银二十五两 专库张□□ 天 库官邓 行人林嵩看重二十六两六钱 十分（1981年5月四川双流黄佛出土）

这些“行人”指的就是“银行人”，即金银行中选拔或由官府指定为官方服务的从业人员。考察同时期的金代银铤，有的铭文直接錾刻有“银行人”字样，例如：

铤5：“分治使司泰和七年二月十六日店户王□肆拾玖两伍钱半 银行人赵澄 秤子王安 任理验 又一钱 每两钱贰贯文 承直郎盐判张 昆三十六”（1974年12月陕西临潼相桥出土第13号铤）

铤6：“分治使司泰和七年九月初九日店户岳 伍拾两 银行人师琼 秤子刘礪 任理验 又一钱 每两钱贰贯文 承直郎盐判张 重四十四”（1974年12月陕西临潼相桥出土第14号铤）

对于上贡或交纳的官铤，在入库前须要看验成色并秤校重量，铤四中“行人林嵩看”即表明行人有看验成色的责任。《宋会要辑稿》中也有同样的记载：

> （景德三年）三月，监察御史寇瑊言：在京市肆所卖银器之属多杂以铜，盖自来失于条约，致厢巡得以通容。欲乞特降敕命，下开封府令诸厢界严加觉察断绝，许诸色人告捉入官，勒行人看验，指实分数……本犯人乞依律计利准盗论科断。其行滥之物没官，估计价钱一半与告捉事人充赏。……所有行铺自前打造下次银物色与限一月内烹炼好银，限满不改变者并许告捉施行。

时京城出现掺铜的金银器，官府为禁绝其害，许人告官，且以“行人”看验的成色作为定罪的依据。此时的金银行具有市场“公估”的作用，在行业内当就成色设有一定的标准。银行人的另一职责是为官府进行市场价格的估算，即所谓“时估”，以便于

图 4-2

烧验讫九分四厘，二十五两（切半）

戳记：（正面）烧验讫 烧验讫
（背面）务场官 高顺 九分四厘
周师□□ 刘兴起 叶椿 朱铺

图 4-3

京销细渗，二十五两

戳记：京销细渗 霸西面南 吴震验讫 陈康铺
规格：通长 114 毫米，首宽 73 毫米，腰宽
46 毫米，厚 17.5 毫米；重 926 克

图 4-4

赵宅渗银，十二两半

戳记：赵宅渗银 重壹拾贰两半 京销铤银

规格：通长 91 毫米，首宽 58 毫米，腰宽 40 毫米，厚 13 毫米；重 467 克

图 4-5

京销正渗，十二两

戳记：京销正渗 林铺铤银 重拾贰两

刻字：□□京销 谢德明验

规格：通长 84 毫米，首宽 57 毫米，腰宽 47 毫米，厚 12 毫米；重 423 克

官府和买或折博金银交易的进行。各色行人需要为官府采购组织货源，甚至接受摊派，事实上承担着职役（差役）的角色。

至于银铤成色的辨验，宋人亦总结出经验。周密在其《癸辛杂识》中写道：“银之品有纹如罗甲者，有松纹者，有中洼而郭高者，皆为精银，其绝品则色青。”而元代佚名作者在《居家必用事类全集·戊集〈宝货辨疑〉》中记载了宋代掌公帑者，即掌管府库钱物出入之人，如何就银的成色进行分类，现摘录如下：

真花细渗分数高，纸被心低四角凹；
好弱幽微说不尽，论中不错半分毫；
金漆花银（一百分足），浓调花银（九十九分九厘）；
茶花银（九十九分八厘），大胡花银（九十九分七厘）；
薄花银（九十九分六厘），薄花细渗（九十九分五厘）；
纸灰花银（九十九分四厘），细渗银（九十九分三厘）；
麄渗银（九十九分一厘），断渗银（九十八分五厘），无渗银（九十七分五厘）。

以细渗银为例，“九十九分三厘”即指成色为99.3%。由于对应样本及样本容量的不足，目前尚无法校验上述数据的准确性。从现有宋铤来看，标明成色的并不多见，称谓上或因地域的不同而出现差异，这些戳记有：真花银、细渗（银）、真渗（银）、正渗（银）、花银、肥花银、十分银、十分金、九分四厘（金）等。

第二节 金银铺

宋铤铸造时，银匠待银液尚未完全凝固之际，于四角或中间束腰的位置加盖“地名”“金银铺名”“重量”“成色”中的一项或多项内容的戳记，形式上有单戳、双戳、四戳、五戳、六戳之分，例如：

单戳的“信阳金记”；
双戳的“长街广平桥 南银铺刘宅”“西京王家银 西京王家银”；

四戳的“正乙郎记 赵王家 正乙郎记 赵王家”；

五戳的“京销铤银 京销铤银 京销铤银 京销铤银 京销铤银”；

六戳的“住柴木巷丁三郎 贰拾伍两 柴木巷 柴木巷 柴木巷 柴木巷”。

此间又以单、双、六戳记最为常见，除去少量无字铤以外，最明显的共同特征是记载有金银铺名。值得一提的是，手工业产品存在着一定的随意性，同一家金银铺，其选用的戳记内容或排列顺序也不尽相同。银铤在后续流通过程中也有二次或多次加盖官戳或验银戳的情况，如加盖“广东运司”“广东钞库”“梁平验”之类，由于这些流通戳记是在银铤冷凝状态下打制的，印记较初铸时的热加戳要浅，两者易于区分。从发现的实物来看，有的金银铺产品十分丰富，除了大小不等的金、银铤外，还有金条、金叶子、金牌子。以“陈二郎”铺记为例，见（组图4-6）。

4-6-1

陈二郎，十两金铤

戳记：陈二郎 十分金

规格：通长 74 毫米 首宽 52 毫米 腰宽 34 毫米厚 6 毫米；重量：369 克

4-6-2

陈二郎，十二两半银铤

戳记：陈二郎 铁线巷 重拾贰两半

4-6-3

陈二郎，一两金叶子

戳记：陈二郎 铁线巷 十分金
规格：通长 99 毫米 宽 37 毫米；重 37.2 克

4-6-4

陈二郎，二十五两银铤

戳记：陈二郎 铁线巷 重贰拾伍两
规格：通长 112 毫米，首宽 74 毫米，腰宽 47 毫米，厚 16 毫米；重 950 克

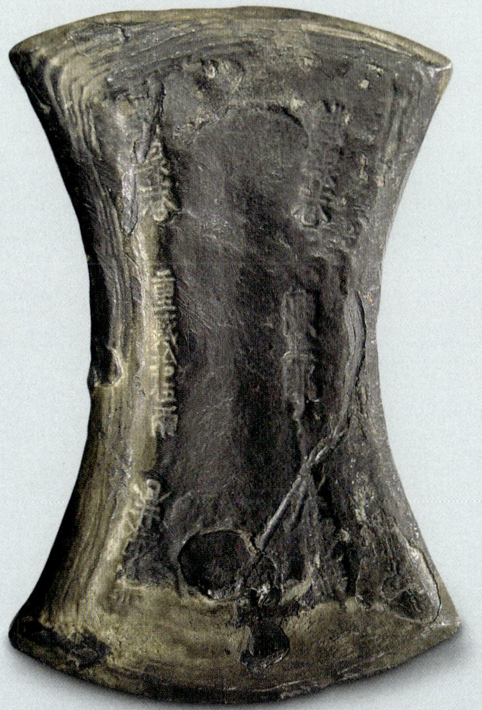

4-6-5

陈二郎，一两金条

戳记：陈二郎 铁线巷 十分金
规格：通长 132 毫米，宽 17 毫米，厚 1 毫米；重 37.3 克

之所以在铤上加盖铺名等戳记，一是彰显信誉，同时具有广告的效应，有的金银铺可能传承数代而铺名不变。二是防止假冒，“市肆所卖银器之属多杂以铜”，戳记如同印鉴，具有一定的防伪功能，有的戳记中含有金银铺的专属花押。第三，应官方要求。“诸路起发金银物帛，内有色额低次之类，估剥亏官钱数，行下补发，州县见于干系人等人及元发铺均摊。”[5]供送朝廷的银两，若遇到成色不足而欠下的亏额，仍由州县填补，责任到人。所谓“干系人等”指州县之长官、通判、库管及秤验人员；而“元发铺”即指原产金银铺户。对于一些供银渠道多元的官府而言，有铺名戳记则易于追根溯源，追究责任。

如果说宋早期的金银铺还是以制造加工业为主，那么随着两宋社会商业化进程的迅猛发展，特别在入中制度、钞盐制度推行之后，已变成了金融服务为主的金融机构。尤以京城东京、临安为甚。他们的业务从金银的铸造、银钱的兑换、信用担保，一直发展到有价券证的买卖。一方面它们于官于商于民皆便，一方面又操纵市场，通过利用手中的巨量资本对交引、钞引等有价券证进行“低吸高抛”的往复操作，打压茶、盐等行商的同时，套取官方兑付上的汇差，从而攫取了高额的利润。其对资本的贪婪与对市场的精妙操作，仿佛看到宋代金银铺已站在了现代金融业的边缘。

我们来感受一下宋人笔下的金银铺。孟元老在《东京梦华录》卷二之“东角楼街巷”中写道：

> 南通一巷，谓之界身，并是金银彩帛交易之所，屋宇雄壮，门面广阔，望之森然，每一交易，动即千万，骇人闻见。

这是北宋东京汴梁繁荣的“金融一条街”，金银铺集中于此，屋宇与门面是实力的象征，无论是古代的金银铺还是当今的银行，城市中最气派的建筑一定少不了银行业的身影，可谓古今同理。若无望之森然的气派，恐怕也难现骇人听闻的交易额。

再看南宋都城临安，吴自牧在《梦粱录》卷十三“铺席”中写道：

> 自五间楼北，至官巷南街，两行多是金银盐钞引交易铺，前列金银器皿及现钱，谓之“看垛钱”，此钱备准榷货务算请盐钞引并作分打钑炉鞴，纷纭无数。

傅伯星绘《天街雪霁图》

文中提到的“盐钞引”是宋代钞盐制度下的产物，我们将在后文《南宋广东钞盐制度的见证》一章中内详细介绍。简要之，自北宋始，为解决陕西、河东、河北等边地的军队供给问题，宋廷允许商贾向边地输纳粮草，待交付后签发“交引”作为凭证，商人持凭证到京城或其他指定点兑换现钱或盐茶等专卖物资，这些凭证就成了“有价券证”。南宋时，盐商改用现钱向朝廷专设的专卖机构——榷货务纳钱，换取“钞引”，再凭“钞”支盐，凭“引”运盐。而有的金银铺替榷货务代办卖钞事宜，同时还要按官方的要求为前来兑现的商人提供担保，以防假冒。此时的金银铺已然变身为金融服务商了。无论是交引还是钞引，持有者未必需要亲往兑换钱物，而是可以转售出去。特别对远道而来的客商而言，不得不考虑到时间成本及长途转运成本。这就给金银交引铺提供了低价购进交引、钞引，再高价转售给茶盐商的操作机会。此外，金银铺户通过货币兑换业务，套取巨额汇差利润。以南宋嘉定、宝庆年间为例，由于纸币（会子）滥发而贬值，钱、会兑换波动较大，此时钞铺低价现钱收购会子，“每贯用钱三四百文”，再凭借其官方代理的身份，在交纳官府钞钱时再把这些低价购进的“会子”当作涨至一贯现钱使用。金银铺另一方获利的方式方法是：买进盐钞后，在转手卖出时，又借口会子贬值而提高钞价，淮盐每袋约三十贯的卖至百贯以上。[6]往复之间，数倍的利润，着实骇人听闻。

上述《梦粱录》引文中提到的“炉鞴”，即熔炼鼓铸之意，“钑”意指用金银在器物上嵌饰花纹。可以看出金银铤或金银器铸造仍是这些铺户们的常规业务。京城是财赋转输的中心，金银铺数量众多。大约生活在南宋宁、理宗时期的耐得翁，在其著作《都城纪胜·铺席》中提到的金银铺即达百家以上，“自五间楼北至官巷南御街，两行多是上户，金银钞引交易铺，仅百余家，门列金银及现钱”。从目前发现的宋铤来看，产自临安金银铺户的比例也是最大。根据近年宋铤出土情况汇总及笔者所见，按街巷名排列出的临安金银铺有59处，另有9铤只见铺名未见街巷名，但从形制特点上看，可判断为临安铸造，以上合计68处临安金银铺户，其中3处或为同一家金银铺开设在不同的街巷，皆为典型南宋时期的银铤。

霸东街南	姚七郎
霸南街东	蔡宅王二郎　金三郎　雍念三郎（新东街南）
霸南街西	相五郎　韦宅　陈曹宅　张宅梁一郎　徐五郎
霸西（街南）	王二郎　陆宅　夏四郎（街东面西）　□五郎

霸北街东	沈铺 徐宅记 陈铺 赵宅 余姜顾蒋宅 赵孙宅（都税务前） 马沈宅（元都税院前） 苏宅韩五郎（街东桥西） 徐沈铺 赵铺
霸北街西	苏宅韩五郎 韩宅 旧日苏韩张二郎 建康卢八郎 □念三郎 霸西王二郎 黄二郎
霸北	霸北梁一郎 梁宅
霸北里角	徐沈铺
霸头里角	赵孙宅 韩四郎
清河坊西	阮六郎铺
清河坊北	张二郎 张三郎
猫儿桥东	俞七郎 吴二郎
铁线巷	陈二郎 林六郎 张八郎
铁线巷南	朱二郎 王宅
铁线巷里	□□□
铁线桥巷	康二郎
跨浦桥北	朱百一郎
柴木巷	丁三郎
水巷里角	王六郎
西河铺	（空）
荐桥北街东	马二郎铺
新东街南	雍念三郎
保佑坊南	郭顺记
天水桥东	周五郎铺
市西	陈铺
市西坊北	高直铺
大市东	刘六郎
官巷前街	许三郎铺
朝天门里	董六郎
仅见铺名者	张八郎、宅东陈铺（马将仕宅）、吴宅、梁元宅、左部宅、刘三郎铺、刘五郎铺、陈李宅、祝六郎

通过这些铺名，我们可以看到一些有趣的现象。位于霸北街东的“余姜顾蒋宅”金银铺，应该是“合伙人制”；霸北街西的“苏宅韩五郎”“韩宅”“旧日苏韩张二郎”，为同一处街巷内的前后三个铺名，宅子的变迁与金银铺户的转承关系跃然铤上。最终张二郎接手了此前苏、韩两家合伙开设的金银铺。同样，开设在霸北街西的还有“建康卢八郎”，这是建康（南京）金银铺在临安开设的分店。

临安之外的金银铺也有不少，如位于建康“镇淮桥北”“御街”之上的“朱铺”“程五郎铺记”。南京镇淮桥，始建东吴时期，南宋理宗宝祐年重建，时为十里秦淮诸桥中规模最大、装饰最华丽的桥梁。现今在原址上翻修的桥梁为中华门历史景观中的一个组成部分。所谓“御街”当指皇宫正门外，皇帝出行的那条主干路。高宗南渡时，曾驻跸建康，亦称建康为行在；其他的宋铤中出现的金银铺还有不少，诸如：温州马曹头谢铺、（温州）康尔坊西孙宅、（温州）简颂坊吴二郎、（嘉兴）长街广平桥、庐州黄记、光州莫百四郎、镇江市西张宅、襄阳韩宅记、广东城南木念九郎、信阳金记、西京王家等。

图 4-7

霸北街西苏宅韩五郎，十二两半

戳记：苏宅韩五郎 霸北街西 重壹拾贰两半
刻字：惠州经制银
规格：通长 84 毫米，首宽 58 毫米，腰宽 40 毫米，厚 12 毫米；重 457 克

图 4-8

霸北街西韩宅，二十五两

戳记：韩宅 霸北街西 京销铤银
规格：通长 110 毫米，首宽 73 毫米，腰宽 45 毫米，厚 15 毫米；重 962 克

图 4-9

霸北街西旧日苏韩张二郎，二十五两

戳记：旧日苏韩张二郎 霸北街西 重贰拾伍两 吴震验 广东钞库

规格：通长 110 毫米，首宽 75 毫米，腰宽 47 毫米，厚 15 毫米；重 965 克

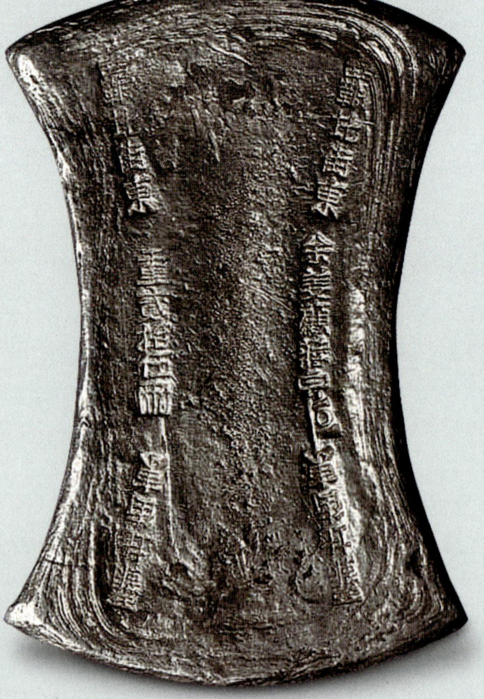

图 4-10

余姜顾蒋宅，二十五两

戳记：霸北街东 余姜顾蒋宅 重贰拾伍两

图 4-11

御街朱铺，十二两半

戳记：镇淮桥北 御街朱铺 京销铤银

规格：通长 90 毫米，首宽 61 毫米，腰宽 40 毫米，厚 13 毫米；重 476 克

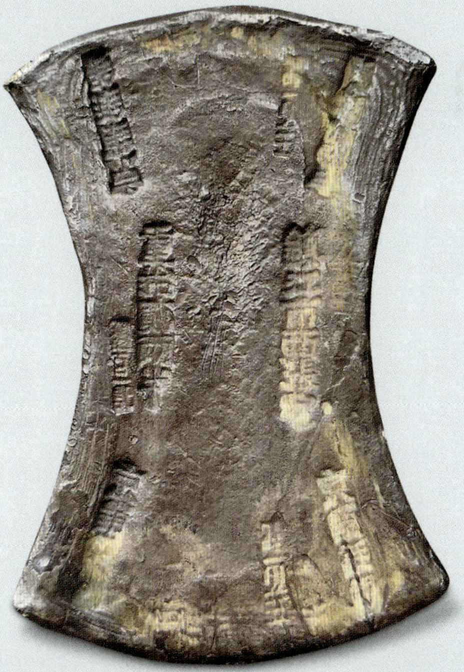

图 4-12

镇江市西张宅，十二两半

戳记：镇江市西张宅 重拾贰两半 京销铤银 刘百一记 西面一记

规格：通长 87 毫米，首宽 61 毫米，腰宽 39 毫米，厚 14 毫米；重 451 克

注释

[1]（元）马端临：《文献通考》卷二三《国用考一》。

[2]（宋）赵汝愚：《宋朝诸臣奏议》卷九八《刑赏门·禁约·丁谓〈上真宗乞禁销金〉》。

[3] 统计自《西湖老人繁胜录》。

[4]（宋）李焘：《续资治通鉴长编》卷二四四，熙宁六年四月庚辰条。

[5]（清）徐松：《宋会要辑稿》食货，第5591页。

[6] 梁庚尧：《南宋盐榷》，东方出版中心，2017年，第147页。

宋代银铤考

下编

第五章

上供银

宋铤中錾刻“圣节银”“大礼银”“郊禋银”“上供银”“年额银”“冬季银”“经总制银”等字样以及加盖“广东运司”戳记的银铤，均可视为上供中央的财赋。笼统地讲，凡是上交中央或按令调拨外地的银两，均可称之为上供财赋。既然都是上供财赋，那么刻有“上供银”字样的银铤与其他上供用银铤有何异同？“上供银”又是如何起发与调拨的？带着这些问题，本文试就宋代上供制度与上供银铤进行讨论。

第一节 宋代的上供制度

一、上供的定义

所谓上供，古称“钱帛之输京师，以供上用者也”。在宋代，上供指各级地方官府按朝廷规定的定额上缴谷物钱财。这些财赋一方面供皇帝、皇室的费用支出，一方面供官员俸禄、军费等支出以维持整个国家的运转。上供制度早在唐德宗建中元年（780）就出现了，据司马光在《资治通鉴》中记载：

> （杨）炎建议作两税法，先计州县每岁所应费用及上供之数而赋于人，量出以制入……上用其言，因赦令行之。

时任宰相杨炎在提倡两税法时，便有了“上供之数”的称法，这说明“上供”的概念早已有之。到唐顺宗、宪宗时，更是将天下财赋一分为三：“一曰上供、二曰送使、三曰留州”。“使”指的是唐代藩镇诸使。显然，送使与留州属于地方财政，而“上供”则关系到中央财政，形式上由地方将财赋供输中央。在财赋分配问题上，宋承唐制，但又根据强干弱枝、利归中央的治国理念，为防止地方官员坐大而去除了“送使”这一环节，“上供”与“留州”便成为宋代财政制度的两大分类。

广义上的上供泛指一切地方上缴中央的财赋，如南宋《嘉定赤城志》记载嘉定年间台州各色上供窠名包括有绸、绢、折绢钱、折帛钱、经总制钱，上供钱、籴本钱等20项。然而，在考查具体的上供制度时，“上供”则需要明确到某一特定的征调科目上来，而非泛指，故又称之为“上供正赋”或“正赋”，这种制度层面的“上供”可理解为狭义上的上供。“上供银”有着特定的交纳额度，在征收、起发、账籍、用途上与其他类别的银铤互不隶属。考查现存宋铤，上供银、经制银、制总制银、籴本银也都是各自表述、分类起发的。因此，鉴刻“上供银”银铤就是这样一项单列的、上供正赋中的货币专项收入。

宋代的上供物资主要集中在粮、帛、银、钱四大项上，北宋大中祥符元年（1008）各路始立定额，被称为“年额上供”，这是地方上必须优先完成的指派任务，也是官员们重要的考课指标。其中粮主要包括“粟、稻、麦、黍、穄、菽、杂子”等七种，帛主要包括“罗、绫、绢、纱、絁、紬、杂折、丝线、緜、布”等十种。由于银两相对于铜钱而言，具有质轻而值重，且易于转搬的特点，因此成为宋代国家宝藏的主要储备对象。南宋时，上供钱中有相当一部分需要折变成银两后起发上供。由于各地物产情形不同，上供类目亦有差别，但上供钱物仍以夏秋两税收入为主体。

随着皇室用度、各地军费、官廪吏禄、宗庙大礼等开支的连年增长，特别是军队数量由宋初的三十余万，增长到仁宗时期的一百多万，北宋“年额上供”之数一直在增长，以满足不断扩大的中央财政开支的需求。例如至道末年到天禧末年的二十余年中，全国上供银从“三十七万六千两”增加到“八十八万三千九百余两”。[1]又如南宋陈傅良在《止斋集》写道：“自祥符奏立诸路上供岁额，熙宁之法，增额一倍；崇宁重修《上供格》，颁之天下，率一路之增至十数倍，迄今为额。”直到宋室南渡，由于机构减损、驻军总数下降，高宗方才参考崇宁、大观年间的上供定额对上供银数额进行了下调，建炎三年（1129），“诏减福建、广南路岁买上供银三分之一，以宽民力”。此后南宋一百五十余年，宋廷并未通过重修上供额的方式增加新赋，呈下降趋势。需要指出的是，两宋朝廷在处理增加赋税时的手段不同。北宋时期，虽然上供之外的各色官钱收入也颇为可观，但中央的增赋的手段主要是通过扩大上供额来实

图 5-1

广州上供银，十二两半

刻字：广州上供银
戳记：京销银 赵孙宅
规格：通长 90 毫米，首宽 60 毫米，腰宽 40 毫米，厚 12 毫米；重 433 克

现的。南宋，则采用的是“于上供之外，别立名色以取之州郡”来实现增收的。孝宗乾道六年（1170），户部尚书曾怀上书，言及“诸州军起发户部诸色官钱及上供钱物”，这里的“诸色官钱”有如经总制银（钱）、籴本银（钱），而“上供钱物”则专指年额上供银、上供钱。

二、上供钱物的起发

目前发现的加盖“广东运司”戳记的银铤，与上供银有什么样的关系？1975年4月河南方城王营村出土二枚绍兴年间宋铤，其中一枚残铤铭文中有“二十四年下限上供银……总领司大军库交”字样，为什么交总领司（所）而不是临安户部的左藏库？上供钱物又是如何起发与调拨的？

宋廷编制《上供格》以规定各地上供年额及上供物品的起发与调配。“格”即法式与标准的意思。上供钱物的起发，主要由州军与转运司负责。转运司又称漕司，

"专以移用本路上供钱物为事"，[2]其职责在督催点检，而编纲起运等具体事务则由地方州军经办。转运司为各地买银上供提供帮助。例如，北宋后期，广东岁额上供钱15万缗，依例买银起发。而诸州并无买银的本钱，这需要从本州的经费中扣除，或科敛于民。绍兴后，广东运司就"每岁桩办得钱五万缗，均分诸州做银本"。而当本路上供亏欠不及年额时，转运司须以其他经费代为补足。"如逐州上供钱未足，漕司不以移用钱补发"，许都转运使弹劾。[3]银铤中加盖"广东运司"戳记，当为广东转运司在点验上供纲银时或补足交纳"广义上供"纲银时加盖的过手戳记。其税银来源较之上供正赋中的专项"上供银"要宽泛许多。

至于上供物资的发赴地，据李纲在《梁溪全集》中记载：

> 依法，夏税……及纳毕，申所属监司，选官称量，合系上供之类，即团并成纲，发赴左藏库交纳；内有合系本州支给官兵春冬衣赐等用，即从本州支遣，皆有帐籍可以稽考，此祖宗旧制，不可易之法也。

上述表明地方在收齐夏税后，除允许留州使用的物资外，合系上供部分由转运司点验，并由其选任的监官编纲起运，发往京师，最终交纳至左藏库。按上供制度，州军每年须向中央上报《起发上京供年额钱物状》，而转运司则上报《诸路转运等司稽考上供钱物簿》。需要指出的是，由于中央还要安排外派军队的开支，按理将调拨经费给各路转运司。因此，为避免来回解送，在原本需要起发上供的钱物中，还有可能直接划出部分"移往别路"。南宋时，情况又相对复杂一些，因淮东、淮西、湖广及四川四总所相当于户部的派出机构，调拨时较北宋时多了一个层级，故在临安户部、各总领所及各地州军的经费项目中，都可能见有标明"上供"钱物的项目。上述上供银发往总领所大军库交纳，即是按防务开支需求而调拨的款项。为防止上供钱物被地方截留、挪用、拖欠，宋廷有过严格的规定：

> 诸处起发上供金银钱帛斛斗纲运，并须赴京送纳，缘路诸州不得辄有截留。如有擅留处，其知州军通判职官等并当除名，转运使副各勒停，三司、转运司、发运司、州军孔目吏已下并决配远恶处。[4]

并出台《擅支上供钱物法》，此法两宋期间一直沿用。

三、买银上供

目前发现的宋铤中，有一枚铭文“福州买银重伍拾贰两”五十两银铤，铭文中虽然没有“上供”字样，但这种“买银”上供的情形，却是上供调配中的常例，文献中多有记载。洪适《盘洲文集》卷五记载荆门少银而向荆南府买银的情况：“寻常贡赋多是担钱至荆南府买银，今每年至提举司请引，及管押银人纳银，有沿路脚乘等费。”此间有押银人并需要支付担钱的运费。实际上，各地按《上供格》的定额起发上供钱物时，其发运品类及目的地也会因朝廷的要求而发生改变。这些要求包括：“依格科买”“泛抛科买”“折纳”“本地截留”“支移别路”等。“依格科买”指依据《上供格》的明文规定，以州军上供银钱购置特定物品交纳。宋仁宗景祐二年（1035），令三司详定诸路上供额钱，诏江东5万缗自今并市绸绢绵，福建、两广28万缗市银，即是将上供钱买成银帛交纳。又如宣和二年（1120），江东路上供钱岁额20余万贯，其中约13万贯需“依格专一指定应副收买银绵”。[5]福建路年额上供钱20万贯，熙宁二年（1069）起规定买银起发，时铜钱一贯买银一两，因此福建路有上供银20万两的定额。虽然后来银价上涨，但这20万两的上供银任务却不能减少。徽宗时期更是增加至27万两。到南宋时，福建各州莫不以买银上供为害，“科名日增，银价日倍，州县不复有余矣。故下四州之银取于僧寺，上四州之银取于民户”，这是买银起发引起的弊政。其他地区，如广东、广西也都以科买上供银为害。南宋淳熙六年（1179），蔡戡在任提举广南东路（广东）常平茶盐公事时，上孝宗皇帝《乞代纳上供银奏状》：

> 臣自去年十二月入境，初见寮吏与夫士庶，首询民间疾苦，异口一词，莫不以科买上供银一事为扰，臣深求其故，盖缘本路诸州每年所发上供银除减放外，总计钱一十五万二千一百六十九贯文省，自来均下一十四州于岁入系省等钱内置场买银起发。

文中可见广东十四州均须买银上供。“泛抛科买”指的是朝廷出于临时对某物的需要，令地方州军用上供钱物购买后上交；“折纳”，或称折变，指地方本该按《上供格》供输的物品，因本地歉收或需求变化的原因，折算成银钱或将银钱折算成实物后上交。熙宁七年（1074），三司“乞以京东路上供粮，自明年后不折变钱，依旧计置（值）折变米，并于河北近水路州军封椿，发备边用，从之”[6]。可以看出，当时京东路上供钱与上供粮就有相互折变的情况。其他有关上供钱物的输送，或因战争、灾荒而改由本地截留使用，或移拨其他路分使用。

第二节 《临汀志·供贡》释读

地方志是宋铤研究的第一手资料，各种税赋的征收皆由地方来落实执行的。对这些史料的理解，有助于我们对银铤的理解。正如南宋开庆元年（1259）胡太初、赵与沐修纂的福建地方志《临汀志》，其中有《供贡》一篇，它为我们研究宋代上供制度提供了极佳的视角。该篇章中，上供财赋以银两为主要单位，间或以铜钱、会子计算。临汀所有上供项，即宏观意义上的上供类别有七种，它们分别是：

上供银：每岁解发七千九百四十五两八钱三分五厘。赴行在左藏西库交纳。

圣节钱：每岁进奉二千两，赴行在右藏西库交纳。

大礼银：每遇大礼年分，解发进奉银二千两，赴行在左藏西库内交纳。

免丁钱：本府祖额管催僧道免丁钱二千三十六贯五百文，钱会各半。嘉熙二年，准都省指挥照年额增催一半，自是岁催三千五十四贯八百文，银会各半，分上、下半年起解赴行在左藏库交纳。

铅本钱：开庆元年，准户部行下，每年分两次取解……解赴行在右藏西库送纳，银四百二十八两五钱七分二厘，十八界会一千五百贯。

牙契：以十分为率，随季行算，分隶解纳。内三分拨充经制，一分充州用，六分解赴提领安边太平库送纳。其每年收到钱数不等。

通判厅财赋：经总制钱，每年六县共解到一万三千四百八十八贯九十三文……通判厅经总纲起解于行在右藏西库送纳。

而本文所述的狭义上的上供银就是其中的单列项。有关上供银的调拨、折变、输送写得十分详尽，原文摘录如下：

上供银　　每岁解发七千九百四十五两八钱三分五厘。赴行在左藏西库交纳。

州库代输建昌军、抚州银　　一千一十两八钱三分五厘。

诸县桩解钱　　六千九百三十五两。长汀县一千五百四十一两一钱五分。宁化县一千五百六十四两四钱五分。清流县九百六十八两七钱七分五厘。上杭县九百六十九两七钱三分。武平县一千一百一十九两八钱九分五厘。莲城县七百七十五两。

州库柱办上、中、下三限头子银　　二百三十五两七钱三分七厘

旧额解上供银一万三千两。淳熙间七年九月，郡守江公瑞奏请："祖宗旧制以汀州地有坑场，银货易得；不宜蚕桑，衣赐难办。令本州岁出银六千六十五两，为建昌、抚州代输上供银；令建昌岁出绢四千五百三十七疋，紬三百三十五疋，绵二千两，抚州岁出绵七千五十两，应副本州官衣赐，通融相济，及本州代输二郡上供朝廷，籍为定额。为建昌、抚州岁出绵绢，只到本州，一更兵火，乘此失约。本州既无本色绵绢可给衣赐，不免纽折价钱支给，而代输二郡上供之银，常自若也。乞将汀州每岁见发上供银数内豁除代输建昌、抚州银六千六十五两，下江西运司径行督责逐州起发，仍于本州岁发数内销熔。其本州合用官兵春冬衣赐，管认自行措置支给。"得旨，令江西、福建运司依所陈事理施行。本州实合解六千九百三十五两。续准运司牒文，备省札从江西两运司申请，乞将建昌、抚州均认起发物帛，以三分为率，令江西运司措置均认一分，福建运司均认一分，其余一分别行措置。续又准运司牒，本路一分银二千二十二两，更令汀州每岁认发一半，银一千一十一两，通计本州每年实发银会七千九百四十五两八钱三分五厘。

简述之，福建临汀六县解发上供银原额6935两，因银两易得而绵帛难办，故为江西建昌、抚州两地代输银两6065两，此两地则以绵帛为补偿，这是旧额上供银13000两的来历。后因兵火使得江西两地失约，而临汀却代输如故。临汀乞将代输部分免

表图1　临汀上供银旧额构成
合计：13000（两）

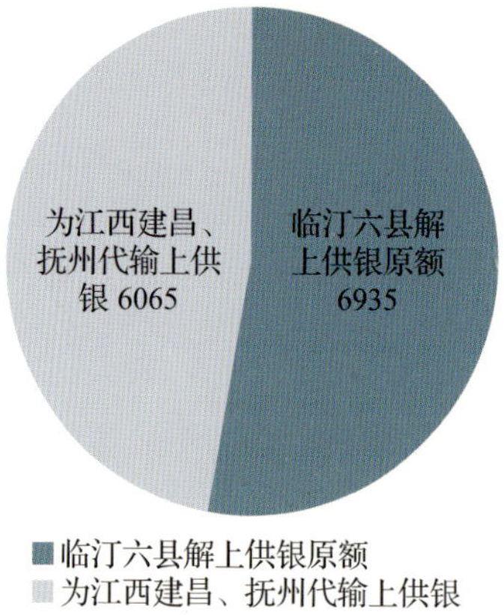

表图2　临汀六县解上供银原额
合计：6935（两）

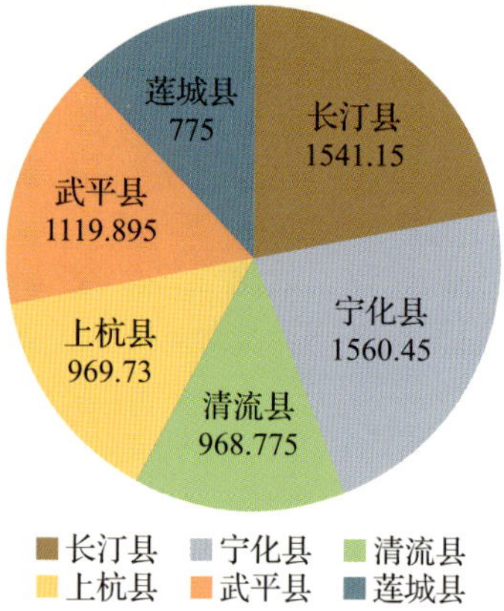

表图3　原代输江西两地上供银之解决办法
原额：6065（两）

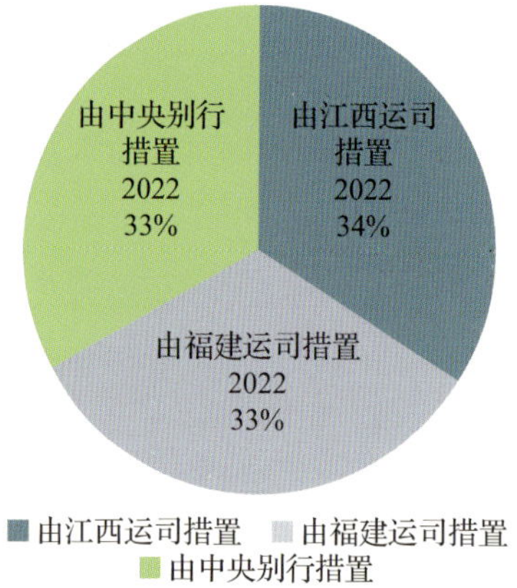

表图4　福建运司分摊代输上供银之办法
合计：2022（两）

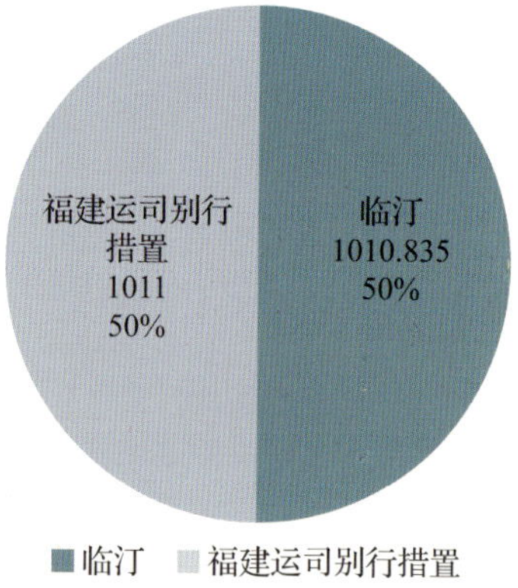

表图5　临汀每岁解发上供银现额
合计：7945.835（两）

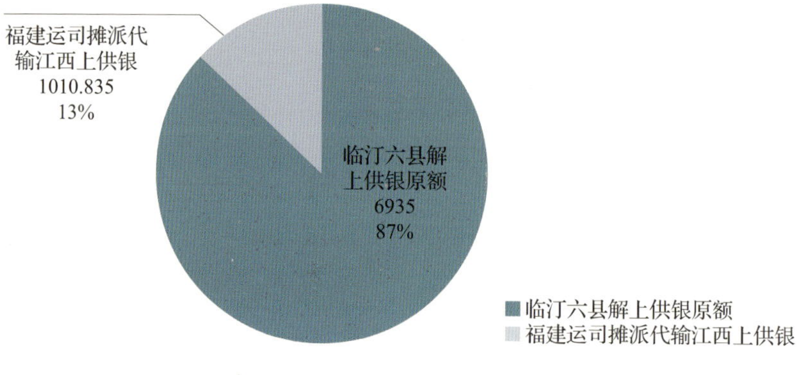

去，而朝廷的决定则是仍由福建路承担原代输上供银数额的三分之一，即2022两。福建运司则摊派临汀承担2022两的一半，即1011两。因此，临汀实际解发上供银由原额的6935两与摊派的1010.835两部分组成，合计7945.835两。最终，这些上供银赴都城临安的户部财库左藏西库交纳。见表图1～表图5：

第三节 上供银铭文解析

迄今所见“上供（贡）银”铭文的宋铤计12枚，其中一枚“广州上供银”十二两半者不知所踪，余者记录在表（表5-1）。

表5-1 宋代上供银银铤列表

序号	铭文	重量	出处
铤 1	（刻字）（正面）连州元鱼场买到二年分上供银伍拾两专知官唐莘 （背面）始字号 匠人廖昌	伍拾两 1977 克	河北卢龙出土
铤 2	（刻字）（绍兴）二十四年下限上供银总领司大军库交 等 参军监祖敏中（残铤）	伍拾两（残） 1029 克	1975 年 4 月河南方城王营村出土
铤 3	（刻字）德庆府起上供银监官黄迪功银匠黄庆仁 （戳记）苏宅韩五郎 霸北街西 邢文彬 贾寔 沈执中 京销	十二两半 458 克	《尘封千年的国家宝藏——南宋金银铤收藏与鉴赏》，第 39 页
铤 4	（刻字）德庆府上供银库官许迪功银匠黄庆仁 （戳记）京银铤银 朱铺	十二两半 445 克	同上
铤 5	（刻字）德庆府起发上供银监官黄迪功银匠黄庆仁 （戳记）京销铤银 赵铺 重贰拾伍两 沈执中	二十五两 907 克	《银的历程——从银两到银元》浙江省博物馆编
铤 6	（刻字）广州上供银 （戳记）京销铤银 韩宅	十二两半 446 克	同上
铤 7	（刻字）广州上供银 （戳记）京销银 赵孙宅	十二两半 443 克	西泠印社 2017 秋季拍卖会 Lot4799

续表

序号	铭文	重量	出处
铤8	（刻字）循州上供银 （戳记）霸南街西 重贰拾伍两 陈曹宅	二十五两 935克	《尘封千年的国家宝藏——南宋金银铤收藏与鉴赏》，第38页
铤9	（刻字）循州上贡银 （戳记）霸西街南 京销铤银	十二两半 450克	浙江省博物馆馆藏
铤10	（刻字）循州上供银 （戳记）孙宅渗银 康尔坊西 重贰拾伍两	二十五两 960克	浙江省博物馆馆藏
铤11	（刻字）福州上供银伍拾两 □□□□□儒林郎□□□ （戳记）京销	伍拾两 1986克	北京诚轩2007秋季拍卖会，Lot1182

注：从器形及关联物证上判断，铤1为北宋银铤，其余为南宋银铤。

铤1为标准北宋银铤器形，余则皆为南宋银铤。连州元鱼场为广东著名矿区，富产铜、银。在徽宗元符年间，当地的银矿开采已达到高峰，银价每两只值六七百文，在此买银上供是沿袭已久的惯例了。“始字号”为千字文编号，通常是储藏或解发时的编号。这种编号在南宋银铤中也时有所见。据宋代《庆元条法事类》记载：

> 诸上供金银，并以上色起发，内银销成铤。仍分明镌凿银数、排立字号、官吏职位姓名，用木匣封锁于纲，解内开说色额铤段数目字号。

可见上供银铤不但要求成色高，而且要求记录详明。当然，并非每一铤上供银或其他税银均需要錾刻大段文字。为了便于出入库点检方便，通常是将交纳事宜，包括时间、起发地点、用项、编号、交纳地点、官名、银两重量、银匠等信息錾刻在一个批次中的首铤之上。

铤2虽为残铤，但仍有重要的意义，它是目前唯一一枚明确记载被调拨使用的上供银银铤，原应供输行在的户部左藏库，现改发总领所大军库交纳。大军库主要贮藏军饷，这些军需财赋主要由地方供应，如经总制杂税收入、茶盐酒课利钱、地方两税收入等。如有不足，方由户部调拨补充。

铤3～铤10是来自广东德庆府、广州、循州的上供银。根据同批带年号的银铤来看，这些银铤可以确定为南宋理宗淳祐至宝祐年间（1241～1258）的上供银，具体年份无法确定。从铤中金银铺铺名“赵孙宅”、地名“霸南街西”等戳记来看，这些铤大多是“在京买银销铸”的。铤10，“上贡银”即“上供银”，“康尔坊西”为温州地名，少见。关于广东上供银的数额，如蔡戡《乞代纳上供银奏状》所言：

本路（广南东路）诸州每年所发上供银除减放外，总计钱一十五万二千一百六十九贯文省，自来均下一十四州于岁入系省等钱内置场买银起发。

这152169贯钱应该就是淳熙年间广东用来买银上供的钱。关于银价，根据南宋广东转运使吴泳著《鹤林集》卷二二《奏宽民五事状》记载，“（淳祐十二年）每两支钱三贯五十文陌，数十年前银价每两只是两贯六七百左右”，淳熙六年（1179）与淳祐十二年（1252）距相距73年，依此我们按每两银折钱2.7贯计，152169贯当折合买银56359两。还是吴泳这篇奏状中，记载：

本司一年管催十四郡上供金银解赴湖广总领所，纲解虽办于诸郡而银本则实隶于本司，合诸郡上供计之共当银四万二千八百八十七两有奇，又金十五两。

这说明两点：一，广东的上供银在淳祐末年由户部调拨至湖广总所交纳；二，上供银数额是42887两，较之前淳熙年间的56359两下降近四分之一。为何？诸郡凋敝，民力竭也！吴泳在奏状中继续写道“今各郡皆欠上供纲，而英、连、韶、雄其欠甚伙”，据几乎同一时期孝宗乾道年的上供银定额来看，当时的英州、南雄州上供银不过各3600两，连州、韶州各8000两，[7]看似不多，然所欠不少，这恐怕是南宋晚期广东财政困顿的真实反映。

至于广州上供银，《乞代纳上供银奏状》中只记载淳熙年间广东除广州外的十三府，上供银年额总计为34300两，如果总额按上文56359两估算，那么广州的上供银当在22000两上下。到淳祐末年，时任广东转运使的吴泳，直接负责一路的财赋供输，对于广东的情况有着最深也最贴切的感受，他在给理宗的奏状中感叹道：“广州

图 5-2

循州上贡银，十二两半

刻字：循州上贡银

戳记：霸西街南 京销铤银

规格：通长 88 毫米，首宽 58 毫米，腰宽 40 毫米，厚 12 毫米；重 450 克

图 5-3

德庆府上供银，十二两半

刻字：德庆府起上供银监官黄迪功银匠黄庆仁

戳记：霸北街西 苏宅韩五郎 邢文彬 贾寔 沈执中 京销

规格：通长 85 毫米，首宽 60 毫米，腰宽 41 毫米，厚 11 毫米；重 458 克

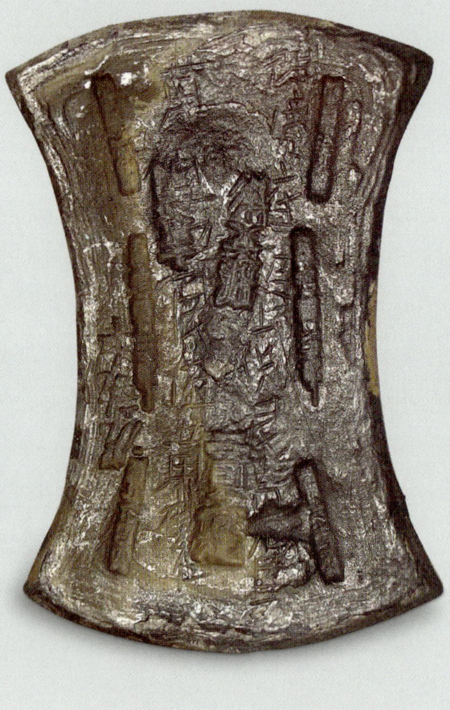

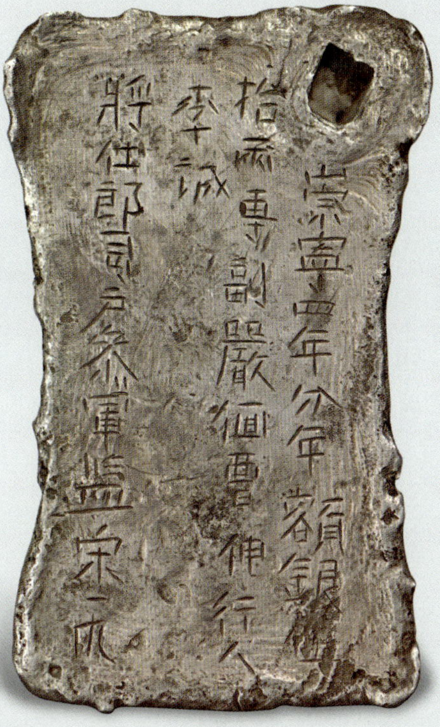

（缩小图）

图 5-4

英州崇宁四年年额银，五十两

刻字：（正）崇宁四年分年额银伍拾两专副严偭曹伸 行人李诚 将仕郎司户参军监宋□

（背）英州年额银

规格：通长 147 毫米，上宽 92 毫米，腰宽 70 毫米，下宽 75，厚 24 毫米；重 1950 克

非产银去处，本司逐时买银起纲，铢积寸累，极是艰辛。”可以想见，每一枚上供银银铤背后都饱经沧桑，得之不易！

铤11，福州上供银五十两，为福建路上供银之仅见品。实际上，由于福建银矿较多，每年所交纳的上供银总额也是最多的。根据梁方仲先生的统计，南宋绍兴三十一年，福建路的上供银为163262两，时占全国上供银总数的67.57%。[8]儒林郎为元丰改革官制后寄禄官阶的第32阶，从八品。铤3、4、5中的黄迪功、许迪功，则表明这些经办上供银的监官或库官官阶为迪功郎。迪功郎为从九品，寄禄官阶第37阶。

综上，上供银是来源于夏税秋粮两税收入的上供正赋，各地按《上供格》规定的年额买银编纲起发至京师户部左藏库交纳，或按要求调拨至其他诸路或总领所交纳的专款，主要用于户部、皇室及赡军经费的支出。

注释

[1]（宋）李焘：《续资治通鉴长编》卷九七，天禧五年十二月戊子。

[2]（清）徐松：《宋会要辑稿》食货四九之四。

[3] 廖颙：《奏均减上供银表》，转引自包伟民《宋代地方财政史研究》，上海古籍出版社。

[4]（清）徐松：《宋会要辑稿》食货四二之二。

[5]（清）徐松：《宋会要辑稿》职官四二之四一。

[6]（宋）李焘：《续资治通鉴长编》卷二五八，熙宁七年十二月丁卯。

[7]《永乐大典》卷一一九〇七《广・广州府志》。

[8] 梁方仲：《中国历代户口、田地、田赋统计》，中华书局，2008年，第299页。另外，梁先生统计的广东路绍兴三十一年交纳的上供银为41498两，时占全国上供银总数的12.76%。

第六章

纲银与折欠银

第一节　纲银

小说《水浒传》中的杨志为大家所熟知，原为殿司制使官，去太湖边搬运花石纲赴京交纳，押解至黄河段时，遭风打翻了船，一时间不敢回京交差，逃去他处避难。后赦罪返回东京，又因卖刀激杀泼皮牛二，被发配大名府充军。充军时颇受梁中书赏识，安排杨志护送“收买了十万贯庆贺生辰礼物”的生辰纲。杨志时运不济，再次在押纲途中失手，只是这一次是被梁山晁盖等人设计所劫去。据南宋罗烨《醉翁谈录》所述，“青面兽”“花和尚”的故事早在坊间流传。宋元平话《大宋宣和遗事》中也有“智取生辰纲”的雏形。艺术高于生活但取材于生活，小说中的花石纲、生辰纲正是宋代纲运制度的点滴反映。银两，作为宋廷最重要的财赋储备物资，需要由地方供输中央或由中央调拨其他路分，它又是如何起解发运的呢?

一、纲运编制

“纲运”是古代物资运输的统称，凡达到一定数量的物资都可以编纲发运。早在唐代广德年间（763～764），兼任度支使、转运使、盐铁使等职的刘晏，执掌漕运，为免于藩镇割据势力侵占或流寇盗抢，“晏为‘歇艎支江船’二千艘，每船受千斛，十船为纲，每纲三百人，篙工五十，自扬州遣将部送至河阴、上三门”，即是将漕粮定量编排、装载、分批运送。时纲运之初建，仅限于水路漕运米粮，其他物资尚未采用。到宋代时，纲运的应用范围由水运扩大至陆运，水运为漕，陆运为辇，而且运送的物资不再限于漕粮，出现了绢纲、马纲、钱纲、香花纲、花石纲、盐纲、银纲等等。按运送方式和地区分，有转搬纲与直达纲、外河纲与里河纲之称。而生辰纲，则是以纲物用途命名的。显然，这些编纲起发的银两，又被称为纲银。当前发现的宋铤中便有“马本纲银”“夏季纲银”“纲银”“广东盐司籴本纲（银）”等数个种类，见表6-1:

表6-1 常见纲银及分类

编号	分类	铭文
铤 1	马本纲银	（刻字）马本纲银 使司 四川茶马司 嘉定戊寅岁
铤 2	籴本纲银	（刻字）广东盐司籴本纲官王□ （戳记）霸北街西 广东钞库 颜成验 □□□□
铤 3	夏季纲银	（刻字）泉州通判厅起发淳祐六年分 秤子董成 夏季纲银 监官朝请郎签书平海军节度判官公事卓 （戳记）贾寔 李□ 沈执中 盛绛 京销 焠熔林伯南
铤 4	梅州起发纲银	（刻字）梅州起发钢（纲）运银 （戳记）王宅 京销铤银
铤 5	郴州起发淮西总所纲银	（刻字）郴州起发淳祐八年下半（年）纲银赴淮西总所交纳 （戳记）霸北街东 陈铺
铤 6	郴州起发淮西总所纲银	（刻字）郴州起发淳祐七年上半年淮西总所纲银
铤 7	郴州起发淮西总所纲银	（刻字）郴州起发淳祐八年下半年纲银赴淮西总所交纳 （戳记）霸北街西 重拾贰两半 苏宅韩五郎
铤 8	郴州起发淮西总所纲银	（刻字）郴州起发淳祐八年下半年纲银赴淮西总所交纳 （戳记）霸北街东 壹拾贰两半 □□□□
铤 9	郴州起发淮西总所纲银	（刻字）郴州起发淳祐八年下半年纲银赴淮西总所交纳 （戳记）赵孙宅 霸北街东 重拾贰两半
铤 10	新州解发鄂州纲银	（刻字）新州解发淳祐二年鄂州纲银
铤 11	新州解发鄂州纲银	（刻字）新州解发淳祐四年鄂州纲银 （戳记）霸北街西 苏宅韩五郎
铤 12	新州解发鄂州纲银	（刻字）新州解发淳祐四年鄂州纲银
铤 13	新州解发鄂州纲银	（刻字）新州解发淳祐四年鄂州纲银
铤 14	新州解发鄂州纲银	（刻字）新州银发淳祐四年鄂州纳银
铤 15	新州解发鄂州纲银	（刻字）新州解发淳祐四年鄂州纲银 （戳记）京销铤银 □五郎 霸西街南
铤 16	新州解发鄂州纲银	（刻字）新州解发淳祐四年鄂州纲银 （戳记）京销银 赵孙宅 重拾贰两半
铤 17	新州解发鄂州纲银	（刻字）新州解发淳祐四年鄂州纲银 （戳记）京销铤银 俞七郎 济南
铤 18	新州解发鄂州纲银	（刻字）新州解发淳祐四年鄂州纲银

续表

编号	分类	铭文
铤 19	新州解发鄂州纲银	（刻字）新州解发淳祐四年鄂州纲银 （戳记）真花银
铤 20	新州解发鄂州纲银	（刻字）新州解发淳祐四年鄂州纲银
铤 21	肇庆府纲银	（刻字）肇庆府淳祐四年押纲李达银匠谢达 监官 （戳记）霸北街东　赵孙宅　重拾贰两半
铤 22	肇庆府纲银	（刻字）肇庆府淳祐四年押人李达 监官 （戳记）霸北街东　京销铤银
铤 23	肇庆府纲银	（刻字）肇庆府淳祐四年押纲李士良匠张王 监官 （戳记）京销铤银
铤 24	肇庆府纲银	（刻字）肇庆府银纲押银人 （戳记）京销铤银
铤 25	肇庆府纲银	（刻字）肇庆府银纲押银　银□银□ （戳记）京销铤银　重壹拾贰两半
铤 26	肇庆府纲银	（刻字）肇庆府银纲 押人李达 监官 （戳记）京销铤银　霸北街东　赵孙宅
铤 27	肇庆府纲银	（刻字）肇庆府银押银人李史监官 （戳记）街东桥西　苏宅韩五郎　重壹拾贰两
铤 28	肇庆府纲银	（刻字）肇庆府银纲押银人李达 监官 （戳记）建康御街 程五郎铺记 京销真渗银
铤 29	肇庆府纲银	（刻字）肇庆府起发银纲李 银匠谢达 （戳记）京销铤银　宋二郎
铤 30	肇庆府纲银	（刻字）肇庆府押银人 （戳记）京销铤银 赵宅渗银 重壹拾贰两半
铤 31	肇庆府纲银	（刻字）肇庆府银 押银 银匠□ （戳记）霸北街东　重拾贰两半
铤 32	肇庆府纲银	（刻字）肇庆府银纲 押人李达 监官 （戳记）霸北街东　重拾贰两半
铤 33	肇庆府纲银	（刻字）肇庆府银纲押银□□ 艮匠 （戳记）京销铤银 沈铺
铤 34	肇庆府纲银	（刻字）肇庆府□□ 押纲李达 监官 （戳记）京销铤银　赵孙宅　壹拾贰两半

宋代的纲运标准不尽统一，有的以船只数量为编纲单位，有的以物资数量为编纲单位。例如，有以10船、20船或30船为一纲的。也有如汴河纲，以船的载重不同而划分为“每五百料船二十五只为一纲，四百料船三十只为一纲”[1]。其他物资的纲运标准依种类与运输方式的不同而各有区别：

马	每纲标准：50匹（常马纲），30匹（进马纲）
乳香	每纲标准：3千斤（陆运），1万斤（水运）
绢布	每纲标准：3万匹 / 6.5万匹
香药	每纲标准：5万斤
茶	每纲标准：3万斛
盐	每纲标准：3.5万斤 / 10万斤
钱	每纲标准：2万贯
银	每纲标准：10万两[2]

当然，具体编纲起运时，还会根据实际情况进行调整。

除非有特定命名，如铤1“马本纲银”特指用于买马的本金，否则纲银仅是对一定数量银两的笼统称呼。纲银的来源，可以是地方税赋收入折换成的银两，也可以是上供物资折换成的银两，这包括夏秋两税中的粮食、绢帛折银，圣节银、大礼银、上供银、经总制银等等。

二、纲运的管理与组织

宋代对纲运有一套完整的管理体系。盐铁司、度支司、户部时称三司，总掌全国之财政收支，元丰改制后，三司之权归并户部，户部设发运案以掌诸路纲运。司农寺分管仓储委积、苑囿库务，其下设排岸司和下卸司，主要负责纲运下卸入仓事宜。直到南宋时，临安和建康也设有排岸司。对于重要的地区和运输路段还设有专门的纲运管理组织，如发运司和催纲官。对于盐茶这种大宗物资，则专设盐运司及兼理盐茶运输的盐茶司。在地方上，转运司负责上供物资的征集和支移，发运司则专司搬运，二者共同负责将地方财赋输送京师。“若计度支移有失，即罪在转运使，般（搬）运亏额，即罪在发运使”[3]的说法，也是其职责的反映。需要说明的是，发运司多负责水路纲运，“凡水运，自江淮、南剑、两浙、荆湖南北路、运每岁租籴至真、扬、楚、泗州，置转般仓受纳，分调舟船，计纲溯流入汴至京师，发运使领之。诸州钱帛、杂物、军器、上供亦如之”。[4]宋廷南渡后，东南财赋不再运往东京，汴河漕运停止，而临安又水路发达，漕运路程甚短，发运司职能发生变化，惟“第职籴本而已”，绍兴二年罢，其职事由转运使接管，南宋乾道年复置。至于诸州陆运，则“惟主纲者直部送、道路给券，不置使主之”，[5]即走陆路纲运的，由起发纲运者直接负责，官府只发放沿途支取伙食补给的券证，不另外派员转搬。

图 6-1

肇庆府淳祐四年纲银，十二两半（正、背）

刻字：肇庆府淳祐四年押纲李达银匠谢达 监官

戳记：霸北街东 赵孙宅 重拾贰两半

规格：长 91 毫米，首宽 61 毫米，腰宽 40 毫米，厚 11 毫米；重 467 克

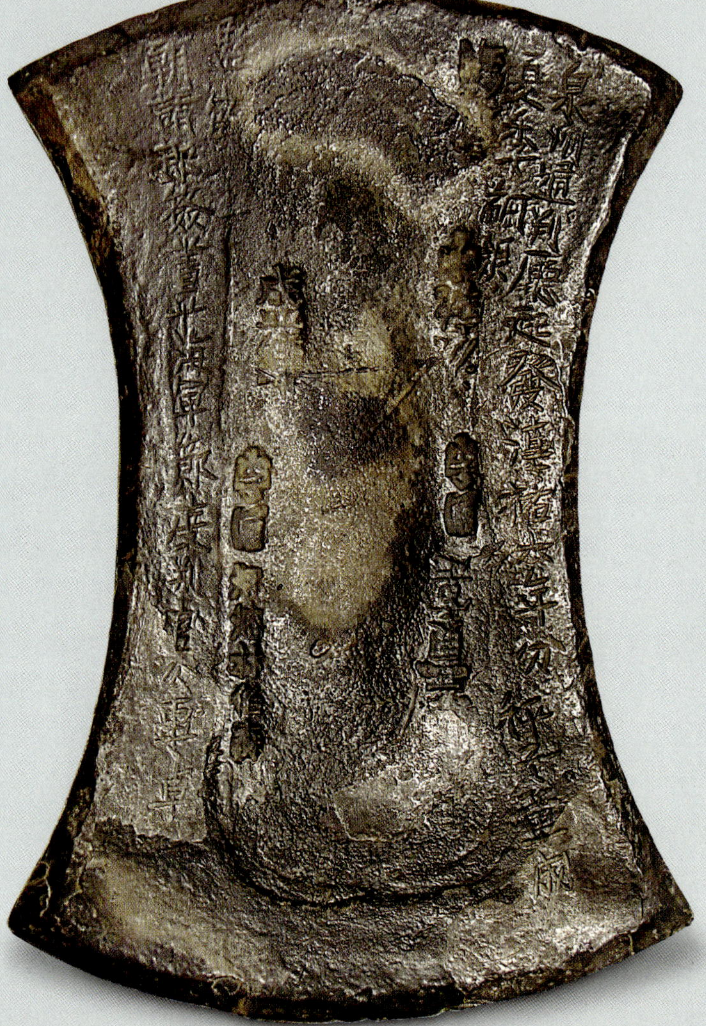

图 6-2

泉州通判厅起发淳祐六年分夏季纲银，五十两

刻字：泉州通判厅起发淳祐六年分夏季纲银秤子董成 监官朝请郎签书平海军节度判官公事卓

戳记：沈执中 盛继 李佰 贾寔 焠熔林伯森 京销

规格：长 138 毫米，首宽 95 毫米，腰宽 65 毫米，厚 18 毫米；重 1900 克

此外，关于纲运管理，无论有无发运司，地方上通常设有催纲、拨发等官，多以京朝官或三班使臣充任，主要负责催督、点检纲运和巡捕盗贼等事宜，也可以由通判或知县兼领其事。

两宋的纲运组织分为官运与民运两种。官运，主要用于各路上供物资或地方大宗物资的运输，纲运人及押纲人均由官府差遣，运输工具也由官府置备和组积。纲运人，主要由军卒与民夫组成，其中军卒主要由厢军充当，也有从禁军中选派者，统称为“纲运兵级”。从事水运的，又称漕卒，分别担当驾船人、艄工、篙手、水手、伙夫、驾牵等。陆运的，则分为车夫、驮夫、官脚和担擎兵士等。而通过递铺运送官物的士卒则称为铺卒。民夫中，既有专业的搬户、脚户、船户、搬丁、车丁、扛夫，又有一般的乡户和坊廓户，官府出钱雇人谓之“和雇”，有时则以和雇为名，“科借乡户，以代兵役”。有关民运，则指在运输过程中由民户自己组织并负责的纲运，但其程限与种类、数量及验收仍要由官府来规定和主持，期间也有官府提供运具与资金的情况。天禧三年（1019），定“粮纲十分人，以七分差兵士，三分给和雇工钱”。往后，雇夫的比例逐渐增大，到南宋时，漕运差夫之役十分繁重，民已不胜其劳了。纲运途中，纲运人也会有所更替，蜀中陆路诸般纲运，有的路段以“递铺兵士轮差般担”，有的路段以“递铺兵士转递”，有的路段则“州县差借人夫般担”。[6]

押纲人员的选任。官纲起发，每派“押人”监督，押人又称“押纲人”、“主纲人”或“管押人”，负责整葺纲运车船，对纲运军兵、民夫进行管带与监视，并确保纲运物资在规定限期内如数送达。考察上表银铤，肇庆府起发的银纲，押纲人被称为“押纲”“银纲押人”“银纲押银人”。如果说《水浒》中生辰纲的“押纲人”青面兽杨志还是虚构的话，那么我们可以在宋铤中找到真实的押纲人，如铤26，“肇庆府银纲押银人李达监官”，则很清楚地说明了李达为广东肇庆府负责银纲押送任务的责任人。宋代对押纲官吏的挑选比较重视，择其“畏谨有心力”“有行止可以倚仗”之人充任。人选分为两类。其一，由低级现职武官充任，官阶多为八、九品的大小使臣，也有未入品的更低级小军官如殿侍、军大将、军将等。武人当值，利于钤束兵夫，保障沿途安全。《宋史》卷一七五有载：“押汴河、江南、荆湖纲运，七分差三班使臣、三分差军大将、殿侍。”对于非现职官应募的，须经举主举荐，具官保，并收验“付身”（又称付身文书，由官员随身携带，由上级官府批写：该员于某年月日奉某官司之命，差到干办某事，至某年月日替罢，有无结绝事件等说明）方可任差，待回归后给还付身。其二，在衙前充役且家资殷实的上户子弟中选取，发展到后来，也可直接招募富户充任，目的只有一个：能赔得起，“及其欠折、但令主纲者填纳”。

关于纲运工具，宋初曾有纲运“悉给舟车，毋役民妨农”的诏令，但随着纲运量的大增，仅靠官给显然无法完成各类物资的运输任务，从而不得不从民间差雇。仍以和雇的方式为主，官纲用民船，需支给船户水脚钱。

三、纲运的解发制度

宋代纲押管理严格，纲运从起发到卸纳，都有严格的手续。首先，纲运装发时委知州、通判、监押等官员同赴仓库提点纲物，不得亏损数量。然后在押纲人监督下，对纲运货物进行封装、锁梁以确保纲物在押运途中不受侵盗，同时打上封印，盖以官戳以便勘验。出发时飞报前路，南宋时还要飞报户部。押纲人随身带上“行程历”，水路于排岸、催纲运、巡检司，陆路于州、县、镇、寨，即时登记到发日时、纲物名数、有无欠少，以及水火等意外事故实状。待押纲人服役年满，赴省投纳行程历，进行考核，如有失漏者，将不在推赏之列。

其次，设立程限，按期解纳。两宋期间纲运皆按距京师远近设立程限，以免纲运拖沓无期。以漕运为例，宋初，楚州、泗州距京千里，80日一运，一年转运三次。至仁宗天圣年间，楚州一年改为四运，泗州则改为五运。各路的时限也不尽相同，实施转般（搬）法时，淮南东西路第一限十二月，第二限二月，第三限四月；江西、荆湖南北、两浙第一限二月，第二限四月，第三限六月。到宣和二年（1120）规定：“淮南以五运，两浙及江东两千里内以四运，江东二千里外以三运，湖南北以二运。”[7]此外，还根据具体路程分别限定所行时日。如绍兴十二年（1142），户部言及：

> 相度得浙西秀、湖、常州，平江府、江阴军地里远近，纽计在路合（限期内）破（超期）日分。秀、湖至行在地里，秀至行在计二百九十八里，计时四日二时；平江府至行在三百六十里，计八日；湖州至行在三百七十八里，计八日二时；常州至行在五百二十里，计一十一日四时；江阴军至行在七百三十八里，计一十六日。[8]

对于有故超期的，也要限定时日：

本司看详上供钱物纲，在路有故违程，依法不得过三日，累不得过一月。所有诸路粮纲即未有立定明文。令欲比类上供钱物立定，有违程不得过十日。内江东、淮南、两浙路地累不得过一月。湖南北、江西路地远，累不得过两月。[9]

陆路纲运阻滞于风雨，也不得超过程限十日。行程历上批注到发日时和阻滞原因，违期严重者，给予严惩。上表铤4～铤9为淳祐七年、八年间郴州（南宋时隶荆湖南路）发至建康（今南京）淮西总领所的，属于调拨性质的纲银。从铭文“七年上半年纲银”“八年下半年纲银”可以看出，郴州纲银是按一年两运，即分两限交纳的。铤3是福建泉州路淳祐六年（1246）起发的夏季纲银，用春、夏、秋、冬四季说明时限也较为常见，在宋铤中不难寻觅，如：

全州通判起解宝祐二年冬季银前赴淮西总所交纳从事郎全州军事推官赵崇达

其三，实施严格的纲运监督。押纲人首要的职责便是监视纲运兵夫（篙工、艄夫，牵架夫等），防止他们偷盗、买卖官物，故押纲人除丁忧给假外，无论实纲空纲，皆不得擅离本纲。“诸押纲人无故离本纲经时者，杖一百；虽有故而经三时者，罪亦如之。”纲运期间也不许抽差调用，如违，则“官司及被差人各徒一年”[10]。到南宋孝宗年间，又差文武官共同管押，以互相牵制。除了让押纲者和官船、客船相互监督外，还有各地催纲官、监押、巡检、排岸使臣及地方州县对押纲者进行监督。重载去时要监督催促，就是返回空船时，也会受到逐界的监管。当然，催纲官、排岸司等也不得无故留滞纲运。“沿路不得以搜检及诸般事件为名，故为留滞，一日笞三十，二日加一等，至徒二年止……”[11]由此可见，纲运受到宋廷的极大重视，其纲运制度也相对完善。

四、鄂州纲银

表6-1中铤10～铤20为淳祐年广东新州解发至鄂州湖广总领所的纲银。湖广总领所于绍兴十一年（1141）设置于鄂州（今武汉武昌），与建康（今南京）淮西总领

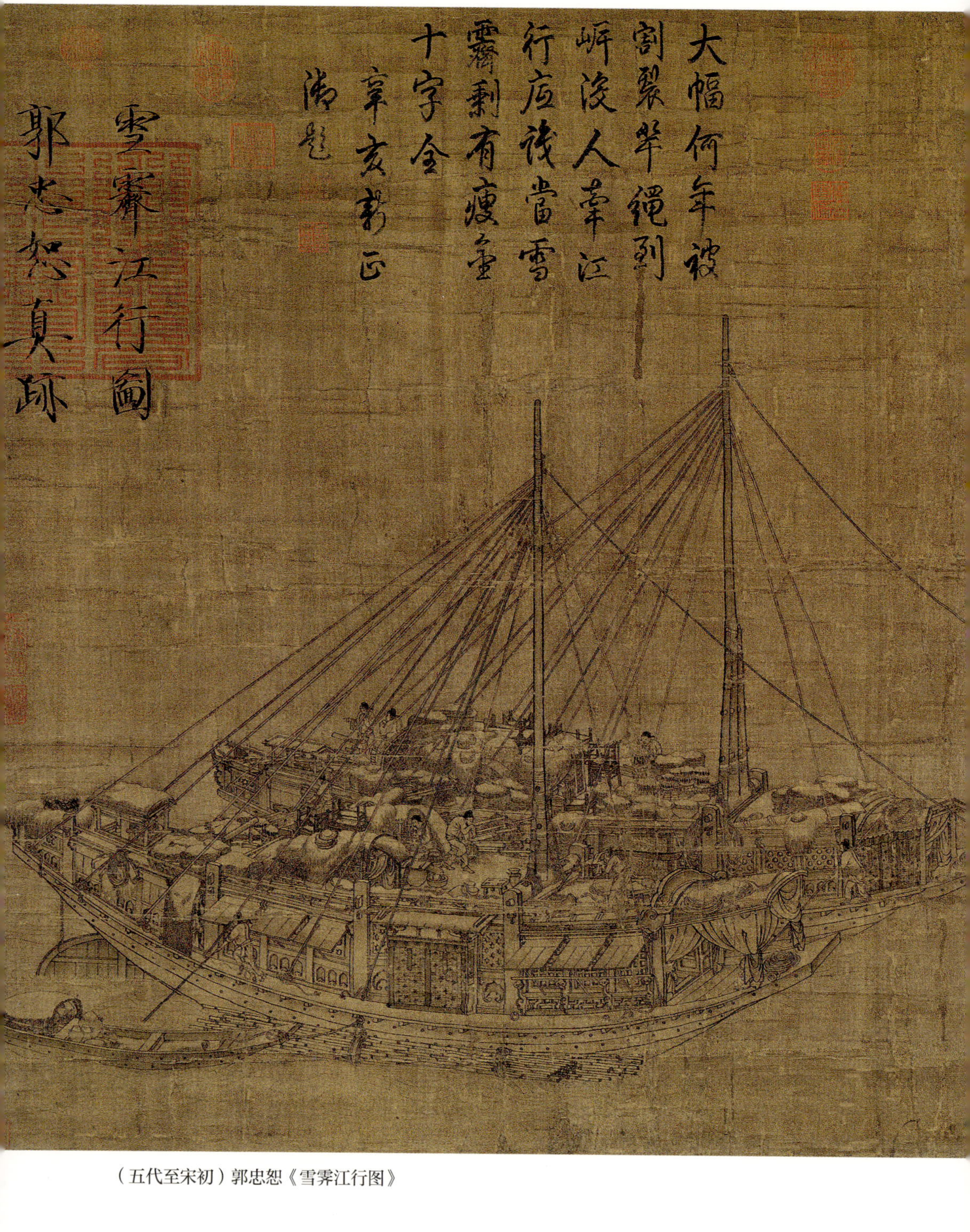

（五代至宋初）郭忠恕《雪霁江行图》

所、镇江淮东总领所、四川利州总领所，并称四大总领所，是介于户部与各路转运司之间的一个专门的理财机构。其设立的目的，一是措置移运辖区内各大军钱粮，二是“专一报发御前军马文字”且“与闻军政”，这带有监军的性质。鄂州，乃宋代长江中游最大城市，扼汉水入口，与襄阳、江陵构成南宋前线战区，“西可以援蜀，东可以援淮，北可以镇荆湖”，而荆湖之地稍有风吹草动，则江浙各郡也难以清闲得安，其地理位置十分重要。南宋名将，岳飞就驻军于此。

新州的纲银为何解发鄂州？总领所的钱粮是由户部在各路州军税课定额的基础上，根据驻屯大军部署的需要划拨而来。其中湖广总领所财政督理的区域有荆湖南路、荆湖北路、广南东路、广南西路、江南西路、京西南路等六路，其辖区面积为四总所之首。湖广总领所负责向鄂州、荆南、江州、襄阳地区的屯驻大军，以及十九州县分屯兵提供钱粮、措置军需，这是它最重要的职责。新州隶广南东路，其上供银钱解发鄂州也就顺理成章了。需要特别指出的是，财政督理区与行政管辖区不同，有时会出现与几个总领所在财赋分配上区域重叠的问题，即同一个地区，也有可能将上供钱物分配给几个总领所。这也可以理解为，户部在调拨钱物时，主要考虑的是何处还有饷源，而不完全囿于行政区域的划分。这也就解释了为什么很多荆湖南路内的州县，也不尽然解发鄂州，而是发给了淮西总领所。例如铤5至铤9，隶荆湖南路的郴州，于淳祐七年、八年，将纲银发解至淮西总所而不是就近的鄂州湖广总所。

宋人李心传在《建炎以来朝野杂记》中记载，南宋初期，“湖广总领所岁费为钱九百六十余万缗，米九十万石，诸路所输率亦常负十分之三”，这说明湖广总所实际纲运所得大约只到原额的70%。“科拨之数，诸路不及元额，而又买发银价最高，支用则岁计不足。”[12]当“钱纲”改为“银纲”解发时，需要买银交纳。又由于银价上涨，则导致了原额的缩水。此后，湖广总领所的情况不但没有缓解，缺额进一步加大，纲运所得仅占原额的60%，文献作如此记载：

> 乾道九年分约用钱九百二十八万八千余贯，本所依指挥，拘催诸路乾道九年分合发银钱外，少阙钱三百八十二万五千五百贯，乞下户部科拨。数内七十万贯帖降江西长短茶引，乞下行在榷货务督（都）茶场、依例印降应副，起发前去湖广总领所交纳。[13]

这里可以看出，为了弥补总所缺额，还不得不发卖茶引。

图 6-3

新州解发淳祐四年鄂州纲银，十二两半

刻字：新州解发淳祐四年鄂州纲银
戳记：真花银（宝葫芦花押）

图 6-4

新州解发淳祐四年鄂州纲银，二十五两

刻字：新州解发淳祐四年鄂州纲银
戳记：霸北街西 苏宅韩五郎
规格：长 110 毫米，首宽 74 毫米，腰宽 48 毫米，厚 17 毫米；重 930 克

第二节　折欠银

北宋邵伯温在其《邵式闻见前录》中，记载了这样一则故事，

> 王荆公知制诰，吴夫人为买一妾。
>
> 荆公见之，曰："何物也？"
>
> 女子曰："夫人令执事左右。"
>
> 安石曰："汝谁氏？"
>
> 曰："妾之夫为军大将，部米运失舟，家资尽没犹不足，又卖妾以偿。"
>
> 公愀然曰："夫人用钱几何得汝？"
>
> 曰："九十万。"
>
> 公呼其夫，令为夫妇如初，尽以钱赐之。

讲的是在王安石担任起草诏书的"知制诰"一官时，夫人吴氏为其买得一妾。王安石问女子由来，原是其夫押解漕运纲米时翻了船，损失了官物，罚尽家财后仍有不足，只得卖妻赔偿。王安石同情该女子的不幸，让其夫妇团圆，并资以钱财。这略显戏剧化的故事却有着真实的社会背景，并非空穴来风。关于主纲人赔偿纲运损失的记载并不鲜见于文献，更为可贵的是，我们在宋铤中也发现了一枚押纲人用来赔款的实物（见图6-5）。

折欠，也称欠折，文献中两种称谓并存，皆指纲运中的灭失损漏。折欠银，顾名思义就是对纲运损失的赔付银。

纲物的运送过程艰险且漫长，为防止偷盗遗失，以监管物资及水手脚夫为职责的押纲人便显得十分重要。早在唐代开元年间，漕运就采取了"差富户押船"的办法，转运中的损失由押船者赔偿。到唐代宗时期，刘晏"以盐利为漕佣"，募人押纲，每一纲仍由"纲吏"负责。入宋后，国家征调物资的范围及数量远超前代，官府对押纲人员更是十分重视，直接委派武官参与纲运，又有士卒随纲，这是宋代纲运的一个特点。南宋时，还差文官协同武官共同管理，[14]当然这也有着相互监督的意味。"李迪功"，是宋人称谓的习惯性叫法，如同宋押司、鲁提辖，这里指的是李姓迪功郎。迪功郎，为从九品低阶文官，寄禄官阶为第37级，属选人阶层。"章贡府前"，指宋代江西赣州的府前街。赣州是有着二千多年历史的古城，迄今仍保留着较为完好的宋代古城

风貌，也被称为宋城。“章贡”，为宋时赣州府治所在地，“赣”为江西之简称，来源于章江，贡江之合称，两江合流称为赣江。“府前”是赣州十个带“前”字字样的古街巷之一，其他的还有“府学前”“州前”“县前”等等，这说明该铤为位于赣州府前的金银铺所打造，由于中间戳记被刻字所覆盖，铺名暂未能释读出来。

据《许国公奏议》记载，南宋时期赣州上供纲米年额为8万石。又据《宋会要辑稿》食货四四之二〇记载：

> （嘉定十五年）国以兵为威，以食为命，天下四总，无非钱谷之所聚。而湖广总所，实饷京襄，万灶云屯，嗷嗷待哺。每岁改拨纲运，或襄阳，或郢州，或均州，或光州，四处以交卸，米多自湖南拨运，谷多自江西拨运，其水路之艰险，脚钱之不敷，以至纲运之欠折，虽纲运官有顾籍者，亦有所不能免。

由此可见，当时江西粮食多转输于荆鄂。因为水路艰难，运费不足，纲运欠折也在所难免。这枚银铤的发现，似乎让这段历史再现，历历在目。对于研究中国古代漕运经

图6-5

（铤35）折欠银，十二两半

刻字：李迪功纳折欠银 谢德明验
戳记：章贡府前 重壹拾贰两半 □仲□
规格：通长 90 毫米，首宽 59 毫米，腰宽 40 毫米，厚 12 毫米；重量：443 克

济，有着十分重大的意义，弥足珍贵！

元祐七年（1092），知扬州的苏轼，在上奏朝廷的《论纲梢欠折利害状》中这样记述：

嘉祐以前，岁运六百万石，而以欠折六七万石为多。访闻去岁，止运四百五十余万石，而欠折之多，约至三十余万石。

三十余年间欠折比率从1%剧增至接近7%。然而这还不是最坏的时候。徽宗宣和五年（1123），江西转运判官萧序辰言：

大江东西、荆湖南北，有岁不能行一运者，有押米万石欠七八千石，有抛失舟船、兵梢逃散，十不存一二者。折欠之弊，生于稽留，而沿路官司多端阻节，至有一路漕司不自置舟船，截留他路回纲，尤为不便。[15]

到南宋孝宗乾道年间，粮纲失陷官物十常二三[16]。绍兴二十八年（1158），江西转运副使李邦提及江西米运五弊：一则押纲不得其人；二则官纲舟船灭裂；三则水脚縻费不足；四则远近措置不当；五则卸纲处乞取太重。总结起来，无外乎天灾与人祸，其中以人祸为主，押纲、催检和起卸环节的腐败与制度缺陷又是最主要的因素。

（宋）张择端《清明上河图》 “纲船与商船”

由折欠而引起的破产令人触目惊心，苏轼到任扬州不久，发现因粮纲欠折而流放发配的人员不可胜数，衣粮船车等家财悉数变卖，质妻鬻子，饥瘦伶仃，聚为乞丐，散为盗贼。纲运原为朝廷之大计，却成为民间之大病。宋代的赦文及朝臣的奏议中常有关于免除折欠的讨论，可见当时的折欠问题较为普遍。一方面，苛政猛于虎，民众视纲途为畏途；另一方面，纲运人员为求活路，或搭载私货，或直接贩运回易，也有上下其手监守自盗的。在多种因素的交相作用下，南宋漕运没有因地域版图缩小而变得简单，反而更加乱象纷杂。

关于“折欠”相关银铤的推测

铤中未錾刻，但可以推测为“折欠”相关银铤有：

铤36：（刻字）潮州陈康信淳六上年纲米

（戳记）霸北街东 赵孙宅 广东运司 京销铤银 梁俊验（图6-6）

还有錾刻“谢德明验”的系列银铤，见表6-2：

表6-2 谢德明验系列银铤

银铤编号	刻字	戳记
铤 37	邓瑜京销 谢德明验	京销铤银 霸西王二郎 拾贰两半
铤 38	汪吴京销 谢德明验	京销铤银 拾贰两半 霸西王二郎
铤 39	康安京销 谢德明验	京销铤银 霸西王二郎 拾贰两半
铤 40	周兴京销 谢德明验	京销铤银 霸西王二郎 拾贰两半
铤 41	袁表京销 谢德明验	京销铤银 霸西王二郎 拾贰两半
铤 42	汪吴京销 谢德明验	京销铤银 重拾贰两半
铤 43	黄谦京销 谢德明验	霸北街西 旧日□□张二郎 重拾贰两半
铤 44	吴丰京销 谢德明验	京销铤银 霸西王二郎 拾贰两半
铤 45	邓楹京销 谢德明验	京销铤银 拾贰两半
铤 46	谭信艮 谢德明验	京销铤银 拾贰两半
铤 47	侯仁艮 谢德明验	霸北街西 京销渗银
铤 48	麦季艮 谢德明验	京销铤银 拾贰两半
铤 49	周兴银 谢德明验	京销银 赵孙宅

图 6-6

潮州陈康信纲米，十二两半

刻字：潮州陈康信淳六上年纲米

戳记：霸北街东 赵孙宅 广东运司 京销铤银 梁俊验

规格：通长 86 毫米，首宽 56 毫米，腰宽 31 毫米，厚 12 毫米；重 473 克

图 6-7

邓樞京销，十二两半

刻字：邓樞京销 谢德明验

戳记：京销铤银 拾贰两半

两宋时期，通常以府、州、军、监为上供或向中央交纳赋税的主体，其他还有路级监司或市舶司等行政机构。而折欠银则是少有的以个人为交纳主体的款项，因为它是个人对官物损失的赔偿。漕运纲物如出现损失，除了主纲人需要赔填外，还有梢工，即掌舵人也难辞其咎，会有连带赔偿。主纲人与梢工合称“纲梢”。主纲人无论文武、品阶高低，还算是“官”，有其职衔。为官者，必署其职衔，例如宋铤中曾出现过的“李迪功”“潮州司户林”“迪功郎司户林”“刘招讨”“马将仕”，这些都是对在官员们的简称。而梢工则为民间招募。根据古时习惯性称谓，为民者，直落其名，如“潮州陈康信”“邓瑜”等。铤36中的“淳六上年”即淳祐六年上半年之缩写，“纲米”即“纲米折银”。如果说李迪功所纳折欠银由谢德明看验后入库，那么其他由谢德明看验的“周兴京销”“周兴银”以及“陈康信纲米（银）”，是否可以推测为民户个人于临安交纳的折欠银？在没有其他证据前，我们不能排除这种可能性。

注释

[1]（清）徐松：《宋会要辑稿》食货四二之一二。
[2] 参见曹家齐《宋代交通管理制度研究》，河南大学出版社，2002年，第182页，表格。
[3]（宋）张方平：《乐全集》卷二三《论京师军储》。
[4]（清）徐松：《宋会要辑稿》食货四六之一。
[5]（清）徐松：《宋会要辑稿》食货四八之一三。
[6]（清）徐松：《宋会要辑稿》食货四八之一六。
[7]（清）徐松：《宋会要辑稿》食货四七之八。
[8]（清）徐松：《宋会要辑稿》食货四四之一。
[9]（清）徐松：《宋会要辑稿》食货四七之一〇。
[10]（清）徐松：《宋会要辑稿》食货四五之一。
[11]（清）徐松：《宋会要辑稿》食货四三之七。
[12]（清）徐松：《宋会要辑稿》职官四一之四八。
[13]（清）徐松：《宋会要辑稿》食货五六之五五。
[14]（清）徐松：《宋会要辑稿》食货四四之一四。
[15]（元）脱脱等：《宋史》卷一七五《食货志上三·漕运》。
[16]（清）徐松：《宋会要辑稿》食货四四之八。

第七章

宋铤中“节”与“礼”

第一节　宋铤中的“节”

中国古代先民在生产实践中认识到气候与农耕之间的自然规律，进而将节令与农耕相关联，每个节令的内涵不同，又以“年”为时长周而复始，节日民俗也随之而生。节日是民族习惯、道德风尚、宗教礼仪及社会文明的重要体现，历经不断发展与演变，至宋代时已逐渐定型，其基本框架沿袭至近世。宋廷十分重视节日，并通过带有象征意义的活动，来实现思想教化及对民风的引导，此外还有粉饰太平、制造祥和的政治考量。两宋期间，商品经济高度繁荣，政治气氛相对宽松，节日里士大夫与平民之间积极互动，使得宋代节日呈现出商业化、娱乐化的显著特点。宋代又是历史上最盛产节日的朝代，仅官方节假日就有76日之多。[1]宋代社会生活中的繁盛与雍容、诙谐与浪漫皆在节日中得以充分显现，无怪乎孟元老《东京梦华录》、吴自牧《梦粱录》及周密《武林旧事》均不惜篇幅，以节日为线索，将宋人的生活勾画得栩栩如生。

宋代节日可分为四类，一，时序性的传统节日。如立春、元宵、端午等节。二，圣节，又称诞节。将皇帝、皇后的生日定为节日，即称圣节。宋代十八位皇帝除最后两位身处战乱、流离失所的小皇帝外，均设有圣节。此外，四位“垂帘听政”的皇太后生日也曾设为圣节。例如仁宗时期将皇太后生日设为长宁节。三，宗教节日。如腊八节、真元节、天贶节。四，政治性节日。如纪念宋太祖登基开国的开基节。又有为彰显天命，以天书降于人间昭示太平景象的“天庆节”。各个节日都有其特定的形式、礼仪、规格及休假制度，对社会生活与地方经济有着重大的影响。极为可贵的是，我们发现有圣节银、元宵节银等与节日上供相关的宋铤（见表7-1），宋代节日的繁华与喧嚣就这样触手可及。

表7–1 宋铤中的节日用项银一览表

类别	序号	宋铤铭文	用项	庙号	银铤纪年	重量	路分	出处
圣节银	铤1	（刻字）郑祐 福州进奉同天节银伍拾两专副陈珎等监匠	同天节银	神宗	—	五十两	福建路	1958年春季内蒙古巴林左旗出土
	铤2	（刻字）荆南军资库元祐四年兴龙节银每铤□拾两司录参军监杨	兴龙节银	哲宗	元祐四年	五十两	荆湖南路	1959年内蒙古巴林左旗出土
	铤3	（刻字）京西北路提举学事司进奉崇宁肆年天宁节银每铤伍拾两	天宁节银	徽宗	崇宁四年	五十两	京西北路	1971年内蒙古巴林左旗出土
	铤4	（刻字）虔州瑞金县纳到政和四年分奉进天宁节银□□□本县典书袁丰银行汤□□验行银田六田五 专副梁开□等	天宁节银	徽宗	政和四年	五十两	江南西路	1958年春季内蒙古巴林左旗出土
	铤5	（刻字）两浙路转运司市舶案进奉淳祐七年天基圣节银五百两 每铤伍拾两计壹拾铤 十二月廿一 朝请郎直秘阁两浙路转运判官 尹焕 上进 （戳记）贾寔 京销 盛繲 沈执中	天基圣节银	理宗	淳祐七年	五十两	两浙路	私人收藏
	铤6	（刻字）泉州起发淳祐七年进奉天基圣节银 秤子董成监官 十二月廿□日 从事郎泉州录事参军赵兴□专知张□ （戳记）高阳□ 盛繲 贾寔 沈执中 京销 熔铸林伯森	天基圣节银	理宗	淳祐七年	五十两	福建路	私人收藏
	铤7	（刻字）镇江府 今起发淳祐七年分进奉天基圣节银三百两共六铤每铤计五十两专知官臣胡靖 文林郎镇江府录事参军臣施来 中奉大夫权尚书户部侍郎淮东总领兼知镇江军府事臣王埜 上进十二月十一日 （戳记）盛繲 沈执中 京销 贾寔	天基圣节银	理宗	淳祐七年	五十两	两浙西路	私人收藏

续表

类别	序号	宋铤铭文	用项	庙号	银铤纪年	重量	路分	出处
圣节银	铤8	（刻字）建康府起解进奉淳祐柒年分 圣节银每铤重伍拾两专库王铭匠人程元寿宿 十月初九日 迪功郎建康府司户参军兼监赵兴德 文林郎建康府录事参军兼监张士逊 （戳记）贾寔 京销	天基圣节银	理宗	淳祐七年	五十两	江南东路	私人收藏（计3铤）
	铤9	（刻字）安吉州 今起发进奉淳祐柒年 天基圣节银壹仟两并起发提刑司刑式佰伍拾共壹仟式佰伍拾两计伍拾三铤前赴 行在左藏西交纳者 迪功郎安吉州州学教授权添差通判□□□ 朝散郎通判安吉州军州事□□内劝□李溢 朝散郎集英殿修撰知安吉州□兼管内劝蔡 （戳记）京销 沈执中 霸北街西	天基圣节银	理宗	淳祐七年	二十五两	两浙西路	私人收藏
	铤10	（刻字）罗江军申解淳祐柒年天基圣节银列字号贰铤共计伍拾两 行人李大珪军资库子黄□□ 进义副尉申差夔州云安巡检监军官黄应庚	天基圣节银	理宗	淳祐七年	二十五两	四川路	私人收藏（计2铤）
	铤11	（刻字）浙西提举常平司今发淳祐七年分天基圣节银子每铤重式拾伍两 铸销匠张兴秤子邱 修职郎官差平江府吴县丞权司法臣赵	天基圣节银	理宗	淳祐七年	二十五两	两浙西路	私人收藏
	铤12	（刻字）浔州常平库今解□□□□□□天基圣节银壹□□□□□十一月□□□□常平库□□□ （戳记）贾寔 盛缣 沈执中	天基圣节银	理宗	淳祐七年	五十两	广南西路	私人收藏

续表

类别	序号	宋铤铭文	用项	庙号	银铤纪年	重量	路分	出处
圣节银	铤13	（刻字）广德军进奉圣节银贰拾肆两壹钱 元字号 迪功郎录事参军蒋 十二月廿二 （戳记）盛缣 沈执中 京销 贾寔 □□四郎	圣节银	—	—	二十四两壹钱	江南东路	私人收藏
	铤14	（刻字）桂阳军解发圣节银四件 □□儒林郎录事参军何 （戳记）贾寔 盛缣 沈执中	圣节银	—	—	壹拾贰两半	荆湖南路	私人收藏（计2枚）
	铤15	（刻字）鄂州进奉天基圣节银壹千两计贰拾铤每铤重伍拾两 复州团练使带御器械知鄂州兼京西湖北路安抚副使臣孟璟上进 十二月廿二十	天基圣节银	理宗	—	五十两	京西南路、荆湖北路	私人收藏
元宵节银	铤16	（刻字）江西广宁监乾道九年正元宵节银廿五两提举监□□□□□ （背文）江州	元宵节银	孝宗	乾道九年	二十五两	江南西路	引用自《陈说钱币》

一、圣节银

出于封建统制的需要，历代皇帝多将自己的生日进行神化。例如《宋史·太祖本纪》记："太祖，宣祖仲子也，母杜氏。后唐天成二年，生于洛阳夹马营，赤光绕室，异香经宿不散，体有金色，三日不散。"又《宋史·英宗本纪》记："明道元年正月三日生……赤光满室，或见黄龙游光中。"皇帝将自己生日定为圣节，正是迎合了这种君权神授的观点。圣节正式始于唐玄宗，但唐代并非一帝一节。入宋之后，历朝皇帝皆设立圣节，程序是既定的，"先遣有司上奉宝册，（上）亲行享礼，（大臣）三请乃许之"。宋代历朝皇帝圣节对应情况参见表7-2，红字部分为宋铤铭文中出现过的圣节名。

圣节的庆祝是盛大的，"布令天下，咸令休假"。圣节当日，皇帝坐殿，大排筵宴款待群臣及外国使臣。先由百官献贺辞敬寿酒，然后由皇帝赐宴，乐坊伶人演乐

表7-2 宋代圣节（帝）对应表

圣节名	对应庙号	圣节时间
长春节	宋太祖	二月十六日
乾明节（寿宁节）	宋太宗	十月七日
承天节	宋真宗	十二月二日
乾元节	宋仁宗	四月十四日
寿圣节	宋英宗	正月三日
同天节	宋神宗	四月十四日
兴龙节	宋哲宗	十二月八日
天宁节	宋徽宗	十月十日
乾龙节	宋钦宗	四月十三日
天申节	宋高宗	五月二十一日
会庆节	宋孝宗	九月二十二日
重明节	宋光宗	九月四日
瑞庆节	宋宁宗	十月十九日
天基节	宋理宗	正月五日
乾会节	宋度宗	四月九日
天瑞节	宋恭帝	九月二十八日

舞蹈，酒过三盏方罢。地方上则需要在庙宇、道观中开建“祝圣寿”的道场，长官进香、设宴、用乐、放生以示庆祝。显然，为了营造节日的气氛、举行仪式活动及满足皇帝赏赐的需要，朝廷与地方官府都投入了大量的人财物。各地还需要向皇帝进贡贡金、绢等贺礼。贡金包括了金、银、钱，但以银两为主。这些贡金中的银两在起发上解时称为圣节银。伴随着年复一年圣节的常态化，圣节银也就逐渐成为一种常赋，甚至出现了科配的现象。

宋代贡金，皆以地方官府名义进奉，列表7-1中的银铤无一例外，这一点与唐代以大臣个人的名义进奉截然不同。宋人洪迈《容斋四笔》卷八中记叙江东路鄱阳岁贡

图 7-1

建康府进奉淳祐柒年分圣节银，五十两

刻字：建康府起解进奉淳祐柒年分圣节银每铤重伍拾两专库王铭匠人程元等 宿 十月初九日迪功郎建康府司户参军兼监赵兴德文林郎建康府录事参军兼监张士逊

戳记：贾寔 京销

规格：通长 145 毫米，首宽 90 毫米，腰宽 57 毫米，厚 21 毫米；重 2013 克

图 7-2

广德军进奉圣节银，二十四两壹钱

刻字：广德军进奉圣节银贰拾肆两壹钱 元字号 迪功郎录事参军蒋 十二月廿二

戳记：盛继 沈执中 京销 贾寔 □□四郎

图 7-3

桂阳军解发圣节银，十二两半

刻字：桂阳军解发圣节银四件□□儒林郎录事参军何

戳记：贾寔 盛继 沈执中

金千两："艺祖初下江南，郡库适有金，守臣取以献长春节，遂为故事。"可见，早在太祖之初就有圣节贡金了。如果说这还是"郡库适有金"的前提下进献的，那么形成定制的时间则不会晚于真宗景德元年（1004），"（景德元年六月甲子）诏川、峡、广南、福建州军，承天节自今三千里内仍旧入贡，三千里外止具表以闻"[2]，"仍旧"二字表明，实际入贡时间较之还要更早。三千里之外的上供物资则限于路途之遥不必解京，仍存留在本处，只奉上清单而已。但这种体恤的、视情形进空表的上供方式到崇宁朝为止。《建炎以来系年要录》卷七三：

自崇宁以前，臣僚进奉圣节礼物，多是虚表，物或不至。因崇宁二年发运副胡师文建言，并令前期一月到京。自后立定数目、期限、催督起发。

这明确了圣节进奉礼物须定量、定期且催督上解，这与常赋实无二致了。崇宁三年（1104）九月：

广南东路提举司申乞依监司例，每年天宁节用常平司头子钱收买银随表疏上进。诏除常平息免役宽剩钱不得支用外，并于本司诸色钱内支充。候到京于元丰库送纳，自来年为始。[3]

此文献表明，广东提举司进奉的圣节银由本司用钱收买兑换，并解送至宫中元丰库。到南宋理宗时，我们从实物上可知，见表7-1"铤9"铭文，进贡的银铤则交纳至行在的左藏西库。

宋代史料中关于圣节银的记载不胜枚举，有为之征办进奉的，有为之提请蠲免的，几乎遍及各地，现摘录几则：

宋人毕仲衍："元丰间，诸路圣节、南郊，进奉金帛之数内，同天节江南东路进奉金一千两。"

《文献通考》卷二二记载："诸路进奉金银钱帛共二十七万三千六百八贯匹两，金二千一百两，银一十六万五千四百五十两，折银钱一万八千二百五十九贯七十七文，匹帛八万七千八百匹，同天节进奉一十二万七百四十三贯匹两。"

《建炎以来朝野杂记》甲集卷百七十七："（绍兴二十七年九月）宰执进呈均州守臣吕游问言。本州城下。边接汉水放生去处。公库岁收鱼利钱。补助天申节进银。自金州以来，密布鱼枋。上下数百里。无一脱者。"

《宋会要辑稿》食货六三之一七：绍兴二十九年九月，庐州主管、淮西安抚司公事刘刚言："本州并濠蕲州安丰军各合起发天申节银五百两，其逐州军财赋不足，切虑至期无可起发。诏各予展免三年。"

开庆年间福建《临汀志中》记载："圣节钱，每岁进奉二千两，赴行在右藏西库交纳。系诸县桩解。长汀县四百五十两。宁化县四百五十五两。清流县二百七十六两六钱。上杭县二百七十六两七钱。武平县三百二十一两六钱。莲城县二百二十两一钱。"

值得一提的是，地方上进奉的土贡也可以折银上缴。如《宋会要辑稿》食货六四之一四记载："广东路上供天申节绢一千六百匹，大礼绢三千匹，以上并折银。"而考察实物遗存，我们发现除地方州县进奉圣节金银外，还有提刑司、提举常平司、提举学事司、市舶案等各级机构。显然，皇上的生日已非宫廷私事，而是刻意营造的、需要普天同庆的重要节日了，对社会生活、政治经济都有着重要的影响。

上表中，理宗天基圣节银银铤多有钤有"京销""贾寔""沈执中"等戳记，但刻字却显示来自于福建路、两浙西路、江南东路、广南西路等地。显然，这些银铤是由各州府在京城临安指定的金银铺中兑换铸造，然后交纳到左藏库。"贾寔"等人则为银铤的官方监造或库务人员，这一点与普通加盖金银铺铺名以示昭信是有区别的。

二、元宵节银

上元词

南宋·刘昌诗

紫禁烟光一万重，五门金碧射晴空。

梨园羯鼓三千面，陆海鳌山十二峰。

香雾重，月华浓，露台仙仗彩云中。

朱栏画栋金泥幕，卷尽红莲十里风。

青玉案

南宋·辛弃疾

东风夜放花千树。更吹落，星如雨。
宝马雕车香满路。
凤箫声动，玉壶光转，一夜鱼龙舞。

蛾儿雪柳黄金缕，笑语盈盈暗香去。
众里寻他千百度，蓦然回首，那人却在，灯火阑珊处。

以上描写元宵节的词，读来令人身临其境，灯月交辉夜火树银花、雕车画栋旁鼓乐喧天，好一派热闹非凡的景象。农历正月十五为元宵节，又称上元节、元夕节，因有燃灯的习俗，亦称为灯节。元宵节是宋代所有节日中最为娱乐化、平民化的节日。《武林旧事》中记载：二鼓之后，皇上乘小辇至宣德门观鳌山，山灯凡数千百种且极

宋徽宗赵佶《瑞鹤图》 北宋政和二年上元之次夕，都城汴京现祥云瑞鹤，是有此作。

其新巧，又传唤市井舞队及善于唱喊叫卖的小贩近前，在歌舞升平之际与民同乐，妃嫔内人争相购买，皆数倍其值，金珠磊落，有商贩一夕而致富。京城的士民们则在御街、坊巷中赏灯游玩。又有乖肩小女、鼓吹舞绾者，“以供贵邸豪家幕次之玩”；“酒边一笑，所费殊不多，往往至四鼓乃还”，“儿童喧呼，终夕不绝”。官府也以制礼张乐为名，大兴土木。然而这种万街千巷、尽皆繁盛浩闹的景象，没有强大的财力支撑是做不到的，地方的进奉则为京城元宵节的操办提供了重要的资金来源。

铤16是南宋孝宗乾道九年（1173），铸钱机构广宁监进奉的“元宵节银”。广宁监，地处江州（今江西九江），因其周边富产铜矿，薪炭易得且水运便利，故与饶州永平监、池州永丰监、建州封国监并称四大铸钱监，后因金兵侵袭而荒废。宋金“绍兴和议”后，政局稍稳，孝宗乾道元年（1165）始于长江以北的淮东、湖南、京西等地推行铁钱。乾道五年（1169），宋廷令淮西铸小铁钱，六年十二月“置江州广宁监、临江军丰余监，抚州容国监，铸铁钱”。重建后的广宁监成为专供江北的铁钱监，岁铸额约为10万贯。有趣的是，铤中铭文为乾道九年进奉元宵节银，解发之日则应当在乾道八年（1172）年尾，然而正是这一年，广宁监因铸钱不及定额，“以江州、兴国军钱冶亏额，守贰及大冶县各降一官”[4]。这元宵节银是每年的进奉定额还是地方官的讨好谢罪，我们不得而知，但根据铤上铭文来看，其行文符合规制，与其他起发上解的税项官铤相类。该“元宵节银”银铤为目前之仅见，非常珍贵！

第二节　宋铤中的“礼”

世界公认的评判文明古国的标准有四，一要有城市，且容纳的人口不少于五千人，原始部落不算；二要有文字，否则文化无法积累与传播；三要有复杂的礼仪建筑；四则是冶金术的发明与使用。中国，数千年来创造了灿烂的物质与精神文化，有着高尚的道德准则及完整的礼仪规范，与古印度、古埃及、古巴比伦并称四大文明古国，是人类文明最早诞生的地方。“礼仪”是中国传统文化的重要组成部分，礼是规则、制度和社会意识观念，仪则是礼的具体表现形式。经历了漫长的演变，中国古代礼仪制度逐渐将“礼”划分为五类，所谓“五礼”，即有关祭祀的吉礼、有关丧吊的凶礼、有军事活动的军礼、有关个人或外交的宾礼、有关日常喜庆活动的嘉礼。其中吉礼为五礼之冠，“凡治人之道，莫急于礼；礼有五经，莫重于祭”。吉礼祭祀的对象又分为三类，天神、地祇和人鬼。天神包括昊天上帝、日月星辰、司命、雨师等；地祇包括社稷、五帝、五岳等；人神包括宗庙、孔子等。吉礼通常是国家的政治行为。权力的等级对应着祭祀的等级。天、地、人三界主神的主祭权为历代帝王所重视，其主祭的身份只能是帝王本身。

一、郊禋银

宋太祖自陈桥兵变黄袍加身之后，逐渐结束了中原地区安史之乱以来的战乱状态，建立起一个统一的中央政权，为了宣扬其政权的合法性、正统性，以及稳定民心的需求，便亲自于建隆四年（963）举行了开国后的第一次南郊祭天活动，后被宋代历帝所效仿。此典礼通常每三年（也有四年、五年等不同时间间隔）于冬至日在南郊圜丘，或是季秋上辛日在明堂（也有在大庆殿）举行祭天大礼，由于礼仪隆重浩大，天子亲行，亦称大礼。终宋一朝，共举行南郊大礼57次，明堂大礼48次。

与郊祭大礼相关的银铤目前仅发现两枚，一枚是1958年春季内蒙古巴林左旗出土的大观元年郊禋银（图7-4），其铭文如下：

刻字：（正）杭州都税院买发转运衙　大观元年郊禋银壹阡（仟）两每铤伍拾两专秤魏中应等　监　匠

（背）左班殿直监杭州都税院郭立

都税院，税务机构。掌依版榜税钱则例（写于木板之上的收税告示）征收商旅廊店、市税、抽头子钱等，抓偷税；转运衙，路级监司机构，管理本路租税、军储、郡县之费，兼纠察官吏之职能；禋，古者烧柴升烟以祭天，泛指祭祀。左班殿直，武阶名，属三班小使臣阶，元丰官制为正九品。显然，该铤是大观元年（1107）杭州都税院兑换银两后交纳至转运衙，用于进奉祭天大礼的礼金。进奉总额为白银一千两，按每铤伍拾两计，应总共二十铤。查阅《文献通考》《宋史》《玉海》等史料，宋徽宗时期的25年间，共举行过18次大礼，其中8次为南郊大礼，10次为明堂大礼（表7-3）。南郊大礼基本上遵循三年一办的旧规，而明堂大礼则突破常规，在非当郊之年也时常举办。

表7-3　宋徽宗南郊大礼、明堂大礼一览表

年	干支	年号	纪年	南郊大礼	明堂大礼
1101	辛巳	建中靖国	1	√	
1102	壬午	崇宁	1		
1103	癸未		2		
1104	甲申		3	√	
1105	乙酉		4		
1106	丙戌		5		
1107	丁亥	大观	1		√
1108	戊子		2		
1109	己丑		3		
1110	庚寅		4	√	√
1111	辛卯	政和	1		
1112	壬辰		2		
1113	癸巳		3	√	
1114	甲午		4		
1115	乙未		5		
1116	丙申		6	√	
1117	丁酉		7		√
1118	戊戌		8		
		（11月）重和	1		
1119	己亥		2		
		（2月）宣和	1	√	√
1120	庚子		2		√
1121	辛丑		3		√
1122	壬寅		4	√	√
1123	癸卯		5		√
1124	甲辰		6		√
1125	乙巳		7	√	√

图 7-4

杭州都税院买发转运衙大观元年郊禋银，五十两

刻字：（正）杭州都税院买发转运衙 大观元年郊禋银
壹阡两每铤伍拾两专秤魏中应等 监 匠
（背）左班殿直监杭州都税院郭立

二、大礼银

另一枚大礼相关的银铤，罗振玉（1866～1940）《贞松堂集古遗文》收录，同治元年出土的大礼银，其铭文为：

达州今解发宝庆三年绍定元年分进奉大礼银一铤重五拾两奉议郎通判达州军州兼管勾劝农权州事臣任隆祖 阳俊 朱荣 山泽 德一郎

关于该铤还有一则掌故，此银旧藏安徽独山之莫氏，后归方若收藏。方若（1869～1955），字药雨，浙江定海人，居住天津，乃民国古董收藏大家、金石家，特别在古钱鉴藏上久负盛名，与上海张叔驯、四川罗伯昭齐名，人称“南张北方巴蜀罗”。1934年，金匮室主、上海富商陈仁涛以十五万元巨资购得方若的药雨楼绝大部分藏泉，其中即包含是铤。另有少许古钱散归周叔弢、马定祥。陈仁涛将此大礼银银铤视若珍宝，曾写文记叙，文中记录了早年间莫氏发现此铤的经过，“同治元年，皖南总兵官唐义训统强中营驻休宁，掘黄氏窖藏，得银七千余两，以充军饷，中有此银铤。（莫氏）舍弟祥芝拓其款识以存”。只是莫氏“含蓄”地隐去了自己收藏该银铤的事实。在新中国成立前夕，陈仁涛离沪赴港，金匮室珍藏亦运出境外。20世纪50年代初，陈氏有意出售其珍藏钱币。恰此时，国家文物局局长郑振铎正筹备组织文物收购小组，积极回收流散至香港的珍稀版本及古代书画，当郑振铎获悉此事后，立即安排徐文垌先生（字伯郊）进行洽谈。1951年，郑在给徐氏的信中写道“陈仁涛的古币事，正在向中央请款中，一俟决定，即可汇交（广州）米（光）市长，大约明年春初，当可有办法”。1952年春，专款批下，最后以八十万港币将陈氏收藏的金币、银铤（锭）、铜币及钞版悉数收归国内，并入藏国立北京历史博物馆，即今天之中国国家博物馆。需要特别指出的是，50年代，资金是十分紧张有限的，如此重金收购回这批钱币，是需要魄力与眼力的。徐伯郊在香港还先后回购了包括故宫三希堂珍品《中秋帖》《伯远帖》在内的诸多国宝级珍贵文物等等，正是老一辈文物工作者对文物的热爱与敏感，以及卓越的工作能力才使得这些珍宝不至于流散海外，诚为可敬也！

宋理宗在位四十年，亲行大礼计14次，其中仅宝庆三年（1227）一次为南郊大礼，其余皆为明堂大礼。考察上铤，其正是为宝庆三年祭天大礼进奉的银铤。解发时间为绍定元年（1228）。达州，隶属夔州路；管勾劝农，管勾原为管理、办理之意，宋代始以管勾劝农为正式职务，并成为地方官员的重要职责，且常为州县官所兼任。劝农之责在于"凡农田事悉领焉"，以时耕垦不误稼穑，另一方面还要设法劝课，除害兴利，教化民众、处理田讼。职衔上，路转运、提刑正副使及知州级别以上者为"劝农使"，通判为"劝农事"，县令是"劝农公事"。"权州事"，即代掌一州之军民政事，这应该是知州出缺的情况之下暂为代理的。

宋代郊祀大礼耗费巨大，礼仪繁缛，赏赐众多。其花费主要有：其一，祭祀器物，这包括有礼器、牺牲、服饰，每一项下面再包含各种繁杂的内容。光礼器就有镇圭、笾、豆、簠、簋、樽、罍、椑、杓、鼎、牛鼎、羊鼎、篚、匏、盘、洗、爵等等，数不胜数。据《续资治通鉴长编》所载，真宗时，仅罢去禋祀（祭时先积柴木，再加币帛、牲体等祭品于柴上烧之，使烟升起，表示告天）一项所需，就省去"应奉杂物十万六千"，其消耗可见一斑。其二，郊祀建筑物的建造与修葺。例如哲宗就感慨过郊宫建造的华丽，"禁中修造，华饰太过，墙宇梁柱涂金翠色，一如首饰，又作玉虚，华丽尤甚"。绍兴四年明堂大礼新修行礼场所，其殿柱"大者每条二百四十千足，总木价六万五千余贯"。又，《武林旧事》一书中写道：

> 先于五六月内择日命帅漕及修内司修饰郊坛，及绞缚青城斋殿等屋，凡数百间，悉覆以苇席，护以青布。并差官兵修筑泥路，自太庙至泰禋门，又自嘉会门至丽正门，计九里三百二十步，皆以潮沙填筑，其平如席，以便五辂之往来。

为了因应庄严宏大的祭天仪式，向中外昭示君权神授政治目的，皇上对这种大兴土木、大操大办的举办方式多有纵容，并无节制。其三，仪仗花销。仪仗庞大，器具奢华是郊祀大礼的特征之一，尤其在北宋时期。开国之初，仅马步仪仗"一万一千二百二十人，悉用禁卒"，此后，人数屡有增加，到徽宗时，"太常寺状具南郊仪仗，人兵二万一千五百七十五人"。其四，郊祀大礼赏赉。军队、百官、宗室、后妃大礼时均会获得丰厚的赏赐，这是大礼的最大支出。如"国朝故事，郊祀大礼，宰臣、枢密使赐银帛四千匹两，执政官三千"[5]。而对军队的赏赐更是丰厚，"三岁之礼，犒军居十之八"。

"一经大礼，费以万亿"的郊礼大礼，其费用由谁来承担？宋初，特别是宋太祖、太宗时期的大礼费用皆出于内库，不出于民。宋太祖在第一次亲郊前发表的南郊诏书中称：

朕以今年十一月十六日有事南郊。宜令各司各扬其职，务从省约，无令劳烦。诸道州府不得以进奉为名，辄有率敛，庶遵俭德，以奉严禋。

及至后来，随着大礼费用的增多，需要从左藏库（由三司，元丰改制后为户部执掌）与朝廷封桩库支出郊祀大礼的费用。英宗治平元年（1064）七月四日，三司使蔡襄言：

今欲乞将左藏库、榷货务见管钱、帛、金、银等，比附明堂支数封桩，准备将来南郊支赐。并将见在宽剩数目充拨，即不阙本库支遣。[6]

哲宗元祐元年（1086）五月壬申：

陕西路转运司言：将来郊赏，乞于封桩钱内支拨。诏给本路常平钱十万缗[7]。

以上为内廷及中央拨款，而每逢郊祀大礼年，地方往往要以助祭或进奉的名义承担郊祀的开支，甚至已成为地方上的周期性的定额支出。助祭一般发生在宋初，如国初之时，杨亿“进奉贺南郊大礼绢一千匹”，真宗时，“河北转运使李士衡献助南郊绢布六十万匹，钱二十万贯”。由于宋代并不提倡个人进奉，而改由地方州县的名义向朝廷进贡。宋代方志《临汀志·供贡》中有如下记载：

大礼银　每遇大礼年分，解发进奉银二千两，赴行在左藏西库内交纳。亦系诸县桩解。长汀县四百五十两。宁化县四百五十五两，清流县二百七十六两六钱。上杭县二百七十六两七钱，武平县三百二十一两六钱。莲城县二百二十两一钱。

这是南宋开庆年间修订的方志，从“每遇大礼年分，解发进奉银二千两”可知，临汀进奉的大礼银已有定额了。

上述两枚银铤的发现，揭开了宋代政治生活的一角，也有助于我们深入了解宋代经济的运转。在银铤上錾刻的铭文，记叙了彼时事件的缘由，时间、地点、人物、官职、用项、数量，内容详尽，反而成为最直接、最鲜活、最有说服力的确证。考察前文宋徽宗大观元年是否举行过郊祀大礼，我们不曾在《文献通考》、《宋史》徽宗本纪、《长编》、《皇朝编年纲目备要》中找到答案，而《玉海》又缺失大部分大礼记录，仅记载有大观元年、政和七年二次明堂大礼。文献间无法相互印证，《文献通考》更是错误的记载崇宁三年（1104）南郊大礼在大观四年（1110）之后，各种资料莫衷一是。而大观元年郊禋银的发现，与《玉海》的记录可以对应，从而印证了该条记录的正确性。这些银铤实物起到了补史、证史的作用，这对于宋史之研究是何其之幸呀！

注释

[1]（宋）庞元英：《文昌杂录》卷一。
[2]（宋）李焘：《续资治通鉴长编》卷五六。
[3]（清）徐松：《宋会要辑稿》礼五七之二三。
[4]（元）脱脱等：《宋史·食货志·钱币》。
[5]（宋）李心传 《建炎以来朝野杂记》。
[6]（清）徐松：《宋会要辑稿》食货之五一。
[7]（宋）李焘：《续资治通鉴长编》卷三百七十八。

第八章

海外贸易相关的市舶银铤

市舶制度是古代海上对外贸易的管理制度。古代中原文化长久以来是以陆地为依托的农耕文化，其形成的经济制度及各种税赋征收原则都围绕着“地产”展开。陆地上，早在汉代就开始与西域诸国进行贸易，经过中外商人长时间的贸易往来及各国使节的频繁走访，慢慢形成了固定的商业路线，这被后世称为陆上“丝绸之路”。然而，中华大地除了拥有幅员辽阔的内陆，还在东部、南部拥有漫长的海岸线，这意味着古老的中国还是海洋大国。在海上文明的融通与冲击下，海上丝绸之路在唐宋之时已逐渐成形，带有外交性质的贡舶贸易与自由交换性质的蕃舶贸易相继展开。而与之相伴的，则是海上贸易管理体系的建立。

第一节　市舶制度

宋代管理海外贸易的机构称为“市舶司”，《宋史》卷一六七《职官志》记载：“提举市舶司，掌蕃货、海舶、征榷、货易之事，以徕远人，通远物。”市舶司的职责主要是登记和管理出入海船舶，发给凭证，并进行抽税，然后收买舶货并将这些舶品及时纲运至京师。此外，还需要款待并保护远来的外商，对于市舶司的得名，来源于唐代的“市舶使”。“唐有市舶使，以右威卫中郎将周泽为之”[1]，周泽任市舶使是在唐玄宗开元初年，“市舶使”是我国最早设立的市舶官，专门负责海外贸易的事务。唐代的市舶使还只是临时性差遣，代表皇帝寻求市舶之利，初期甚至还没有固定的簿书及官署，但发展至宋代，市舶司已成为较为固定的机构了，海外贸易也因受市舶司管辖而统称为“市舶贸易”。市舶司算得上是我国最早的海关了。能够留存到现在的市舶相关的历史遗存寥若晨星，可喜的是我们发现三枚市与舶直接相关的宋代银铤：

铤1：（刻字）广南市舶司起发畸零银　监官何成　翟良白

（戳记）霸北街西　苏宅韩五郎　重拾贰两半　京销　杨瑞　韩宗□

（图8-1）

铤2：（刻字）舶司起发水脚银 一月八日 监官 谢仲永

（戳记）京销铤银 霸北韩宅 京销 广东钞库 钞铺朱礼（图8-2）

铤3：（刻字）两浙路转运司市舶案进奉淳祐七年天基圣节银五百两 每铤五十两 计一十铤 十二月二十一 朝请郎直秘阁两浙路转运判官 臣尹焕上进

（戳记）京销 贾寔 盛缣 沈执中（图8-3）

从铤中的铭文可以看出，这涉及广南市舶司及两浙路转运司市舶案，以及舶司相关的三种不同起发用项，它们分别是畸零银、水脚银、天基圣节银。

一、广南路市舶司

宋以前，中国从西北甘肃新疆通往中亚进行贸易。到宋代，陆上通道先后被辽、西夏、金几个政权所阻隔。因此，宋廷积极发展海上交通，寻找与海外诸国贸易的新途径。而当时西亚与阿拉伯商人也只有从海路东来才能与宋朝直接贸易。根据《诸蕃志》及《岭外代答》等宋代地理名著的记载，与宋朝通商的海外国家达50多个。这包括日本、高丽、阇婆（印尼中部）、三佛齐（印尼苏门答腊东部）、真腊（柬埔寨）、交趾（越南北部）、占城（越南南部）、登流眉（马来西亚洛坤附近）、天竺（印度）、渤泥（加里曼丹岛，Kalimantan）、细兰（斯里兰卡）、暹（泰国北部）、罗斛（泰国南部）、勿斯里（埃及）、麻嘉（沙特麦加）、伊禄（伊拉克）以及泛称为大食国的阿拉伯诸国等等。因应海外贸易的增长，宋廷先后设立了10处市舶司或市舶务，市舶务是市舶司的下一级机构，地点分别在广州、杭州、明州（宁波）、温州、泉州、山东密州、江苏华亭海（上海县）、江阴、秀州华亭镇、秀州青龙镇（政和间改曰通惠镇）。其中设立最早、影响最大的是广州市舶司，广州历来是阿拉伯、东南亚、印度商人来华贸易的理想停靠之地，向有商贾辐辏之说。所以，宋太祖一俟平定南汉就派人接手管理蕃船事务。《宋会要辑稿》职官四四中记载：“太祖开宝四年六月，命同知广州潘美、尹崇珂并充市舶使。”当时以州设立市舶司，故以知州兼任。元丰三年（1080）修定官制，市舶司改以路分，故罢知州兼任的制度，

图 8-1

广南市舶司起发畸零银，十二两半

刻字：广南市舶司起发畸零银　监官何成翟良白

戳记：霸北街西　苏宅韩五郎　重拾贰两半　京销　杨瑞　韩宗□

规格：通长 89 毫米，首宽 60 毫米，腰宽 38 毫米，厚 11 毫米；重 459 克

图 8-2

舶司起发水脚银，十二两半

刻字：舶司起发水脚银 一月八日 监官 谢仲永

戳记：京销铤银 霸北韩宅 京销 广东钞库 钞铺朱礼梁俊验

规格：通长 89 毫米，首宽 57 毫米，腰宽 37 毫米，厚 11 毫米；重 448 克

改由掌管一路财赋的转运使或副使负责，市舶使的名称改为提举市舶。广州市舶司也就升格为“广南路市舶司”，并一直延续到南宋末年。

广南市舶司是所有市舶机构中组织最为完善严密的。宋人朱彧在《萍洲可谈》中详细介绍了海上商船到港时的情况，下面摘录部分以飨读者，“舶船去以十一月，十二月，就北风。来以五月、六月，就南风”，“（广州出发）自小海至溽洲七百里。溽洲有望舶巡检司，谓之一望。稍北又有第二望、第三望。过溽洲则沧溟矣。商船去时，至溽洲少需以诀，然后解去、谓之放洋。”这是商船出港时过的层层哨卡。进港时，不远万里到达溽洲的则受到礼遇，“寨兵有酒肉之馈，并防护赴广州”，船到广州后停靠于海山楼之前，“广州市舶亭枕水，有海山楼正对五洲”，市舶亭“其下谓之小海，中流方丈余，舶船取其水贮以过海则不坏。逾此丈许取者并汲井水，皆不可贮，久则生虫”。这选址不可谓不绝！停靠后就有“五洲巡检司差兵监视，谓之编栏”，等待“帅漕与市舶监官莅阅其货而征之”。这一系列的措施严密而不失热情，循章法而不忘人性化。这恐怕也是广州始终成为海外贸易主港，声名远扬且经久不衰的秘密吧！

关于市舶司的机构设置，人员上除了长官市舶使之外，还有副官市舶监、幕僚勾当公事（或称干办公事）以及吏员。吏员又分为主管文书及点检账状的主管文字、孔目、手分、贴司、书表，以及负责巡检的都吏，负责仓库保管的专库，负责外商接待的客司，负责安全的前行、后行。此外市舶司下设市舶库、来远驿及市舶务或市舶场等分司机构。市舶库存放抽分征榷来的物资，而来远驿则用于接待外国使臣。分司机构则设置不常，因事因地而定。宋初以州为单位设司，后来改以路级单位设司，而于各州府设务或场，但也仅是两浙路有这样的设置，广南东路及福建路并未设务。南宋孝宗乾道年间，广南路提举市舶司曾提请于琼州（海南岛）置司，但最终未获许可。

二、两浙路转运司市舶案

两浙西路、两浙东路合称两浙路。两浙市舶司，最初设置于北宋初期端拱二年（989），诏令称：“自今商旅海外蕃国贩易者，须于两浙市舶司陈牒、请官给券以行，违者没入其宝货。”[2]这表明，两浙市舶司设置的目的是管理境内民间舶商出海通蕃。这一点与广州市舶司设立之初主要管理外来舶商有着很大的区别。舶司最初设于杭州，后于淳化三年（992）移到明州定海，次年又迁回杭州。咸平中又令杭、明州各置市舶务。[3]蕃客要到哪一个市舶司抽解纳税，任由其便。南宋绍兴二年（1132），两浙市舶司又由杭州移置秀州华亭县。延着两浙路的海岸线，宋廷还曾在江阴军、华亭海、澉浦、温州、秀州青龙镇等地设过市舶务。

两浙路市舶司在南宋年间几经兴废。建炎元年（1127），宋廷南渡后立足未稳，财政吃紧，不得不省冗员、节浮费，随即两浙市舶司被裁撤，其职事由该路转运司接管。然而转运司也未曾经营妥善，以致市舶之利“亏失数多，市井萧条”。不得不于次年恢复了两浙路市舶司。到绍兴十三年（1143），市舶司又因官吏俸禄超过收入而再一次受到废置。如果说这一次还是临时性的决定，那么最迟的、有记录的罢令是在乾道二年（1166），朝廷下令“罢两浙路提举市舶司，所有逐处抽解职事，委知通、知县、监官同行检视而总其数，令转运司提督”。随后两浙路转运使要求，“今来市舶司废置，行移文字欲就用转运司印记，元印合行缴纳”。[4]这整体性的裁撤，舶司由转运司接管，市舶务的职事则划归地方官兼任，原有印鉴也被收回。铤3铭文显示该铤是淳祐七年（1247），由两浙路转运司市舶案进奉的天基圣节银，而不是由两浙路市舶司进奉。这从实物上证明了此时两浙路市舶司已不复独立存在，而是成为转运司的下属机构——市舶案。“市舶案”是一个新的发现，史料中很少见到这个称法，但实物中证明了它的存在!

三、市舶司的征榷与税收

市舶司的主要任务一方面是招徕、保护海外贸易的正常进行，一方面便是实现税收并起发上解。后者更是朝廷设立市舶司的着眼点。宋高宗说过：“市舶之利最厚，若措置合宜，所得动以百万计，岂不胜取之于民。”而为了实现市舶之利，宋廷实施有禁榷、抽分、和买等一系列措施。这些措施并非一成不变，在不同时期、不同背景环境下都会做出调整。

禁榷，专买专卖之意，属于官市的一种，在市舶贸易中则指禁止私人买卖舶货，而由舶司收买、官府专卖的交易形式。舶货禁榷又分为全面禁榷与部分禁榷两个阶段。全面禁榷始于太平兴国二年（977），诏“自今禁买广南、占城、三佛齐、大食国、交州、泉州、两浙及诸番国所出香药、犀牙”。[5]非出官库者，不得私相市易，此前民间所贮之货需限期中卖入官。违禁之人将会受到严厉的惩罚，“敢以蕃客贸

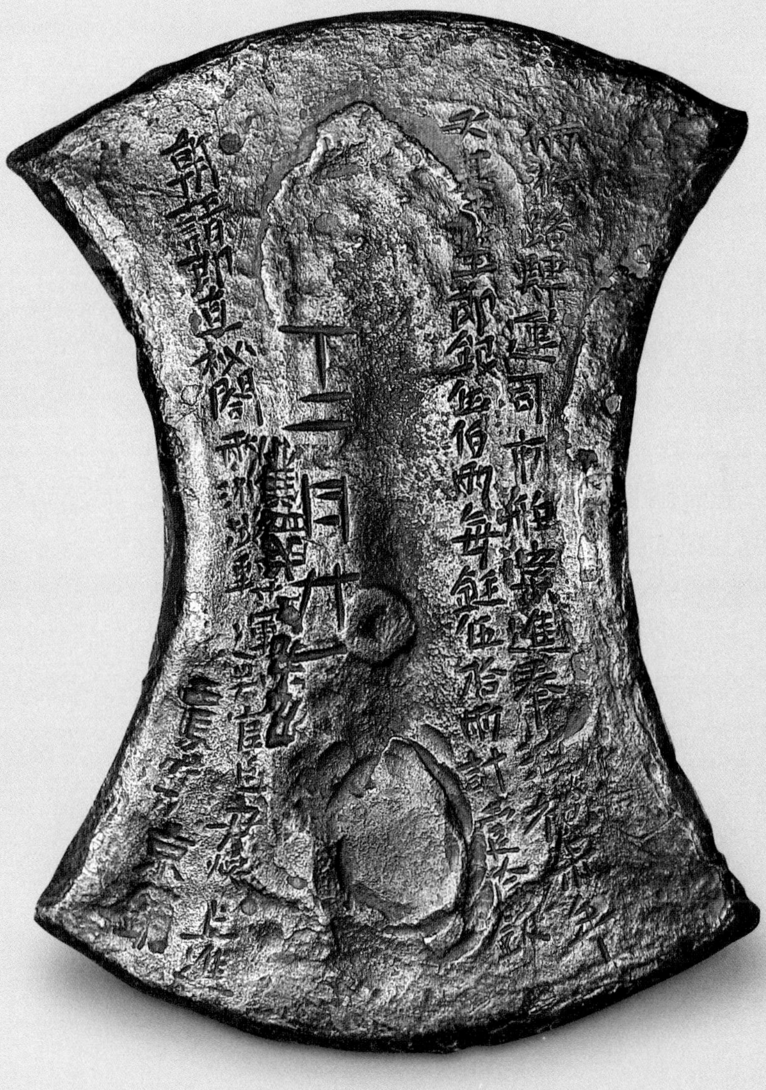

图 8-3

两浙路转运司市舶案进奉淳祐七年天基圣节银，五十两

刻字：两浙路转运司市舶案进奉淳祐柒年天基圣节银伍佰两 每铤五十两 计壹拾铤 十二月二十一 朝请郎直秘阁两浙路转运判官 臣尹焕上进

戳记：京销 贾寔 盛继 沈执中

易，计其值满一百文以上，量科入罪，过十五千以上黥面配海岛，过此数者押送赴阙，妇人犯科者充针工”。[6]全面禁榷原是宋初控制地方财权，以期利归中央之计，但另一方面也打击了以此为生的舶商，受到了抵制，走私活动与日俱增。全面禁榷严重阻碍了海外贸易的正常流通，导致了供需失调。京师舶货库藏溢满为患之时，诸州府百姓或少药物食用。因此，全面禁榷无法长期实行，不得不于太平兴国七年（982）后弛禁。海外舶货为分两大类，一类是禁榷物，珠贝、玳瑁、牙犀、宾铁、鼊皮、珊瑚、玛瑙、乳香以及后来增加的紫矿、南宋时期要求的“翠毛”、“牛皮筋角堪造军器之物”，这些大多是奢侈品及放至民间售卖获利丰厚的舶货；另一类是销路不畅利润不高的舶货，允许民间交易，史料中记载的有三十七种：木香、槟榔、石脂、硫黄、大腹、龙脑、沉香、檀香、丁香、丁香母、皮桂、胡椒、阿魏、莳萝、毕澄茄、诃子、破故纸、豆蔻、花折豆蔻、鹏沙、紫矿、胡芦芭、芦会、荜拨、益智子、海桐皮、缩砂、高良姜、草豆蔻、桂心苗、没药、煎香、安息香、黄熟香、乌樠木、降真香、琥珀。弛禁后恢复了民间的贩运也满足了百姓的需求，但是舶司对禁榷物收购价不但低，而且用低值物折抵，“仍不得支给金、银、匹缎”[7]。当商人贩运禁榷之物无利可图之时，也就影响了舶运的热情，甚至放弃进口。因应这一情况，和买制也就出台了。

和买，意指双方公平现钱交易，但仍然是带有强制性，属官市的一种。淳化二年（991），太宗鉴于禁榷之弊，诏“广州市舶，每岁商人舶船，官尽增常价买之，良苦相杂，官益少利。自今除禁榷货外，他货择良者止市其半，如时价给之，粗恶者恣其卖勿禁”[8]，明确要求提高榷买之价，而其他非禁榷货物，市舶司选择较好的，按时价收购一半。显然这是带有扶持性的政策。到仁宗朝，“海舶至者，视所载十算其一，市其三四”，[9]和买的比例已发生变化，所以又称为“分成和买制”。有宋一代，和买比例变化不常，因时而异。北宋后期至南宋，由和买发展而来的还有博买，即以实物折价，以物易物。到南宋后，博买比例越来越高，有的竞至六分，这实际上算是一种变相的掠夺，不利市舶贸易的持续发展。

抽分，即市舶司对舶来商品按一定的比例抽收实物税，也称“抽解”。据《文献通考》记载，“淳化二年，始立抽解二分”，这是抽解之始，实际上不同的时期、不同的抽分对象还 按“十分抽三”“十取其一”“十五分抽一”“十九分抽一”等不同抽分比例执行。《萍洲可谈》就如何抽分作了描述：

> 凡舶至，帅漕与市舶监官莅阅其货而征之，谓之抽解，以十分为率，珍珠龙脑凡细色抽一分，玳瑁、苏木、凡粗色抽三分，抽外官市各有差，然后商人得为己物。象牙重及三十斤并乳香，抽外尽官市，盖榷货也。

显然货物按等级成色区别抽解。需要指出的是，抽分的实物税可以是实物，也可以让舶商销售货物后，再交纳等值的货币。

> 熙宁初，创立市舶一司，所以来远人，通物货也。旧法抽解即有定数，又宽期纳税，使其待价，此招致之方也。近来州郡官吏趣办抽解之外，又多名色，兼迫其输纳，货滞则减价求售，所得无几，恐商旅自此不行。

能宽期纳税的应该指的是就是货币了。铤1舶司起发交纳的畸零银也是有力的实物证明。南宋时，抽解税率有增无减，甚至有抽解至十分之四的：

> （绍兴十七年十一月四日）诏三路舶司，今后蕃商贩到龙脑、沉香、丁香、白豆蔻四色，并依旧抽解一分，余数依旧法施行。先是绍兴十四年一时措置抽解四分，以市舶司言蕃商陈诉抽解太重，故降是旨。[10]

实际上，即使税率已有规定，官吏们也不一定依章办事，存在着加重税率或额外加税的情况。有如宋人刘克庄在《赵孟传除泉州制文》中所云“彼愚民以命易货于鲸浸万里之外，幸登于岸，重征焉，强买焉，或陷之罪而乾没焉。商贾失业，民夷胥怨”。过重的抽解强征严重地阻碍了海外贸易的发展。

四、市舶司纲物的运解

市舶司对蕃商抽解征税后还需要将舶货及税钱组织押运到京师或其他指定地点。运输时需要把一定数量的货物编为一组，亦称一纲，或陆路或水路在规定的时间完成交纳。

首先，市舶司将货物按粗细二色分类，“细色香药物货遵陆路前去”，“粗色物货系雇船乘载泛海”，也就是细色编纲走陆路，粗色编纲走海道，因为陆运成本高而海运成本低。细色如龙脑、珍珠这类，每一纲五千两；而犀象、乳香、檀香等为粗色，每纲一万斤。而对于“粗重难起发之物，本州打套出卖”，否则“虽海运以达中都，然水脚之费，亦自不赀”。对于笨重粗贱的物品就地售卖即可，若海运至中都，其转搬运输费也十分高昂，得不偿失。当然，是否需要起运，也要看京师的需求。“大观以后，犀牙、紫矿之类皆变作细色，则旧日一纲，分为三十二纲，多费官中脚乘赡家钱三千余贯。”[11]

其次，按路途远近，在规定的程限与损耗内将舶货或税款解送至京师（行在）。各地市舶司按规定运输起运，有按水运计算的，也有按陆运计算的。南宋绍兴十二年（1142），户部对江浙一带的运程进行了核实，秀州到行在计二百九十八里，计四日二时；平江府至行在计三百六十里，计八日，湖州至行在计三百七十八里，计八日二时；常州至行在计五百二十里，计一十一日四时；江阴军至行在计七百三十八里，计一十六日。[12]这规定的程限，也是纲运考核的依据。

> 市舶司应有蕃船到舶，抽收香货，将全解数目，按月具申，遇便起发，照立定程限行运，如所押官物至交御出违限日，将纲官从条根究，亦不推赏。[13]

由此可见，对不能如期到达或不能全数交纳的押解官员将依律追究责任。反之，则推赏嘉奖。“绍兴七年十月十三日，广州发舶至行在，无欠损者，推赏。”“绍熙三年臣僚奏请发海道纲至京，达十万斤者，减两年磨勘，帝从之。”[14]减两年磨勘即是缩短两年考核，提前升迁。

其三，防范侵欺。为防止舶货在纲运途中被调包或以次充好，即所谓“侵欺移易”，朝廷规定押运之前，须先把所运的物品取样，派专人先期送达京师。等大货到达后，当面验看无误后方可入库。《宋史》中是这样记载的：

> 先以色样申解户部，不许随纲将带，以防换易，本司今尊禀。日后起发纲运，更出给随纲香样，庶革侵欺移易之弊。此项欲从本司申请，日后起纲，所发香货，逐件抽取色样封角，专人先次赍赴户部投下寄留，候到库，唤集行众，当官开拆封样看验，一同即与交收。

此外，纲运过程中在路线选择、交装、押纲、催检和下御等环节都有规范，限于篇幅不一一展开。总之，基于严密的市舶司纲运制度，才使得这些纷杂的海外商品能够顺利地转运至京师。

第二节 舶司银释读

一、舶司起发畸零银

铤1，“广南市舶司起发畸零银”，前文就“抽分”事宜分析过，抽分可以抽取实物也可以抽取与实物等值的货币。绍兴十一年（1141）户部言：“所是本处（市舶司）变卖物货，除将自来条格该载合充循环本钱，其余遵已降指挥，计置起发施行。”也就是说，市舶司将收购的一部分舶货就地变卖，所得款项在扣除购买舶货的本钱后，起发解送朝廷。又据《建炎以来系年要录》卷八十三中记载，绍兴二十九年（1159），三路市舶司的舶货抽解达到二百万缗。缗是铜钱、铁钱的一种计量单位，原指用绳将钱串起，后通常指一千钱为一缗，这也证明了市舶司的抽分是可以用货币直接结算的。在实际的舶司抽分过程中，各个舶船批次、各类商品在抽分计值时，一定会出现零头尾数，这部分尾数称之为畸零。我们参考一下宋代两税征收过程中是如何处理畸零钱物的，

> 欲望朝廷申严下县镇，许令民户将畸零寸、铢、合、勺等类，许依旧法，各于逐乡逐里并就整成匹、两、升、束，开单名共作一钞输纳入官，仍于税簿内簿头上仔细分开下户畸零都数若干，别置簿历，专一抄上畸零钱、帛、物、斛单名，纳到钱数，照用准备驱磨。[15]

这里明确说明将不同民户出现的畸零钱物合并，即“共作一钞输纳入官”，将零凑整、积少成多。更为细致的是，即使是如此琐碎之钱物也单独置册登记，以备查验。那么在对舶货中各个商品品类抽分中出现的畸零钱物，同样可以采用上述办法，既利于解纳输送，又在情理之中。到南宋时期，交纳朝廷的钱多折换成银，因为银子质轻而价重，便于运输也便于保存。

从器形上看，该铤为典型的南宋银铤，戳记“霸北街西”为临安地名，“苏宅韩五郎”为金银铺字号。该铤为广南市舶司于临安请算买银后，再錾刻上来源及用项，是为上交朝廷的官铤。根据其他同时发现的宋铤铭文来看，此铤为南宋理宗淳祐或宝祐年间的遗存。作为广南市舶司征榷与税收的实物见证，该铤称得上是弥足珍贵。

二、舶司起发水脚银

铤2，“舶司起发水脚银”，水脚银即水脚钱折银，意为路费、运费，尤指水路海路的运费。南宋的法令集《庆元条法事类》就运费做出规定：

> 地里脚钱者，依图经每一百里一百斤，陆路，一百文；水路，泝（溯）流三十文，顺流一十文。

很好理解，运费与运输方式、远近、重量相关，这与现今的物流计价逻辑一致。考虑到古代运输效率大受地理环境的影响，水路按顺流、逆流计价也在情理之中。有关水脚钱做运费的例子还有很多。例如，南宋乾道七年（1171）十月十三日，诏：

> 今后广南市舶司起发粗色香药、物货，每纲以二万斤正、六百斤耗为一纲，依旧例支破水脚钱一千六百六十二贯三百三十七文省，限五个月到行在交纳。如别无欠损违限，与依押乳香三千斤推赏。其差募官管押等，并依见行条法指挥。[16]

又如，乾道七年臣僚上言：

> 雇舟船，真州至鄂州一节，系五千袋为一纲，水脚钱一万贯。[17]

该铤为典型南宋器形，“霸北韩宅”表明了其为临安销铸，而“广东钞库 钞铺朱礼”戳记本为钞盐制度下广东转运司于临安请算盐钞后折换的银两，与錾刻“水脚银”字样的用项不同，这表明舶司是在原铤的基础上进行的二次使用。比较铭文錾刻技法，以及由广东起发的同组宋铤，该铤为广南市舶司起发的可能性较大，是南宋市舶司纲运制度的重要见证。

三、市舶案进奉基圣节银

铤3，“两浙路转运司市舶案进奉淳祐七年天基圣节银”。淳祐，南宋理宗赵昀年号，淳祐七年，即公元1247年。《宋史》记载理宗“以生日为天基节”，且“以正月五日为天基节”。是故该铤为两浙路转运司市舶案进奉的贺寿钱。天基圣节银几成上供常例项，每年各有司及地方无不竞相进献。明代何乔远在《闽书》中记录宋代泉州市舶司：

> 其细色以万觔为一纲，遵陆起发，粗色纲至十万觔，航海达于京师。其甚贱不堪解运如南海货物者，官市之，以其价入市舶公使库……凡海南不堪物价有乳香价本二分藏官钱库，以供圣节、大礼、宗子为廪给、诸色纲运钱，官吏请给、搬家、宴番、送迎、修造、凡经常之费。

由此可见，市舶司进献的圣节银已被视做经常之费，每年定期上解。

“朝请郎”，朝官正七品。“直秘阁”为职名，原本是文学高选的一种标志，表明了才学德行兼优的一种身份，是一种荣衔，主要作用在于提高资序、提高威望，或予以俸禄上的优待。与不带职差遣比，在升迁、恩数上具有优先权。尹焕，字惟晓，号梅津，山阴人（今浙江绍兴），著有《梅津集》。据《临安志》记载，淳祐六年、七年任两浙路转运判官。值得玩味的是，淳祐七年进奉完这五百两天基圣节银后，淳祐八年尹焕擢升为“朝奉大夫太府少卿兼尚书左司郎中兼敕令所删定官”，“朝奉大夫”为从六品，官升一级。该铤为五十两大铤，铭文将进奉时间、部门、用项、数量、人物一一錾刻，记述清晰完整，“市舶案”为史籍之不载，颇具研究价值。

（宋）佚名《江天楼阁图》

注释

[1]（元）马端临：《文献通考》卷六二《提举市舶》。
[2]（清）徐松：《宋会要辑稿》职官四四。
[3]（元）马端临：《文献通考》卷六二《提举市舶》。
[4]（清）徐松：《宋会要辑稿》职官四四。
[5]（清）徐松：《宋会要辑稿》食货三六。
[6]（清）徐松：《宋会要辑稿》职官四四。
[7]（清）徐松：《宋会要辑稿》食货三六。
[8]（清）徐松：《宋会要辑稿》职官四四。
[9]（元）马端临：《文献通考》卷二〇《市籴一》。
[10]（清）徐松：《宋会要辑稿》职官四四。
[11]（清）徐松：《宋会要辑稿》刑法二之一四四。
[12]（清）徐松：《宋会要辑稿》食货四四之一。
[13]（清）徐松：《宋会要辑稿》食货四四之一九。
[14]（清）徐松：《宋会要辑稿》职官四四之三三。
[15]（清）徐松：《宋会要辑稿》食货七〇之五〇。
[16]（清）徐松：《宋会要辑稿》职官四四。
[17]（清）徐松：《宋会要辑稿》食货二七。

第九章

敛之于细的经总制银

第一节　经制银

《宋史》这样评价宋徽宗："自古人君玩物而丧志，纵欲而败度，鲜不亡者，徽宗甚焉。"诚所谓一语而中的也。徽宗这位被"皇帝"一职耽误了的艺术家，对美好的事物有着执着的追求，无论书画还是园林。政和七年（1117），为了兴建其皇家园林，设立"应奉局""御前人船所"，专一在江南措置奇花异石。各地进献纷纷，"舳舻相衔于淮、汴"，世人称之为"花石纲"。风生于地，起于青萍之末，宣和二年（1120），方腊在睦州青溪（今浙江淳安境内）起义，而花石纲恰是压垮骆驼的最后一根稻草，是时赋役繁重，官吏侵渔，百姓略有所得又被悉数科取。另一方面，宋廷"声色、狗马、土木、祷寺、甲兵、花石靡费之外，岁赂西北二虏银绢以百万计"，[1]穷奢极侈之下，北宋已是日薄西山。宣和三年（1121）四月方腊初平，此时宋金已订立海上之盟以图灭辽。宣和四年（1122），宋于民困兵疲之际又大举筹措准备伐辽。后来，权相蔡京之子蔡絛在《铁围山丛谈》中回忆道：

> 宣和四年既开北边，度支异常，于是内外大匮，上心不乐。

正是在这种左支右绌的情形下，经制钱于同年七月创立了起来。而经制银则是经制钱用于输纳上交时折变成的银两。

"经制钱"得名于"经制使"，经制使乃经制司之长官。北宋神宗熙宁十年（1077）八月，设置"经制熙河路边防财用司"，掌钱帛、刍粮，计度当时用兵西夏的边防费用，此乃宋代经制司一职之始。宣和三年（1121）六月，刚平定方腊后的江浙未有正常赋税收入，于是宋廷令："江淮荆湖浙闽等路发运使陈遘（字亨伯），经制两浙、江南东路等东南七路财赋，许得移用，并按察七路监司及州县官吏，设司于杭州。”由于陈遘创设数种杂税附加税，故借其官名而统称之为“经制钱”。据《建炎以来朝野杂记》甲集卷十五《经制钱》记载：

> 经制钱者，宣和末，陈亨伯资政所创也。时方腊初平，用度百出，徽宗命亨伯以发运兼经制使。亨伯乃创比较酒务及头子钱。头子钱者，唐德宗除陌钱之法也，五代、国初亦取之以供州用，其数甚鲜。康定元年，始令具数申省，不得擅支。政和四年，又令给纳系省钱物，每贯支五文。及亨伯为经制，遂令凡公家出纳，每千收二十三文，止供十三州县及漕计支用。所谓经制钱者，其始行之东南，后又行之京东西、河北，岁入数百万缗。靖康初，废。

所谓创“比较酒务”是指在不增员额的情况下，允许一地之酒务官添设新的酒务创收，即：“分定课额，各自造酒，收趁课利，比较增亏赏罚等”。[2]此乃分包创收之法，以比较酒务之所得填补原酒务之亏空，如有剩余，则另行推赏。不过陈遘并非“比较酒务”的原创。此前，润州都酒务累年亏欠，后因监官李邈添置比较酒务，连年增务钱二万余贯，并屡获赏典。政和二年（1112），江浙发运副董正封奏请依此例于杭州设置比较酒务，“欲望本路将杭州都酒务分作三处，更置比较务二所，不消增添官吏、兵匠，所贵易于检查组，可以增羡”。[3]朝廷同意后，又将此法由江浙推行至全国，并延续至南宋。

所谓“头子钱”，是官府在征收和支付钱物时的附加税，源于唐、五代除陌钱之制，到宋代则尤为盛行。《东京梦华录》所言：“都市钱陌，官用七十七，街市通用七十五。鱼肉菜七十二陌，金银七十四。”这里官方以七十七文钱当作一百文，也称省陌，即七百七十文合一贯文省；而东京的街市上则而以七十五文当百文使用，又称市陌。“头子钱”则是在“七十七”“七十五”之类的变化中获得差价。如仓场受纳时以八十五为陌，比较法定七十七省陌，则每百文多收八文。当赊贷官钱，也相应地收取“头子钱”。上文中，陈遘以公家每出纳千钱收取二十三文头子钱。

以上，增收的比较酒务钱及头子钱，被笼统的称为“经制钱”。此时经制钱施行未久，旋即于靖康初年废止。如果说此时的“经制钱”还是权宜之计，那么，凭借这种敛财的思路，日后再度收取“经制钱”及“总制钱”，甚至将这些无固定收入的“无额”之征变成按规定数额上缴的“有额”之征，便是使之成为地地道道的敛财工具。

经制钱废止后不久，又获启用。南宋建炎二年（1128），高宗尚在扬州，立足未稳，各地贡赋无法如期而至。户部尚书吕元直、翰林学士叶少蕴提议恢复收取“经制钱”。于是先取“钞旁定帖钱”，命提刑司掌管。建炎三年（1129），又命东南八路提刑司收取五类经制钱赴行在，它们是：一，权添酒钱；二，量添卖糟钱；三，增添田宅牙税钱；四，官员等请给头子钱；五，楼店务添收三分房钱。绍兴十七年（1147）二月，又增头子钱十三文充当经制钱。下面就征调项目，简要说明：

“钞旁定帖钱”：契税附加税。钞旁即税钞、户钞，是纳税的凭证。定帖，意指重新定帖，即契纸，是田宅牛畜交易完成后官府核发的证明，两者均需收费。

“添酒钱”：酒为官府所垄断，这里指通过提高酒的售价以扩大酒课收入。建炎二年（1128）始到绍兴九年（1137）的10年间，上色酒每升上涨了78文，次色酒38文10分，煮酒60文，腊蒸酒5文。[4]

“量添卖糟钱”：酒糟是粮食造酒后余下的脚料，可用作饲料等。政和四年（1115），酒糟一斤卖3文，宣和四年（1122），经制司措置官监酒务，“见卖糟价钱，每斤添二文足，应副移用[5]”，即此时增长为每斤5文钱。到南宋时，随着酒价的提升，糟钱也将随之提升。

“增添田宅牙税钱”：契税。民间典卖田宅，需收取牙契税钱。宋代田宅交易时，一般由官府备案的牙人引领，并使用官方印卖的契书。在未并入经制钱之前，仅为地方财政收入，不上缴中央。

“官员等请给头子钱”：发放官吏俸禄时收取的1%的头子钱。[6]

“楼店务添收三分房钱”：南宋将负责官舍、邸店的租赁及修缮机构称为“楼店务”，北宋时称“店宅务”，诸州均有设立。其中官员是主要的租户群体，宋代官制规定，地方官三年一任，且不许携带家眷，在京官员更是更迭不休，因此通常租住房屋。朱熹曾感叹道：“祖宗朝，百官都无屋住，虽宰执亦是赁屋。”其他的还有应试举子、宗室、军士、商贾等等。这些由楼店务提价增收的三分租房钱也归并入经制钱之中。

关于经制钱的征收，我们看看当时官员的想法。翰林叶少蕴有云：

> 经制之法，添酒价、增税额、并卖契纸等钱，皆求于民之所欲，而弗强其所不欲，故酒价虽高，未有驱之使饮，税额虽增，未有迫之为商者，其他类此，望复行之。[7]

显然这是片面的粉饰，但当时有这种想法的官员不在少数，毕竟这比直接提高两税等直接税税率来得温和一些。

目前我们发现的经制银，皆为南宋银铤，现举部分类型例证如下：

铤1：（刻字）广州经制银
（戳记）西河铺 拾贰两半 京销银（图9-1）
铤2：（刻字）广州经制银
（戳记）霸西王二郎 贰拾伍两 京销铤银（图9-2）
铤3：（刻字）广州经制银
（戳记）霸北街西 苏宅韩五郎 重贰拾伍两
铤4：（刻字）循州经制银
（戳记）赵孙宅 重贰拾伍两 京销铤银
铤5：（刻字）惠州经制银
（戳记）霸北街西 重拾贰两半
铤6：（刻字）连州起淳祐六年经制银赴湖广总所交 权司法 元

“经制库银”与“经制银”两者用项相同，前者存世量略少于后者。经制库是存放经制银、经制钱的专库。铤1～铤5，“霸北街西”“西河铺”为临安地名，“赵孙宅”“苏宅韩五郎”则是临安的金银铺名。显然，这些广州、循州、惠州、连州等广东诸州上解的经制银，皆为临安买银并錾刻用项后上交国库的。

第二节　经总制银

绍兴五年（1135），参知政事孟庾（富文）受命措置财用，以总制司之名，仿“经制钱”体例，增收“总制钱”。《建炎以来朝野杂记》记载：

总制钱者，绍兴初，孟富文参政所创也。五年春，高宗在平江，命富文提领措置财用。富文请以总制司为名，专察内外官司隐漏遗欠。从之。于是首增头子钱为三十文。其十五文充经制窠名，七文充总制窠名，六文提、

图 9-1

广州经制银，十二两半

刻字：广州经制银
戳记：西河铺 拾贰两半 京销银
规格：通长 89 毫米，首宽 58 毫米，腰宽 40 毫米，厚 10 毫米；重 437 克

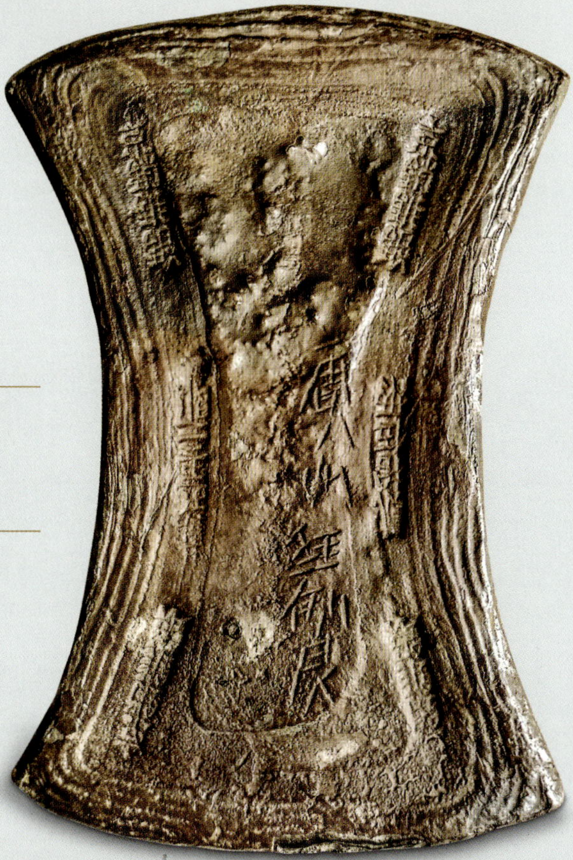

图 9-2

广州经制银，二十五两

刻字：广州经制银
戳记：霸西王二郎 贰拾伍两 京销铤银

转两司，二文公使支用。既又请收耆、户长雇钱、抵当四分息钱、转运司移用钱、勘合朱墨钱、常平司七分钱、人户合零就整二税钱、免役一分宽胜（剩）钱、官户不减半、民户增三分役钱、常平司五分头子钱，并令诸州通判、诸路提刑催充总制。至十一年浙东一路收总制一百八十九万缗，诸路准此。

即抽收乡役的雇钱、抵当所的利息钱、转运司原本对地方上移盈补缺的移用钱、役钱等等，这仍是"敛之于细，聚之则多"的思路。事实上，征调的课目还在不断增加，查阅《庆元条法事类》卷三十《提点刑狱司申起发收支经制钱物帐》和《提点刑狱司申起发收支经总制钱物帐》，"经制钱""总制钱"具体收入项目已超过四十种，巨细靡遗。大体上可分为如下几类：一，公家出纳时的诸色头子钱，如激赏头子钱、五分五厘头子钱；二，增加官府专卖品的价格或附加税，如添酒钱、添糟钱、盐别纳钱、盐袋息钱、茶别纳钱等；三，增加商税钱、契税钱，如增添七分商税钱、得产人勘合钱、五分契税钱等；四，调收各色役钱，如耆户长雇钱、免役一分宽剩钱、官户役钱不减半民户增三分钱等；五，各类违限处罚钱，如出卖没官税茶以及"请算茶盐钞引金银现钱公据已违所给日限合纳税钱"等；六，其他各项杂税，如调收添纳租课钱、二税畸零剩数折纳钱等。这些都是经总钱的征课来源。此后至宋末，经、总制钱都成为中央计司中举足轻重的收入，宋人叶适（1150～1223）在《水心别集》中写道："户部经常之用十八出于经总制。"

经总制钱中，有相当一部分是"虽有窠名，而各无定数"，窠名即税目，例如"添酒钱"，有人买酒，才有增收的那部分。也就是说"经总制钱"并非独立的税种，是在其他征收窠目上增添一定的数额或比例，汇聚而成的征费总称。各州、府、军按实际征收数额起发上供即可。在《山堂先生群书考索》（南宋）卷二十中，就以"仓库出纳、田宅契券之所收"为例，给出了难有征收定数的解释："虽可约计其大概，然财计有时而虚盈，物价有时而高下，则其数有不可得而准者。"至绍兴二十六年（1156），情况发生了变化，户部侍郎曹泳奏请"经总制钱"以历年征收最多的绍兴十九年的一千七百二十五万贯为定额标准，每年依此定额课取。显然，这无异于剋剥，自是郡县骚然，民受其害。朱熹曾专论此立额之害：

此钱即非经赋常入，为民所逋负，官吏所侵盗，而以一岁偶多之钱为定额，责使尝之，自户部四折而至于县，如转圜于千仞之坂，至其趾而其势穷矣，县将何取之？

而实际征收情况也是年年亏空，“经总制钱”的定额也不得不进行调整。有记录可查的，到淳熙年间定额降至一千五百万贯。至嘉定年间时，定额降至一千四百四十万贯。

“经总制钱”对南宋财政体系的影响还体现在加剧了中央与地方就财政分配问题上的矛盾。宋代财赋分配沿袭唐制，“其一曰上供，今户部所入是也；其一曰留州，今州郡系省得用是也；其一曰送使，今转运司所得是也”。[8]建炎以前，此三部分各有相对固定的分配比例。创立“经总制钱”时，亦称“并不侵取州郡经常支用”，然而事实并非如此。一方面，“经总制钱”的征收不断挤压地方州军财政分配的比例。例如绍兴十一年（1141），把原归漕司所有的十一文五厘头子钱再划出五文五厘归经制。乾道七年，将田契中归州用的三十二钱半再划出一半入总制等；另一方面，直接侵取地方专项经费。例如将转运司移用钱及免役钱中的部分项目划入经总制。而当州军无法完成经总制年额之数时，又不得不以州县经费填补。

朝廷与地方的矛盾最终还是转嫁到了百姓身上：“经总制不足，即令民户于丁田米税、役钱每石、每钞有暗收补亏钱。商旅经由场务，征税之外，则有贴纳补助钱。”[9]

正如宋人吴敬在《竹洲集》中写道的：“椎剥吾民之肌肤，以充经总制钱之课。”朝廷对此也并非不察，但积重难返，宋孝宗亦曾感慨道：“祖宗时，财赋无经总制钱，朕他时用度有余，即令民间免输纳。”[10]然而经总制钱所入甚大，涉及经费又广，又怎舍得一朝而蠲免？

笔者目前发现经总银16铤，除其中一铤武冈军经总银图片遗失外，其他列举如表9-1。

考查这些银铤铭文，可以发现：

1. 多数显示为按季起发，如春季、夏季、秋季，有的“夏”字被简化为“下”。《庆元条法事类》卷三十《财用门·经总制》中明确规定：“诸经总制钱物，知、通专一拘收……逐季于次季孟月二十五日以前尽数起发。”

2. 经总制银以专库存放。例如铤1注明为“广州经总制库”，铤2虽未列明何库，但錾刻“专库”字样同样表明经总银需“别为库眼桩管”以防侵盗。

表9-1 经总制银

序号	铭文	形制	出处
铤 1	（刻字）广州经总制库起发绍兴二十六年春季经总制银□铤伍拾两专库苏举李枢监官黄亨右宣教郎经略司干办公事权通判向 （戳记）北张铺	五十两	1975 年 4 月河南方城王营村出土
铤 2	（刻字）南平军发庆元二年夏季经总银二十五两专库张□□ 天 库官邓行人楹林嵩看 重二十六两六钱十分 （戳记）□□十分	五十两	1981 年 5 月四川双流黄佛乡出土
铤 3	（刻字）潮州经总银鄂州交纳 （戳记）钱线巷南 重贰拾伍两 朱二郎	二十五两	1955 年湖北黄石西塞山出土，湖北省博物馆藏
铤 4	（刻字）新州起发经总制纲银 （戳记）真花铤银 京销 沈执中 盛缣 邢文彬 贯寔	十两 （390克）	《尘封千年的国家宝藏——南宋金银铤收藏与鉴赏》，第 62 页
铤 5	（刻字）武冈军今解淳祐六年夏季经总银二伯八十六两二钱八分七厘大小六铤赴淮西大军库交纳（背面）朝散郎通判军事徐耜 武翼郎閤门宣赞舍人知军事王克仁	五十两	《尘封千年的国家宝藏——南宋金银铤收藏与鉴赏》，第 60 页
铤 6	（刻字）（正面）武冈军今解淳祐六年夏季闰四月经总银二伯八十六两二钱八分七厘大小六铤赴淮西大军库交纳（背面）朝请郎通判军事徐 武翼郎閤门宣赞舍人知军事王克仁	五十两	浙江省博物馆
铤 7	（刻字）武冈军今起发淳祐六年闰四月下季经总艮计三百六十三两弍钱七厘大小八铤赴淮西大军库交纳 朝散郎武冈军通判事徐 武翼郎閤门宣赞使知军公事王	五十两	《尘封千年的国家宝藏——南宋金银铤收藏与鉴赏》，第 60 页
铤 8	（刻字）（正面）武冈军今解淳祐六年闰四月夏季经总银三伯六拾三两二钱七厘大小八铤赴淮西大军库交纳（背面）朝散郎通判军事徐 武翼郎閤门宣赞舍人知军事王	五十两	《尘封千年的国家宝藏——南宋金银铤收藏与鉴赏》，第 61 页
铤 9	（刻字）武冈军今起发淳祐六年闰四月下季银 经总银计三百六十三两二钱柒□ 赴淮西大军库交纳 朝散郎武冈军通判事徐 武翼郎武冈军知军事王	五十两	山东藏家

续表

序号	铭文	形制	出处
铤 10	（刻字）（正面）武冈军今解淳祐六年闰四月下季经总银三百六十三两二分七厘大小八铤赴淮西大军库交纳（背面）朝请郎通判军事徐 武翼郎閤门宣赞舍人知军事王克仁 AD	五十两	《尘封千年的国家宝藏——南宋金银铤收藏与鉴赏》，第 61 页
铤 11	（刻字）（正面）武冈军今解淳祐六年闰四月夏季经总银三百六十三两二钱七厘大小八铤赴淮西大军库交纳（背面）朝散郎□□□□□ 武翼郎□□□□□□□	五十两	上海藏家
铤 12	（刻字）武冈军今解淳祐十年春季经总银二百八十六两二钱大小六铤赴淮西大军库交纳承议郎通判军事胡 朝散郎武冈知军事何	五十两	2013 年嘉德春拍
铤 13	（刻字）武冈军今解发淳祐十年秋季经总银二伯八十六两二钱八分赴大军库交纳 朝奉郎武冈军通判军事许	五十两	山东藏家
铤 14	（刻字）郴州起解淳祐拾年下半年经总银年今遵照使所准当官用铜法则秤制销镕成铤排入宙字号计肆拾玖两玖钱二里赴淮西总领使所交纳者 朝奉大夫权发遣郴州军州事曹龙	五十两	上海藏家
铤 15	（刻字）郴州起解□□□□年经总银年□□□使所行用法则□秤□□镕成铤排入□□ 计肆拾玖两□□□□赴淮西总所交纳者 朝奉□□□□□□□州军州事 曹龙	五十两	山东藏家
铤 16	（刻字）郴州起发淳祐三年下半年经总银赴淮西总领所交纳 （戳记）霸南街东 雍念三郎 贰拾伍两	二十五两	浙江藏家

3. 铤3、铤4分别来自于潮州、新州，同属广南东路，但前者赴鄂州，即湖广总领所交纳。而后者赴临安交纳，铤中见有“京销”及在京监管（或库务）人员，如“沈执中”等人的戳记。铤5～铤15，则是从荆湖南路发往淮西总领所（跨总领所财赋辖区调拨，参见本书第二章）。可见，经总制银起发何处，当由户部统一调配。

4. 武冈军淳祐六年（1246）夏季起发的经总银，至少分为两批。一批是铤5～铤6，总“二伯（佰）八十六两二钱八分七厘”，大小计六铤。另一批是铤7～铤11，

图 9-3

武冈军解淳祐十年春季经总银，五十两

刻字：武冈军今解淳祐十年春季经总银二百八十六两二钱大小六铤赴淮西大军库交纳承议郎通判军事胡 朝散郎武冈知军事何

规格：通长 164 毫米，首宽 84 毫米，腰宽 56 毫米，厚 20 毫米；重 2012 克

图 9-4

郴州起解淳祐拾年经总银照使所准当官用铜法则秤制销镕，五十两

刻字：郴州起解淳祐拾年下半年经总银年今遵照使所准当官用铜法则秤制销镕成铤排入宙字号计肆拾玖两玖钱二里（厘）赴淮西总领使所交纳者 朝奉大夫权发遣郴州军州事曹龙

规格：通长 150 毫米，首宽 92 毫米，腰宽 59 毫米，厚 18 毫米；重 2013 克

总“三百六十三两二分七厘”，大小计八铤。因何同一时间发赴同一处地点要分作两批，目前暂不得而知，但可以肯定的是，两批的金额当不是随意的。因为到淳祐十年（1250），时跨四年后的春季、秋季的交纳额亦是“二百八十六两二钱”，而这个数字更像是一个经年累季的常数。而这个常数恰好印证了各地“经总银”从无额之征，变成了有额之征。此“二百八十六两二钱”很可能为武冈军以某项或甚至全年应税年额按季摊分下来的金额，方能使不同年份的春、夏、秋三季银铤交纳数相同。至于另外一批那三百余两，或是其他的专项拨款，或是补足此前的亏空，抑或是同一季起发中的前后两批？还待进一步考证。武冈军，地处偏远，赋税课利少，有文献记载，武冈军南宋初年“财用不能自赡，仰于永、邵者半”，其大部分经费需由转运司挪拨移用。后因“二郡（永，邵）辄负不偿”，武冈军守臣再请示于朝廷，改为“以二郡原拨之数理为武冈上供，而武冈上供截为留州之用”。[11]从中可以看出武冈军财用之窘迫与自顾不暇，能挤出这些经总制银两实属不易。

5. 观察铤14～铤15（图9-4），其器形规整、成色上佳。铭文“今遵照使所准当官用铜法则秤制销镕成铤排入宙字号”，说明交纳至淮西总领所的银铤并非随意由地方安排，但其成色要求或铜银兑换关系需遵照总领使所的规定执行，以防止折算或成色差异造成的损失。我们知道，经总制钱收之于细，以文计数，然而上交国库时，则须变转轻赍，即折换为银。那么原本交总领所的铜钱数额可以折算多少银两呢？依铤中铭文来看，得遵照总领所的法则计算，而非听由地方州军兑换，以防止其用“铜钱之多”折“银两之少”。银两的秤量更是精确到厘，见铭文中的“肆拾玖两玖钱二里”字样。而非常有趣又略带讽刺的是，总领所的这项规定是“进”“出”有别，因为总领所在对外支付时：“总所收兑旧引，皆以金银品搭，率用新引七分，金银三分，银色下而秤亏，官吏因以为利，其实每旧引百，贴满二十引乃得之。”[12]即总领所以成色低下且重量不足金银用于支付兑换旧引。如此“严于律人，宽以待己”之法，或许是总领所生财之道吧。实物与文献间的关联，让原本尘封的历史鲜活了起来。比照之余，亦有使人忍俊不禁之事！

帐务上，经制钱与总制钱是各自分项条列的，这一点在《庆元条法事类》中有很明确的规定，但两者可以合并团纲起发。关于经、总制钱的管理，于州军，由通判负责，于通判厅置专库，别无当职官干预。查《淳熙三山志》卷七，可见经制库、总制库存在分别设置的情况：

（绍兴）三十一年复诏通判厅置库出纳，委提刑司检察之，今经制库置内通判厅，总制库绍兴十七年自军资库移外通判厅置。

乾道二年（1166）后，改令“知、通同共拘催”，这也是银铤上武冈军“知军”与“通判”连署的原因；于路分，则由提刑司负责。各地起发时，需“变转轻赍起发”，即用收上来的经、总制钱，买换成银两后起发临安右藏西库或各总领所交纳。《临汀制·供贡》有记：“通判厅经总纲起解于行在右藏西库送纳。”此外，由于地方上的“无额上供钱”与经制钱中的“无额窠名”相类，因此宋廷令“诸路所收无额、经制钱物每季只作一帐供申”，自此无额上供钱依附经制钱一并起发。

注释

[1]（宋）方勺：《青溪寇轨》。
[2]（清）徐松：《宋会要辑稿》食货二〇之一二。
[3]（清）徐松：《宋会要辑稿》食货二〇之一二。
[4]此数据参阅李华瑞：《试论宋代酒价与酒的利润》，《中国经济史研究》1991年第3期。
[5]（元）脱脱等：《宋史》食货二〇之一三。
[6]（清）徐松：《宋会要辑稿》食货六四之八五。
[7]《宋名臣言行录》别集上卷四。
[8]（宋）章如愚：《山堂先生群书考索》。
[9]（清）徐松：《宋会要辑稿》食货六四之一〇七。
[10]（宋）李心传：《建炎以来朝野杂记》甲集卷十五《经总制钱额》。
[11] 参阅包伟民：《宋代地方财政史研究》。
[12]（宋）李心传：《建炎以来朝野杂记》乙集卷十六《四川收兑九十一界钱引本末》。

第十章

南宋钞盐制度的见证

自古被视为“百味之王”和“生民喉命”的食盐，是百姓日常生活的必需品，不可或缺。也正因如此，食盐成为历代王朝用以谋利的重要物资。早在2600多年前的春秋战国时期，盐的运销就由官方所控制，实施专卖。自中唐以后，盐利之额不输“常赋”，所谓“天下之赋，盐利居半”。历代税课银铤（锭）中，盐政相关者占比最大，其盐利之丰厚，可见一斑。具体到南宋银铤上，发现有“广东钞库”“潮州钞价银”“广东盐司籴本纲银”“袋钱银”等品种（表10-1），它们是钞盐制度的珍贵历史见证。

表10-1　钞盐相关银铤

序号	品类	铭文	重量	出处
铤 1	钞价银	（刻字）潮州发绍兴三十年分钞价银赴广州提举衙交纳右从政郎司理参军郑公弼专知林规银匠罗端	五十两（2000 克）	1976 年湖北襄樊羊祜山出土
铤 2	卖钞库	（刻字）卖钞库 （戳记）霸北街西 重拾贰两半 苏宅韩五郎	十二两半（460 克）	1976 年湖北襄樊羊祜山出土
铤 3	卖钞库	（刻字）卖钞库 侯必才 （戳记）霸北里角 徐沈铺 重拾贰两半	十二两（422 克）	1976 年湖北襄樊羊祜山出土
铤 4	卖钞银	（刻字）广东提举司十一年上半年卖钞银押人□□ 杨俊卿 （戳记）京销铤银 重拾贰两半	十二两（425 克）	私人收藏
铤 5	广州卖钞库	（戳记）广州卖钞库 重壹拾贰两半 霸北街西 □□□ 旧日苏韩张二郎 □□验	十二两半（462 克）	1976 年湖北襄樊羊祜山出土
铤 6	广东盐司籴本纲银	（刻字）广东盐司籴本纲官王□ （戳记）霸北街西 广东钞库 颜成验 □□□□	十二两半（465 克）	私人收藏
铤 7	袋钱银	（刻字）吉州通判□□□袋钱银 桂阳交纳一铤计十二两九钱 □□□□□□□ （戳记）京销铤银 □宅	十二两半	私人收藏

续表

序号	品类	铭文	重量	出处
铤 8	广东钞库	（戳记）广东钞库 钞铺朱礼 梁平验 霸北街东	十二两半（442）	《尘封千年的国家宝藏——南宋金银铤收藏与鉴赏》
铤 9	广东钞库	（刻字）侯应龙 （戳记）广东钞库 钞铺黎全 梁平验 顾铺铤银 重壹拾贰两半 铁线巷	十二两半（445 克）	《尘封千年的国家宝藏——南宋金银铤收藏与鉴赏》
铤 10	广东钞库	（刻字）黄□庆 （戳记）广东钞库 钞铺朱朋 梁平验 京销铤银 重拾贰两半 左部宅	十二两半（466 克）	《尘封千年的国家宝藏——南宋金银铤收藏与鉴赏》
铤 11	广东钞库	（刻字）陈彦昭 （戳记）广东钞库 钞铺黎全 丁宅 京销铤银 梁平验	十二两半（453）	私人收藏

注：加盖“广东钞库”戳记的宋铤发现较多，此处不一一列举

南宋食盐专卖，可以分为官营与通商两类。官营指直接专卖，由官府自行运输、自行销售食盐，或是配售给百姓。大部分盐利被地方官府获取；通商则属于间接专卖，由商人向朝廷专设的榷货务机构纳钱，换取“盐钞引”凭证，再到指定产盐区支取相应数量的盐，并运往指定地区销售。此时的盐利直接收归中央。如果将通商方式划分为“买钞”“支盐”“引运”“住卖”等四个步骤，那么对这些步骤的规则化，就形成了钞盐制度。

表10-1中的数个银铤品种都涉及“钞”字，“钞”是什么？“卖钞库”“钞铺”是什么组织，起何作用？“钞价银”又是什么？带着这些问题，试述如下。

第一节 卖钞库、卖钞银

“钞”，这里指“盐钞”，通常与“盐引”配对出现，简单地讲，是凭钞支盐，凭引运盐。盐钞是宋代商人支取官盐的法律凭证。商人携带“钞”与“引”到指定盐

场领盐，领完盐后，盐钞被盐场收回。而盐引，则在支盐时经过批复核验，注明运输期限后退回给商人，以此作为官盐而不是私盐运输时的凭证。北宋时期，商人可用现钱或实物物资换取盐、茶贩运，当时的凭证称为“交引”。然而，到南宋时，几乎一律改用现钱购买“钞引”支盐运销，因此称为“钞盐法”或“钞引法”“钞法”。上表中带“卖钞库”字样的银铤，无疑是卖钞所得之收入。

据宋人吴自牧在《梦粱录》卷九中的记载，南宋钞引由交引库印造，“交引库在太府寺门内，专印造茶盐钞引，遂请丞簿佥押”。印钞使用官纸，以墨印刷，盖以朱印。库院之内，匠人胥吏分工有序，其防火、防盗、封门、搜身之制也十分严密。钞引的正面印刷内容包括：钞号、料次、日期、购钞人姓名、盐钞面值或可支取盐量、支盐地点等信息。钞约1.7宋尺长，1.1宋尺宽，合53.2厘米 × 34.4厘米。[1]史料中记有一份南宋盐钞信息，“（苏州）买到客人一引盐三袋，系绍兴二十七年二十料，一字号，通州盐仓支发”。[2]盐钞的面额，有“一钞为盐一席”的，也有每钞支盐三袋或四袋的，规格各不相等。钞引印毕之后，须经太府寺丞佥书画押，然后送赴榷货务等机构发售。

图 10-1

广东提举司卖钞银，十二两半

戳记：京销铤银 重拾贰两半

刻字：广东提举司十一年上半年卖钞银
押人□□ 杨俊卿

规格：长 89 毫米，首宽 60 毫米，腰宽 41 毫米，厚 11 毫米；重 425 克

卖钞库，榷货务之分支机构，专司盐钞之发卖。錾刻在银铤上的“卖钞库”或“卖钞银”，意义相同，皆指将卖钞所得兑换成银两。榷，专卖的意思。榷货务是经营专卖品的机构，负责“掌受商人便钱给券，及入中茶、盐，出卖香药象货之类”的事务，是中央重要的“吸金”单位。例如，高宗赵构登基前为兵马大元帅，靖康之难时，其帅府曾临时印给盐钞以佐军用。后来，宋廷南渡，在金兵的追逐下，高宗与孟太后辗转流亡至扬州、镇江、建康、越州、明州、温州、吉州、杭州等地，由于财用匮乏，也唯有就地设立榷货务发卖盐钞方能支应。事实上，上述除明州、温州外，其余六处地点均临时设置过榷货务。及至时局平稳后，则于行在临安、镇江、建康三地长期设置榷货务，各个榷货务都有自己的行销区域：

> （开禧二年（1206）正月二日）诏……行在、建康两务所卖淮钞，自截日终，令行在专卖真州钞，建康专卖通、泰州、高邮军盐钞，不许仍前交互。[3]

为了吸引且便于各地商贾请算盐钞，各榷货务也可以在同一城市同时设立卖钞库，例如：

> 宋行在榷货务卖钞库、建康榷货务卖钞库，并在义井坊内，以卖通、泰、高邮、真州盐钞。[4]

由此可知，行在临安榷货务与建康榷货务分别在真州设有卖钞库，这大约是南宋乾道年间的事了。

第二节 广东钞库、钞铺

考察目前发现加盖“广东钞库”戳记的银铤，绝大部分还会加盖“钞铺”名，例如“钞铺黎全”“钞铺朱朋”“钞铺朱礼”，以及一个入库验讫，即“梁平验”或“严成验”戳记。那么，这三个戳记有着什么样的内在关联呢？

“广东钞库”即广南东路卖钞库之简称，设置于广州。加盖“广东钞库”字样的宋铤即广东出售盐钞所得之银两，“广东钞库”与“广州卖钞库”为同一所指。

广东盐原本官卖，盐课归转运司，实施钞法则始于建炎四年（1130）：

> 令榷货务检照近降算请广盐指挥，依仿见钞法，权行印给广南盐钞二十万贯，就本务召人入纳请算，前去本路支盐。[5]

起初广东盐除本路销售外，还行销荆湖南路、江西吉州、南安军等地，甚至在吉州设置榷货务，实施不久后废罢。此后，广东盐钞只在本路销售。广东盐钞原在临安请算购买，但因路程遥远，不便于本路商贾的出行，于是在广州添设卖钞库。关于其创置时间，目前无明文可考，最早提及广州卖钞库是南宋乾道元年（1165），[6]说明设立时间不晚于此。广州卖钞库作为盐钞的分销机构，其钞引仍由临安太府寺交引库印制给降。

“钞铺”又称“金银钞引交易铺”，是以经营茶盐等钞引为主业的铺户。两宋时期，京师皆为赋税解纳、银钱兑换、茶盐钞引交易业务的汇集之地。这里有南来北往的商人，有地方及市舶供输的财富与物产。很显然，这里也有金融业诞生的土壤与现实需求，事实也是如此，孟元老《东京梦华录》这样记载：

图 10-2

广东钞库，十二两半

戳记：广东钞库 钞铺黎全 丁宅 京销铤银 梁平验
刻字：陈彦昭
规格：长 91 毫米，首宽 59 毫米，腰宽 41 毫米，厚 12 毫米；重 453 克

南通一巷，谓之界身，并是金银綵帛交易之所。屋宇雄壮，门面广阔，望之森然，每一交易，动即千万，骇人闻见。

又，吴自牧在《梦粱录》卷一三中写道：

杭州大街，自和宁门杈子外，一直至朝天门外清河坊，南至南瓦子北，谓之界北。中瓦子前，谓之五花儿中心，自五间楼北，至官巷南街，两行多是金银盐钞引交易，铺前列金银器皿及现钱，谓之看垛钱，此钱备准榷货务算请盐钞引，并诸作分打钑炉鞴，纷纭无数。……市西坊南和剂惠民药局，局前沈家、张家金银交引铺。

所谓“金银綵帛交易之所”，当指金银交引铺，“每一交易，动即千万”决非一般商户所能拥有。南宋杭州则更像有一条“金融街”，从“五间楼北”到“官巷南街”，铺门前“肆无忌惮”地展放着金银器皿，金银钞引铺（以下简称钞铺）以如此醒目的方式显示实力并招徕生意，京师的繁盛跃然纸上。

京师之外，在榷货务等有钞引交易的地方也有钞铺的身影，其业务大体有三：其一，凭借雄厚的资本，以地利之便，请买盐钞，再转卖给贩盐的行商，从中获利。其二，提供金银钱会的货币兑换业务。钞铺的获利能力十分惊人，以南宋嘉定、宝庆年间为例，由于宋廷于市场上投放纸币的数量居高不下，钱、会兑换波动较大，当市场上纸币（会子）贬值时，钞铺低价现钱收购会子，“每贯用钱三四百文”，入纳钞钱时却当作一贯现钱使用，买到盐钞再转手时，又借口会子贬值而提高钞价，淮盐每袋约三十贯的，卖至百贯以上[7]。进出之间，数倍的高额利润，着实骇人听闻。其三，为请算盐钞的商人担保；早在北宋时期，就有规定：

北商持券至京师，旧必得交引铺为之保任，并得三司符验，然后给钱。[8]

商人在异地交纳实物（参见宋代入中制度）后，持交割凭证回到京师榷货物兑取现钱，官府怕商人作伪，故而要求由商人找交引铺进行担保。

交引铺户，榷货务给与印历，逐名抄上客钞。纽算交引请钱，以三五名为一保，具物产抵当。每铺户据名具申三司，开封府取责门铺，晓示客人，请令下钞帖算。[9]

后来，由于核验手续繁杂，广为商人们所诟病，官府也一度将该项条例废罢。但是，南宋施行钞盐法，商人购买盐钞时仍然需要钞铺担保，如文献记载绍兴二年（1132），在临安、建康关于请盐钞客人从便入纳米斛以交换盐钞一事，高宗诏令：

其召保、给据及报榷货务都茶盐场籍记、拘收，一切关防、断罪，并依用金银钞算请，已降指挥。[10]

这说明，无论纳粮换钞还是请算盐钞，都需要办理“召保”手续。钞铺为商人代办买钞的各种手续，同时也充当着榷货务代理人的角色。绍兴初年，一位榷货务监官张纯，因治理私盐而得罪豪商和权贵，被指责的罪状之一是：

每客人入纳稀少，则强抑交引铺户先次纳钱，给空名文抄，俟入纳拥并日，旋填姓名，出纳不公。[11]

试想，如果钞铺不替榷货务代办卖钞事宜，又何以会被“强抑”购置“空名文抄”呢？此时的钞铺是带有半官方色彩的金融机构。

因此，加盖“广东钞库”“钞铺”名及“××验”戳记的银铤，可以理解为：广州金银钞引铺将代理商人请购盐钞所得之银两，交付“广州卖钞库”，入库前由官方验银人看验成色，符合标准的，于铤面上加盖三方戳记，以备日后追溯来源。值得一提的是，文献中钞价虽以钱文计算，但商人们更愿意使用金、银、会子等质轻价高的所谓轻赍进行交易，减轻了搬运现钱之苦。恰如文献中记载的那样，南宋淳熙十年（1183）：

广东路奉行钞法，自绍兴间客铺赴广州卖钞库入纳，皆是用银，每两价钱三贯五十文九十陌算钞。[12]

广东实施钞法，在南宋前、中期，年度交纳的钞钱约在三十万贯至五十万贯之间，约合银十万两至十六万六千两，这些银两曾一度拨给湖广总领所用作军费。

第三节 潮州钞价银

铤1：（刻字）潮州发绍兴三十年分钞价银赴广州提举衙交纳 右从政郎司理参军郑公弼专知林规银匠罗端

宋代的广东路，分为4个产盐区，即广州、潮州、惠州、南恩州，以及10个非产盐区。而广盐的运销，自宋廷南渡以来，有一个从“官卖”逐步转为“通商（钞盐法）”，再到两者并存的过程，期间也不乏官卖与通商反复交替出现的情况。官卖时期，不乏岁认钞钱；商销之际，亦见官方摊派。究其原因，主要是地方与中央在盐利分配问题上出现的博弈结果。

高宗建炎四年（1130），广东始行钞盐法，这是一个逐渐推广的过程，并非一时间得以在全路实施。初时广东盐货，三分之一仍旧官卖，课利归转运司。记载如下：

> 近岁取广东漕司盐改为钞盐，钞法即行，而常患乏盐，尚有三分之一留充漕计。[13]

其后，广东进一步扩大钞法，绍兴八年（1138），规定广东、广西两路盐，八分行钞盐法：

> 以十分为率，内二分产盐州县零卖人户食盐，各不得出本州界，余八分行钞法。[14]

不久，又扩大为九分。至绍兴九年（1139），广东全路皆行钞法，这就相当于百分之百的盐利收归中央。中央为了确保稳定的获取盐利，原本由商人为主导、实施市场经济行为的钞盐法，不可避免的变质为“抑配钞盐”，即在广州卖钞库发售盐钞之外，给各州县还摊派有一定数额的盐钞。淳熙九年（1182），诏令：“南恩州钞盐依旧以一千五百箩为额。”[15]也反映了这种抑配的情况。1976年湖北襄樊羊祜山出土的银铤，见铤1，是绍兴三十年（1160），由潮州出售盐钞之后所得的卖钞银，即“钞价银”。“司理参军”与“专知”是负责钞盐营收及解纳事宜的潮州地方官员。显然，这与加盖“广州卖钞库”、“广东钞库 钞铺××”戳记的宋铤不同，前者是官方摊派的钞盐所得，后者是商人自行请算盐钞所得。

面对摊派下来的钞盐，潮州又是如何处理的呢？《永乐大典》卷五三四三“潮州府”条载：

> 钞盐：本州均卖三千单六箩，内二千单四箩系三县随产作七等均卖，又一千单二箩均卖坊市公吏口食及州税务，盐箩买银分作三纲，解发赴提举司交纳。

以上可知，潮州将提举司分配下来的三千零六箩再分配给下辖三县和坊市均卖，其中三分之二按县民财产的多寡分作七等均卖；给坊市的三分之一，则以口食盐之名摊派给公吏，以及在州税务摊派给过往的行商。

关于钞价，又是如何计算的呢？

> 二广盐每箩一百斤，纳钞面钱七贯，内措留钱二贯文赴盐仓纳，正钞钱五贯文赴算钞司纳。今来于正钞钱内令添通货钱一贯赴算钞司送纳，所有其余头子、市例、脚剩等钱并各依旧，更不增添。[16]

这是南宋乾道六年（1170）的例子，广盐一百斤纳钱七贯。盐商请购广东盐钞，其买钞钱一部分缴至广州卖钞库，又称为正钞钱，作为榷货务的收入；一部分在盐仓提盐时缴纳，以充抵盐本钱、搬运费及各项杂支。查阅乾道元年（1165）淮盐的盐钞的价格，一袋三百斤纳钱二十贯，两路的盐钞价大体相当。铤上铭文为绍兴三十年（1160），与上述时间邻近，潮州钞价按每袋一百斤纳钱七贯计算大体是不错的。如果按绍兴年间银每两折钱“三贯五十文九十陌”计，每袋一百斤面值的盐钞，折银二两三钱。盐钞的价格是变化的，随着会子发行数量的激增，货币贬值，物价则开始上涨，而盐钞价格也随之水涨船高。到南宋晚期，特别是理宗之后，宋蒙处于战争之中，钞价较之发行之初，增长近逾十倍。

第四节 广东盐司籴本纲银

锭6：（刻字）广（东）盐司籴本纲官王□

（戳记）霸北街西 广东钞库 颜成验 □□□□ 广东运司（图10-3）

该铤为淳祐年间（1241～1252）所铸，发现于南京，为迄今仅见。所谓“广东盐司籴本纲”，指的是广东提举茶盐司将变卖籴本盐所得之银，编纲起解。买米谓之籴，卖米谓之粜。“籴本”意指购买粮食的本金。南宋理宗即位之后，先是延续与金国的交战，联蒙灭金之后，又与蒙古交恶。连年用兵，战事紧急，军粮是最为重要的储备物资，然而此时会子大幅贬值，粮价居高不下，宋廷用于购买军粮的资金日逐窘迫。若增发会子，则贬值越快。于是，淳祐初年创“籴本盐”之名，由官府售卖，以其收入充作“籴本”。正如《宋史全文续资治通鉴》卷三十四“淳祐五年二月癸丑”条：

> 殿中侍御史郑寀，请括淳祐初所创籴本盐，可以资籴，又省造楮。从之。

造楮，代指发行会子。“可以资籴，又省造楮”，高度概括了籴本盐的作用。

行籴本盐法，以所收之盐四分官卖，六分仍行钞法，[17]宋廷一方面抬高盐价，一方面减少会子的印造，以期平抑物价，增收籴本。此法施行之初确曾收到一时的功效，但长期而言，籴本盐的销售，直接侵占了盐商的市场份额，加之盐钞价格跟随官卖而上涨，又造成了商人购钞成本的增加，商人无利可图。更有甚者，地方官以“籴本盐”尚未卖出为由，不许商人发卖，“朝廷盐未卖，客盐不许发也”。如此一来，钞法大坏，商贾“坐废”。当“籴本盐”的创收不能弥补“榷货务”的损失时，籴本盐也就难以为继了，至淳祐末期，籴本盐停罢。

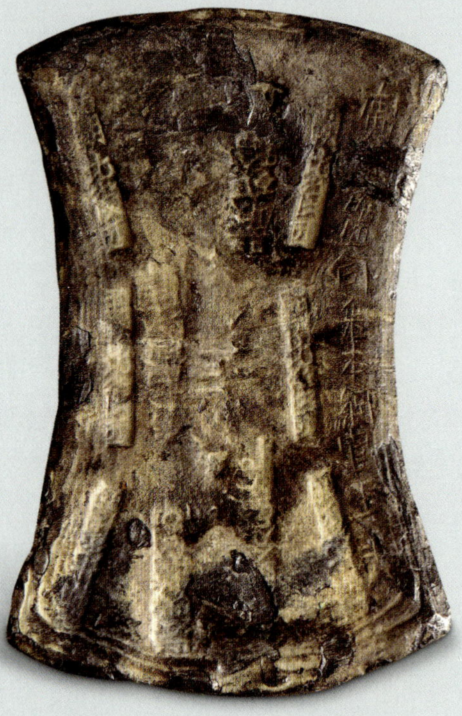

图 10-3

广东盐司籴本银，十二两半

刻字：广（东）盐司籴本纲官王□

戳记：霸北街西 广东钞库 颜成验 □□□□ 广东运司

规格：通长 91 毫米，首宽 59 毫米，腰宽 41 毫米，厚 12 毫米；重 453 克

第五节　袋钱银

铤7：（刻字）吉州通判□□□袋钱银 桂阳交纳一铤计十二两九钱 □□□□□□

（戳记）京销铤银 □宅（图10-4）

南宋初年，荆湖南、北两路，及江西吉州、南安军二郡均行销广东钞盐。吉州曾设榷货务，盐商运销广东盐须先到吉州请购盐钞，再赴沿海盐仓支盐。广东盐禁止销往外路后，吉州榷货务方随之废罢，荆湖、江西改行淮浙盐。桂阳隶荆湖南路，紧邻广东，舂陵江跨境而过，自古漕船往来不绝，无论行销粤盐淮盐，多在此转运，是湖南重要的盐业集散地。桂阳距吉州不甚遥远，盐路相通。至于“袋钱银”（见铤7）为何由吉州交纳至桂阳，笔者目前尚未发现相关史料，但将“袋钱银”视作“盐袋钱”折银，还是有绝大可能的。

宋盐的包装，有席、布、篓、竹、纸等多种方式。淮浙海盐，用布袋或蒲蓆袋，起初每袋装盐300斤，后增为320斤；福建及两广海盐，多用篓笼，大者100斤，小者25斤；四川之盐，则多用竹担。北宋政和三年（1113）推行“袋法”，要求商人使用统一规格和一次性的官袋。盐仓场将盐按请受、支取两个环节发放，分厅办公，并

图 10-4

吉州袋钱银，十二两半

刻字：吉州通判□□□袋钱银 桂阳交纳一铤计十二两九钱 □□□□□□

戳记：京销铤银 吴宅 □平记

另派“押袋官”监管秤盘和包装，其中一项重要措施，是“盐袋封头”。封头上钤盖官府印鉴，并密封一份文书，载明产地、时间、字号、料次、重量、行销处，及货主姓名。盐在运销途中，另有专官开封验货，验视之后，“别行封记”。如发现私自拆封、篡改文书、改装等痕迹，盐袋将被扣留，并处以杖罚。

要满足各盐仓场数以万计的盐袋需求，从盐袋的编织到封头的制作，工程浩大。两浙“每盐一袋，用席三领”，而“每席一领，用蒲斤半”，“每薪一担，可拣蒲二斤”，合计一个盐袋使用蒲草四斤半。南宋“总制钱”中的“盐袋息钱”就包括布袋钱每袋100文省，席袋每袋50文省。与盐袋相关的收费名目还有“袋本钱”“袋本剩钱”“三分盐袋增额钱”“别纳袋息钱”“封头物料钱”。这些袋本及其息钱，均由商人在盐仓场提盐时支付。统收上的袋钱银，再由仓场、盐司、榷货务及户部分用。[18]综上，铤7当为吉州调拨至桂阳的、用以补偿盐袋制作的本息钱。

注释

[1] 郭正忠：《中国盐业史》，人民出版社，1997年，第279页。
[2]（清）徐松：《宋会要辑稿·食货》二七。
[3]（清）徐松：《宋会要辑稿·食货》二八。
[4]（清）陆师：《康熙仪真志》卷六《建置志·官署篇》。
[5]（清）徐松：《宋会要辑稿·食货》二五。
[6]（清）徐松：《宋会要辑稿·食货》二七。
[7] 梁庚尧：《南宋盐榷》，东方出版中心，2017年，第147页。
[8]（宋）李焘：《续资治通鉴长编》卷一一八。
[9]（清）徐松：《宋会要辑稿·食货》三六。
[10]（清）徐松：《宋会要辑稿·食货》二六。
[11]（宋）李心传：《建炎以来系年要录》卷六九。
[12]（清）徐松：《宋会要辑稿·食货》二八。
[13]（清）徐松：《宋会要辑稿·食货》二六。
[14]（清）徐松：《宋会要辑稿·食货》二六。
[15]（清）徐松：《宋会要辑稿·食货》二八。
[16]（清）徐松：《宋会要辑稿·食货》二七。
[17] 梁庚尧：《南宋盐榷》，东方出版中心，2017年，第158页。
[18] 郭正忠：《中国盐业史》，人民出版社，1997年，第269页。

第十一章

徭役折银及其派生

宋铤中有三个品种貌似相同，它们分别是免夫银、免役宽剩银、免丁银，“夫”“役”“丁”都是按人来征收，又都与徭役有着密切的关联，命名也相近，然而它们却代表着不同的含义。它们在征收对象、起解、用途上都有着明显的差异。

第一节 免夫银

20世纪30年代末，有着中国古钱大王称誉的张叔驯（又名张乃骥）举家迁至美国，后加入了美国钱币学会（ANS）。1943年，该学会发行了一本讨论中国银铤的小册子，内有一枚“怀安军金堂县免夫钱折纳银每铤重伍拾两”银铤（图11-1）。张氏得知后，另著文《一枚十二世纪刻字的中国银铤》（*AN INSCRIBED CHINESE INGOT OF THE XII CENTURY A.D*）。1944年，美国钱币学会第103期会刊以专刊的形式予以发表。此铤铭文为“怀安军金堂县免夫钱折纳银每铤重伍拾两”，为迄今唯一发现的宋代免夫银。

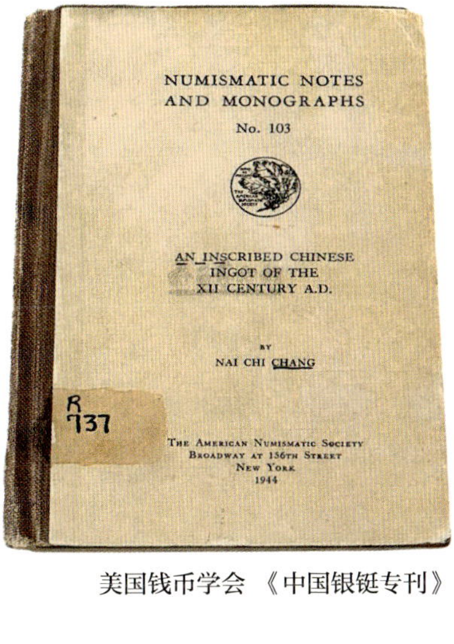

美国钱币学会 《中国银铤专刊》

徭役是封建统治阶层强加给百姓的义务，它是夫役（力役）、差役（职役）、兵役的统称。其中夫役与差役的区别是，夫役按二十至五十九岁适龄男丁的多寡以及家产情况进行摊派，有力无财者出力，有财而无力者可以出资雇人；而差役则按家产情况取殷实之户轮流在官府中当差办事，更多的充当着“吏”的角色。前者“役劳作”

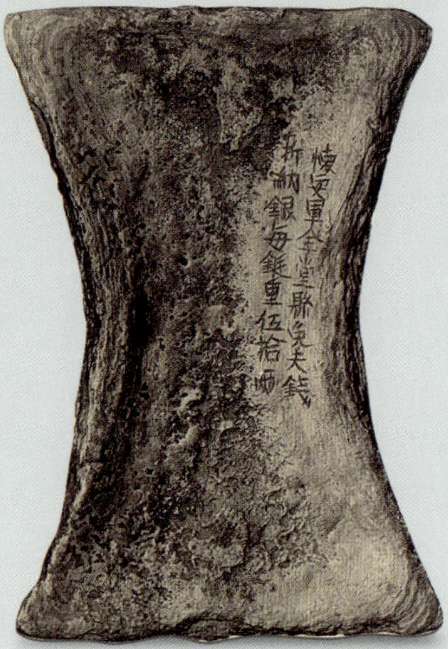

图 11-1

免夫银，五十两

刻字：怀安军金堂县免夫钱折纳银每铤重伍拾两

而后者“役国事”，两种役法不同，不能混为一谈。免夫钱是由夫役演化而来的、非定期征收的代役税，亦可解释为纳钱免劳役。

宋代夫役通常由“厢军”负担，厢军名为军，实为杂役，而战事则由“禁军”负责。“宋有天下，悉役厢军，凡役作工徒营缮，民无与焉。”[1]但百姓也不是真就没有劳役之苦。有两类夫役仍由百姓承担，其一，兴修水利，疏浚河道；其二，辇运军需物资，修筑城墙。只是对于不能亲行赴役者，可雇人代役。

仁宗皇祐二年（1050），江西信州（今上饶）发大水，知县在符县“调富民水所不至者夫钱，户七百八十（文）”。[2]非水灾发生地的民户，虽然不须前往灾区服役，但须纳钱代役。这里所征之钱，名曰“夫钱”。而“免夫钱”的称谓则始于熙宁年间，苏辙上奏：

> 祖宗旧制，河上夫役止有差法，元无雇法。始自曹村之役夫，功至重，远及京东西、淮南等路。道路既远，不可使民间一一亲行，故许民纳钱以充雇值。[3]

这得到了神宗的认可，诏曰：

河北、京东西、淮南等路出夫赴河役者，去役所七百里以外愿纳免夫钱者，听从便。[4]

七百里以外的地方，因赴役路途遥远，农夫可交“免夫钱”免役。到哲宗初年，则规定“京东、河北五百里内差夫，五百里外雇夫”。[5]实际上，出钱免役的情况早已有之。例如，北宋初年京西南路邓州析川县，“春夫自来科纳雇钱，更不起发”。[6]便是不调春夫，改为代征雇钱的实例。春夫是北宋时期的一种夫役，因“正月首事、季春而毕”而得名。每年岁初是农闲之时，官府以各户丁口多寡为依据，征调适龄男子效力各种力役，为期一个月。神宗熙丰新法后，出钱免夫役日渐普遍，免夫钱之征日趋制度化。这一点在河防水利上表现得尤为突出。特别是黄河、汴河、淮河流域，均已通行纳钱免役之法。到徽宗大观年间此种“免夫钱”的税制已经推行全国了，“凡河堤合调春夫，尽输免夫之直（值），定为永法”[7]。出钱免役可避免徭役对农忙时节的影响，还能得到些自由，对于有些丁夫而言“人情皆愿纳钱免行”。另一方面“县令上下皆以为便”，因为这既缓和了服役上的实际困难，又有了和雇代役的资金来源。

关于免夫钱的征收，还有两点值得关注，一是与户等的关系；二是免夫钱数的征收标准。所谓户等是一种以各家田产、人丁为依据的户籍划分。各地标准不一，各县地将民户按一定比例进行贫富的划分，宋代分为上、中、下三户五等。上户即第一、第二等户，在宋代又称为“富民”。中户即第三等户，基本上属于自耕农阶层，能自足且稍有宽余，他们对雇役法的态度是“中等既自差役，今又出钱不多，雇役法之行最便”。[8]下户属于半自耕半佃农民户，即第四、第五等。有的地区下户不过三五亩或五七亩土地，而须赡一家十数口。“凡第四、五等之家，田业垄亩之多寡，无相甚远，精粝不充，布褐不备，均未免冻馁之忧。”[9]看来四、五等之户间的差距并不十分明显，但都比较贫困。有学者提出：12亩以下为第五等户，13～31亩为第四等户，32～75亩第三等户，76亩～243亩为第二等户，244亩以上为第一等户。[10]不同地区的评定差异很大，这里不做过多的介绍。这里需要了解的是，免夫钱的征收与户等有着直接的关联。

熙宁四年（1071年），陕西诸路调发民夫修筑城墙工事，辽州“上户配夫四百三十四，僦直计三千缗”。[11]僦是雇的意思。这些钱出自“上户”，上文江西信州调夫钱则出自“富民”。熙宁八年（1075），广西在“上三等户”中差夫运送军粮。元丰二年（1079）诏诸路修城，令“于中等以上户均出夫，夫出百钱”。[12]北宋末年大兴燕山之役时征收免夫钱，以“诸路随民税产科敛以足之”，[13]更是明言以税产财力为收钱依据。因此，免夫钱的征收，或据田亩广狭，或视税产额度，或计家业丰厚，总之与户等紧密相关，更是将力役的负担摊到田亩中去，以期解决税负不均的问题。

至于免夫钱数的征收标准，未曾见详细的条例规定，但从一些零散的文献中可以瞥其大概。神宗时期，陕西辽州“上户配夫四百三十四，僦直计三千缗”，折合每夫征钱7000文；到哲宗时期，“河上所科夫役，许输钱免夫”，同样执行的是“以七千免一丁”的标准。查阅《续资治通鉴长编》等资料，北宋时期每夫每日雇钱大约在200文上下，那么按宋初春夫服役一月之规定，其雇值也接近7000文每人。两朝不同地区，不同役种每夫所征之钱均为7000文，恐非巧合，应该是符合当时一定之规的。两宋时间跨度长，不同时段免夫钱征收标准也一定会有变化。如果把免夫钱当成敛财的手段，那么这种波动将变得更大。

考察这枚免夫银，平首弧腰，形制为典型的北宋器形。怀安军在北宋初年隶西川路，下辖金水、金堂两县，仁宗嘉祐四年（1059）后隶属成都府路。金堂县为现在的成都市郊县。四川素有天府之国的美誉，但也并非时刻天从人愿。据记载，两宋319年，四川地区共发生有记录的水灾68次，平均不到5年就发生一次，而其中发生在怀安军同路的益州路或成都府路的记录居然高达55次，[14]其他地质或气象灾害暂且不计。可以想象当时赈灾及水利兴修事宜必不在少数，这需要消耗大量的人财物。仁宗景祐四年（1037）张逸知益州（成都）时，遇旱灾，为缓解旱情：

> 自今灾伤年分，除于法应赈济外，更当救恤者，并预计合与农田水利工役人夫数及募夫工直，当赐常平钱谷，募饥民兴修。[15]

灾伤之时也就是调夫起役之际。招募役夫的雇钱可以是常平钱谷，也可以来自于免夫钱等其他税源。非灾年份，成都府还需要对都江堰进行岁修治理。宋代都江堰修治时间为每年岁末和年初，也就是选在枯水季与农闲之时进行，“岁暮水落，筑堤壅水而上，春正月则役工浚治”。[16]这里调用的便是“春夫”。此外，与金堂县紧邻的路治成都府，宋代有六次修城记录，每次修城需要大量征调“工役人夫”及征收免夫钱。以上种种，金堂县以免夫钱买银交纳便很好理解了。

第二节 免役宽剩银

目前发现南宋“宽剩银”共四铤，铭文相同且皆为五十两，满刻字无戳记，分四列錾刻，见（图11-2），铭文为：

静江府今申解宽剩银每铤伍拾两 法物秤子吕□专典莫永进 从政郎静江府司理参军□蔡正 儒林郎静江军节度推官周□□

“宽剩”，从字面上的解释就是宽裕有余的意思，反映在赋税上，指的是在原额基础上额外增收的那部分。宋代有关宽剩款目的有“免役宽剩”“坊场宽剩”“盐场宽剩”等。后两项分别是酒税、盐税下的窠名，我们在《中兴两朝圣政》卷五十八中看到有这样的记载：“绍兴以来赋入纲目浸多……其后复添坊场宽剩、增添净利等窠名钱一十三项。”然而，文献中以“免役宽剩”记录最丰、影响最大、设立时间最长，数额恐怕也是最大。其他宽剩则少有登录，或是时立时罢。该银铤铭文中没有注明是何种具体税项下的宽剩，也可能是地方州府以各项宽剩之总和，申解中央或调拨他路，但这不妨碍我们将“免役宽剩”作为本文讨论的重点。

免役宽剩银，即在征收免役钱原额的基础上加征一定的比率，以备不时之用，这额外增收的钱就是免役宽剩钱，买银解发则为免役宽剩银。这里有两个概念需要进行解释，何谓“免役法”？何谓“免役钱”？

宋代著名的王安石变法中，有一项内容就是施行免役法，即把原来按户等轮流充当差役的办法改为交纳免役钱免役，官府另行出资雇人充役。差役又称职役、色役，其役名目繁杂，多达几十种，归结起来可分为两类，即州县吏和乡役。州县吏是官府中没有俸禄的下级吏员。如我们在《水浒》小说中可以看到的宋江宋押司、构陷林冲的陆虞候以及梁山好汉“铁面孔目”裴宣等人物称呼，其中的“押司”“虞候”“孔目”等都是未入流的吏员。押司是府衙里负责文书起草或誊录的刀笔小吏。虞候更是跟班杂役。孔目则是较高一级的吏，负责狱讼文书、帐目、遣发等差事。再如与金银铤出入相关的“秤子”“库子”“专典”等库管人员，与商税征收相关的“拦头”，以及衙前、帖司、手分、弓手、门子、狱子等等也都是吏员。这些职役是官府政令的具体执行者，是最为基层的办事人员；乡役则主要有里正、户长、耆长、乡书手、壮丁等，他们是乡村基层组织中负责治安、催督税赋的人员。宋末元初史学家马端临叙

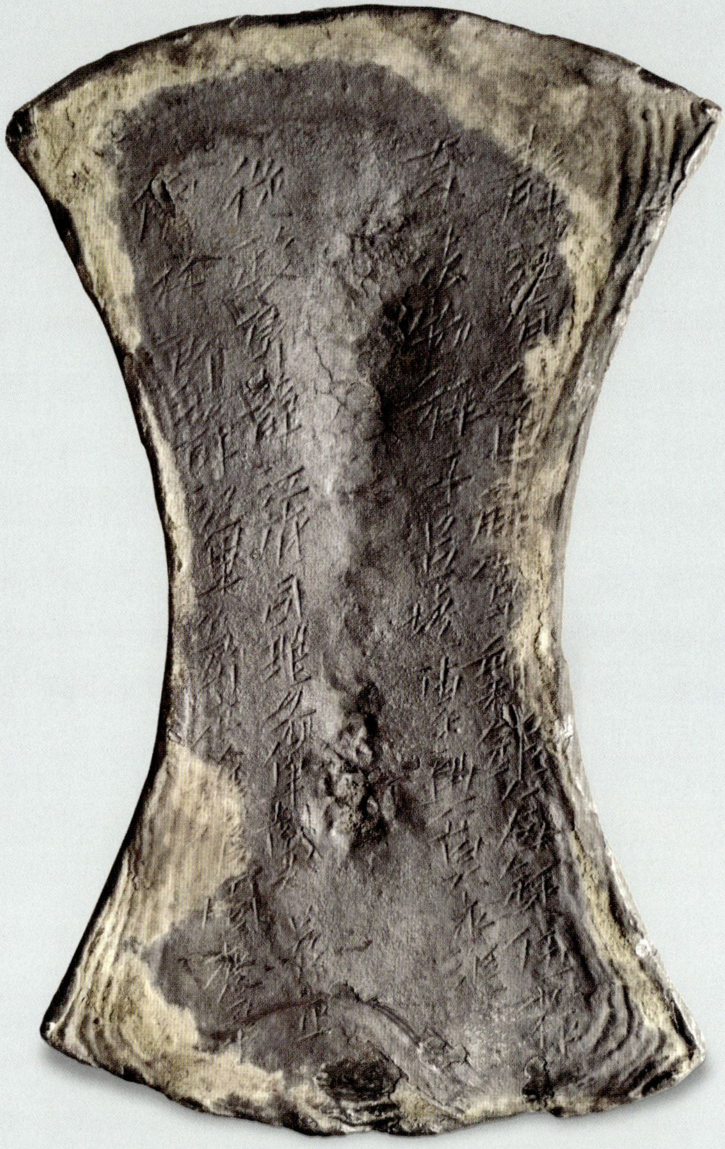

图 11-2

静江府申解宽剩银，五十两

刻字：静江府今申解宽剩银每铤伍拾两 法物秤子吕□专典莫永进 从政郎静江府司理参军□蔡正 儒林郎静江军节度推官周□□

规格：通长 150 毫米，首宽 97 毫米，腰宽 56 毫米，厚 24 毫米；重 1996 克

述此事道：

> 国初循旧制，衙前以主官物；里正、户长、乡书手以课督赋税，耆长，弓手、壮丁以逐扑盗贼。承符、人力、手力、散从官以供奔走驱使，在县曹至押录、在州曹至孔目官，下至杂职、虞候、拣掐等人，各以乡户等第差充。[17]

上述差役，宋初是按户等进行摊派的，户等高者担任较重的差役，如里正、衙前、耆长、户长等由上户担任。其中以里正、衙前之差最为重难，他们主管官物，押运官物，或经营坊场。倘若官物亏失侵盗，或遇水火之灾，皆得自行贴补赔偿。特别是押运官物一事，除了自担运费之外，还要承担运输中损失变质等各种意外。有时应役一次即导致倾家荡产。选上户则是因为他们“有庄田、家属，有罪难以逃亡”。其他户等也要按差役的轻重难易，分别接受摊派。久而久之，服差役者不但出资费力，还成为官吏们敲诈的对象。不少民户破产、逃亡甚至沦为盗贼，这让当时本已不堪的经济雪上加霜，甚至还动摇了安邦之本，改革的声音呼之欲出。有一次，神宗在审阅内藏库的奏疏时发现有一名衙前不远千里奔赴京师，不过输金七钱，还遭库吏勒索，滞留逾年不得归乡，神宗大为怜悯，下令制定条例讨论役法。《宋史》卷一七七载：

> 熙宁元年，知谏院吴充言：“今乡役之中，衙前为重。民间规避重役，土地不敢多耕，而避户等；骨肉不敢义聚，而惮人丁。故近年上户浸少，中下户浸多，役使频仍，生资不给，则转为工商，不得已而为盗贼。宜早定乡役厉害，以时施行。”后帝阅内藏库奏，有衙前越千里输金七钱，库吏邀乞，逾年不得还者。帝重伤之，乃诏制置条例司讲立役法。

熙宁四年（1071）神宗接受王安石的改革，全国实施免役法（亦称募役法）。此后，包括司马光在内多次对免役法进行了修改。出于实用主义的需求以及对既得利益的不舍，终宋一代，即便是在其法适得其反、加重了民户负担的情况下，宋廷也没有放弃对免役法中免役钱的追求。

免役法涉及免役钱、免役宽剩钱、助役钱三类款项：其一，将农户按资产多寡注籍，上户分甲乙丙丁戊五等，中户分上中下三等，下户分上下两等；坊郭户（城镇户）分十等，每年随夏秋二税依等输纳免役钱。免役钱无固定数额，依当地所需雇钱总值进行摊派。其二，在现有免役钱额度的基础上加收20%，称之为“免役宽剩钱”，以备灾伤之年减免役钱之用。免役宽剩钱可依常平钱例，允许放贷生息（熙宁十年后停贷）。其三，原不承担差役的官户、女户、寺观、单丁、未成丁户等，须按同等应役户所出钱额的一半交纳，称之为助役钱。

免役宽剩钱原定增收二成，哲宗时改为增收一成。至南宋，史料中仍称为“一分宽剩钱”，大体上宽剩钱增收一成是为常例。当然，在执行过程中荒腔走板的情况也不会在少数。元祐初年，苏轼指出：

> 先帝初行役法，取宽剩钱不得过二分，以备灾伤，而有司奉行过当，通行天下乃十四五。然行之几十六七年，尝积而不用，至三千余贯石。[18]

宽剩比率竟达百分之四五十！这也不难理解，朝廷对那些上供免役宽剩钱多的官员加以诏奖，各地官吏纷纷效仿，因此多收宽剩钱的情况比较普遍。江南西路曾出现“杂支宽剩”的名目，显然这是宽剩之外又添宽剩的增税把戏。

宽剩钱本意为专款专用，所谓在灾凶之年“蠲免役钱”，或是代偿“雇钱”，但随着时间的推移，出现了大量挪作他用的情况。试举例如下：一，借支。“借支河北提举司宽剩钱三十万缗，付转运司预买紬绢。”[19]二，修城。福建转运司、常平司于“年计及役剩钱等钱内支拨，筑泉州外城。”[20]三，防害。宋代虎患伤民事例不少，朝廷下诏：“应有虎豹州县，令转运使度山林浅深，招置虎匠，仍无得他役。遇有虎豹害人，即追集捕杀，除官给赏绢外，虎二更支钱五千，豹二千，并以免役剩钱充。”[21]四，赡养。南宋绍兴八年（1138），高宗下了一道温情的诏令，“胎养令”，对贫民发放类似于现在的生育补贴，“禁贫民不举子，有不能育者，给钱养之”[22]。具体措施是“州县乡村五等，坊郭七等以下贫乏之家，生男女不能养赡者，每人支免役宽剩钱四千”。五，充籴本。淮、浙地区连年丰收，为了不使谷贱伤农，“先以常平所留之半并散不尽钱充籴本，次以坊场钱留半，免役钱留二年”。[23]六，助军饷。河北、河东、陕西等五路宽剩钱“惟留本路，以备边赏”[24]。

以上可见，宽剩钱的使用已延伸至各个领域。特别是在熙宁九年（1076），宋神宗规定：“自今宽剩役钱并买扑坊场等钱更不给役人，岁终详具羡数申司农寺。”[25]

这俨然是将宽剩钱当作了一种税源，早已脱离了免役法的本意。

上述概念厘清后，再看这四铤静江府宽剩银。静江府，今广西桂林。宋高宗赵构登基前曾授静江军节度使，因此，在南宋绍兴三年（1133）以静江军所在之桂州升格为静江府。“今申解宽剩银”表明这是地方或上供行在或调拨他路（包括各总领所）的宽剩钱折银。显然，原该留在地方封椿以备不时之需的宽剩钱已被调作他用。“法物秤子”“专典”皆为公吏，宋代的仓场库务多设监当官负责管理，并以专知官、专典为其属吏。秤子为典型的仓库吏，主管官物秤量。根据秤量物品的不同，有称盐务秤子的，也有秤量金银的法物秤子。“从政郎”，从八品，寄禄官阶第35阶。“司理参军”为曹官，南宋时可兼领“帑藏”之事。“儒林郎”，从八品，寄禄官阶第32阶。“节度推官”为幕职官。另外，铭文中“静江府司理参军”与“静江军节度推官”，存在“府”与“军”的不同称呼，这是因为该地带有军格的原因，幕职官可保留某军节度推官的称法。例如，刘元刚，嘉定十六年（1223）进士，在静江府任职时官仍称为“从政郎静江军节度推官”。

第三节　僧道免丁银（免丁银）

僧道免丁银，税如其名，为南宋绍兴十五年（1145）开始征收的针对僧人道士的人头税，简称免丁银，隶归上供科目，解纳时，由僧道免丁钱折银而来。

宋开国至熙宁四年（1071）免役法颁布实施前，僧道等出家人无须服任何徭役。颁布免役法后，要求原不承担差役的官户、女户、寺观、单丁等户，按户产高低交纳助役钱。这是出家人以寺观为单位交纳的钱。僧道免丁钱则是改随“等级高下”按人头输钱。如此这般，一方面因为宋廷南渡以来，军费开支浩大，不得不广开税源；另一方面，为了平衡社会各阶层的矛盾及防止百姓出家避税而采取的措施。此前“民避役者，或窜名浮屠籍，号为出家”的情况越来越多，甚至成为全国性的问题。早在北宋时期，宋祁曾在上《三冗三费疏》中抨击道：“不徭不役，坐蠹齐民。”庆历年间，李觏针砭时弊，言及僧徒“幼不为黄，长不为丁，坐避徭役，弗给公上”。更有官吏提出：

州县坊郭，乡村人户既有身丁既充应诸般差使，虽官户形势之家，亦各敷纳元役钱，唯有僧道例免丁役，别无输纳，坐享安闲，显属侥幸，乞令僧道随等级高下出免丁钱，庶得与官民户事体均一。[26]

长期以来的这种种议论，引起了统治阶层的不满，税僧的问题就成了一个需要解决的现实问题。绍兴十五年（1145），宋廷敕令天下始纳免丁钱。期初随等级征收的数额（贯）标准如下：

表11-1　僧道免丁钱征收数额表

	住持、法师	知事	紫衣六字师号	紫衣四字师号	紫衣二字师号（只紫衣无师号同）	散众
甲乙住持律院、十方教院讲院	15	8	9	8	6	5
十方禅院	10	5	6	4	3	2
宫观（道士）	--	--	8	4	3	2

*参见汪圣铎《两宋财政史》，中华书局，1995年，第239页。

绍兴二十七年（1157），高宗问礼部天下僧数，礼部答曰：道士只有万人，僧有二十万。再减去特旨免赋及年长体残等人数，全国所谓免丁钱总额不会太多。按李心传之数，绍兴时期一年的免丁钱总入50万贯钱。初取免丁时立法，年六十以上及病废残疾者得免。后诏改为七十以上免征。官府还借出售度牒和师号获利，度牒是出家人合法身份的执照，同时规定买得师号者抵减免丁钱。此外，据李心传《建炎以来朝野杂记》所载“浙中诸大刹，都城道观多用特旨免徭役科敷，而州县反以其额敷于民间，大为人患”，可见免丁钱也殃及百姓。

目前发现的免丁银均为南宋银铤。时间由理宗淳祐三年（1243）至宝祐二年（1254），分别来自于荆湖南路、福建路、广南东路。重量大小不等，分四个规格，十二两半、二十五两、三十五两（不常见规格）、五十两（参见表11-2）。

表中，有四铤免丁银明确交赴淮西总领所，未注明的，可能调拨总领所抑或是直接上供行在临安。福建地方志《临汀志》是理宗开庆元年（1259）修撰的，与这些银铤的年代几乎同期，我们看志书中是如何记录的。免丁钱隶上供，志书中亦将免丁钱列入“供贡”科目下：

表11-2 僧道免丁银、免丁银一览表

序号	铭文	重量	出处
铤 1	（刻字）郴州起发淳祐三年上半年免丁银赴淮西总领使所	十二两半	私人藏家
铤 2	（刻字）（全州）解发淳祐四年下半年分免丁银□□前赴淮西总所交纳承直郎全州军事推官赵崇诚 （戳记）□念三郎 霸北街西	二十五两（残）	《尘封千年的国家宝藏——南宋金银铤收藏与鉴赏》，第 74 页
铤 3	（刻字）泉州起发淳祐六年上限免丁银 秤子董成 专知王忠 监官迪功郎前晋江县尉权节推臣王洧 （戳记）贯寔 盛缣 沈执中 京销 焠熔林伯南 □□□	五十两 1907 克	北京大晋浩天 2014 迎春拍，LOT1182
铤 4	（刻字）泉州起发淳祐六年上限免丁银 秤子董成 专知王忠 监官迪功郎前晋江县尉权节推臣王洧 （戳记）贯寔 盛缣 沈执中 京销 焠熔林伯南 □□□	五十两 1904 克	同铤 2，第 72 页
铤 5	（刻字）道州起发淳祐十年下半僧 ...... 重伍拾两赴淮西交纳专库 ...... 文林郎道州司法参军 ...... 奉议郎知道州军州事	五十两（残）	北京诚轩 2009 春拍，LOT2352
铤 6	（刻字）永州今申解淳祐十一年春 从政郎永州录事参军刘来 免丁银每铤计式拾伍两□	二十五两 1080 克	同铤 2，第 73 页
铤 7	（刻字）武冈军今解淳祐□年□□僧道免丁银三十五九钱一分计壹铤赴淮西大军库交纳	三十五两 1431 克	同上
铤 8	（刻字）永州申解宝祐贰年下半年免丁□□郎永州军事判官□□□监官□铤每铤重贰拾伍两□□	二十五两	私人藏家
铤 9	（刻字）永州申解宝祐二年下半年免丁	二十五两	私人藏家
铤 10	（刻字）（正面）桂阳军免丁银官 （戳记）京银铤银	十二两半 487 克	同铤 2，第 74 页
铤 11	（刻字）潮州免□免丁银 （戳记）京银铤银 朱二郎 重拾贰两半	十二两半 412 克	同上
铤 12	（刻字）永州申解淳祐十年夏季僧道免丁 统制官供给零银重二十一两陆钱陆分陆厘 从事郎永州录事参军监销杨应和	十二两半	

> 免丁钱　本府祖额管催僧道免丁钱二千三十六贯五百文，钱会各半。嘉熙二年，准都省指挥照年额增催一半，自是岁催三千五十四贯八百文，银会各半，分上、下半年起解，赴行在左藏库送纳。见钱纽计银四百七十两五钱一分二厘，十八界会一千五百二十七贯三百文。

这里有几层含义值得关注：其一，免丁钱有祖额。即便是僧道等出家人数有变化，也得如数交纳。《嘉定赤城志》记载台州："僧道免丁钱六千六百二十三贯五百文，原额一万二千七百七十四贯，以乾道三年降卖度牒最多数为额。淳熙十四年叶尚书奏：泉、台、婺三州今到免丁钱亏额，皆为乾道初降卖度牒最多，故所收钱额随之，近年披剃稀少且有老死游行，难执原额。"由此可见，官府制定免丁钱祖额是根据某一段执行期内收入最多的一年为标准。度牒则被用来统计征收免丁钱数。当僧道人数减少免丁钱收不上来，祖额又不变时，那么差额部分恐怕就得转嫁民间了。其二，免丁钱分上、下半年两次起解，送临安户部左藏库交纳。这恰是表中各铤铭文中刻有"上半年""下半年""上限"等字的原因。铤6铭文"淳祐十一年春"也意指上半年起发数。从经济角度上看，淮西等四大总领所为户部的派出机构，按需调拨各总所是十分常见的，这也就解释了列表中交淮西总领所的原因。其三，免丁钱在交纳时，往往需要"纽计"即折算成银两或会子。白银是宋廷的主要贮藏物资，质轻而价昂，便于运输，在各地具有广泛的通用性。

铤3（图11-3）、铤4为泉州起发的免丁银，"监官迪功郎前晋江县尉权节推臣王洧"，其中，"迪功郎"为从九品；"县尉"，掌治安捕盗之事；"权"，意指代理；"节推"为节度推官的简称；"焠熔"，代指银匠。该铤铭文排列规范，器形规整，内容品相亦堪称佳品，然而光鲜的背后，也是饱含着无数僧众们的痛苦。《嘉定赤城志》记载林某知泉州时奏称"免丁钱为扰颇甚，亦有癃老无所从出之，僧不堪催督致缢死者"，这是老弱僧众不堪催征免丁钱而自尽的例子。值得一提的是，铤7记重为"三十五（两）九钱一分计壹铤"，这是武冈军辖境内，单次交纳免丁银的总数，是诸铤中唯一说明了当地总额的免丁银，其他各铤仅刻上了本铤的重量，不足以说明整批的交纳数额，因此该铤给宋代地方经济研究提供了最直接的数据参考。

图 11-3

泉州起发淳祐 六年免丁银，五十两

刻字：泉州起发淳祐六年上限免丁银 秤子董成 专知王忠 监官迪功郎前晋江县尉权节推臣王洧

戳记：贾寔 盛继 沈执中 京销 济南 焠熔林伯森 □□□

规格：通长 136 毫米，首宽 93 毫米，腰宽 61 毫米，厚 22 毫米；重 1909 克

图 11-4

永州申解宝祐贰年免丁银，二十五两

刻字：永州申解宝祐贰年下半年免丁□□郎永州军事判官□□□监官□铤每铤重贰拾伍两□□

规格：通长 114 毫米，首宽 90 毫米，腰宽 43 毫米，厚 22 毫米；重 999 克

注释

[1]《群书考索》后集卷四一《兵制·州兵总论》。
[2] 王安石：《信州兴造记》。
[3]《栾城集》卷四六《论雇河夫不便札子》。
[4]《续资治通鉴长编》卷二八五，《皇朝编年备要》卷二〇。
[5]《宋史》卷九三《河渠志·黄河（下）》。
[6]《续资治通鉴长编》卷三五七，元丰八年六月甲戌纪事。
[7]《宋史》卷一七五《食货志·和籴》。
[8]《太平治绩统类》卷二一。
[9]《续资治通鉴长编》卷三六二，元丰八年十二月丙寅。
[10] 王曾瑜：《宋朝阶级结构》中国人民大学出版社，2010年，第58页。
[11]《宋史》卷三〇三《范祥·附子（范）商传》。
[12]《续资治通鉴长编》卷二九六。
[13]《三朝北盟会编》卷九六引《建康遗录》。
[14] 引自徐瑶《宋代四川地区灾荒史论述》，四川师范大学2013年硕士学位论文。
[15]《续资治通鉴长编》卷二四五。
[16]《宋史》卷九五志四八《河渠五》。
[17]《文献通考》卷一二《职役考》。
[18]《宋会要辑稿》食货一三之三。
[19]《宋会要辑稿》食货三八之三。
[20]《续资治通鉴长编》卷二七四，熙宁九年四月丙午。
[21]《续资治通鉴长编》卷二四二，熙宁六年二月壬午。
[22]《宋史》高宗本纪六。
[23]《续资治通鉴长编》卷三〇〇，元丰二年十月辛丑。
[24]《续资治通鉴长编》卷二八三，熙宁十年七月丁巳。
[25]《续资治通鉴长编》卷二七九。
[26]《宋会要辑稿》食货一二

第十二章

度牒银

度牒，又称“度僧牒”“祠部牒”“披剃文牒”。关于度牒制度，大约在南北朝时就已存在，但有明文记载的却始于唐代天宝年间，度牒是祠部司发放给出家者的证明书，上面记载着出家人的本籍、俗名、年龄、所属寺院等信息。没有度牒而私自出家的行为称为私度，经官府发现，将被处罚并勒令还俗。在宋初阶段，度牒不过是一纸证书，到北宋中期以后，宋廷“卖度牒以资国用”，把卖度牒作为了一项重要的敛财措施。

在《水浒》第四回《赵员外重修文殊院 鲁智深大闹五台山》中，可以看到赵员外用买来的空头度牒安排鲁提辖在五台山出家，以安身避难，他说道：

> 我祖上曾舍钱在寺里，是本寺的施主檀越。我曾许下剃度一僧在寺里，已买下一道五花度牒在此，只不曾有个心腹之人了这条愿心。如是提辖肯时，一应费用都是赵某备办。

鲁提辖应允后，在寺里剃度：

> 首座呈将度牒上法座前，请长老赐法名。长老拿着空头度牒而说偈曰：“灵光一点，价值千金。佛法广大，赐名智深。”长老赐名已罢，把度牒转将下来。书记僧填写了度牒，付与鲁智深收受。长老又赐法衣袈裟，教智深穿了。

鲁智深拿到度牒后便有了合法的和尚身份了。后文鲁智深离开五台山，前往东京大相国寺时，胸前挂的是度牒袋及长老的书信。虽然是小说，但有其艺术的真实性，高于生活而又源于生活，这里有关度牒的描写，基本符合宋代的情况，只是度牒还需要在官府报备方可生效，小说中略去了此项环节。

1972年江苏宝应出土一枚银铤，铭文为：

（戳记）李张记

（刻字）建阳县度牒银

建阳县，今属福建南平地区；李张记为银铺名。这枚度牒银是建阳县用卖出度牒的钱，折换成的银两，是铤为南宋器形。下面我们来看一下度牒在宋代的发展概况，以及度牒钱的用途。

从宋太祖到宋真宗时期，度牒每道除交纳百钱手续钱之外，别无他费。也不限制出家人数。正如宋太宗雍熙三年（986）诏祠部："凡僧尼籍有名者，悉牒度之。"[1]由于当时出家人具有免赋役的特权，有人谓之"不蚕而衣，不耕而食"。另一方面，由于百姓有苛捐杂税之扰，又有重难差役之忧。因而在寺院这种相对优厚的环境下，吸引了越来越多的贫苦百姓投身其中。这样一来，势必减少了大量的地方赋税收入，也失去了不少劳力资源。宋廷为了平衡社会各阶层矛盾，同时为了敛财、防止百姓轻易出家避税。至迟在神宗熙宁元年（1068）开始售卖度牒。熙宁四年（1071）开始对寺观收取助役钱。建炎二年（1128），南渡之初，国用困难，"紫衣""师号帖"这种高级僧侣的凭证也在售卖之列。到高宗绍兴十五年（1145），又开始征收"僧道免丁钱"。与直接征税不同的是，售出的空头度牒可以像纸币一样参与市场流通。

关于度牒的发行量，熙宁元年至熙宁五年（1068～1072），即度牒售卖之初，每年不超过4千道，熙宁六年到元丰二年（1073～1079）则增长至8千道每年。此后，度牒增发迅速，元丰三年（1081）每岁达5万道，元丰五年（1083）达8万道，到大观四年（1110）时有所回落，但也达到了3万余道。南宋高宗、孝宗两朝，以半壁江山之地，售出度牒12万道。不过，宋廷也并非年年发放度牒，当遇上往年售卖不尽，新旧积压之时，也会停止发放。北宋大观四年，住卖三年。南宋绍兴十三年起（1143），停止发放则长达18年之久。大体上，度牒的发放量即受市场需求的影响，也随宋廷国用亏盈而起伏。

值得注意的是，两宋度牒累积发售数量十分巨大，但自北宋中期以后，出家人的总数并没有与之同比增长，而是稳定在20万人左右。[2]绍兴二十七年（1157），高宗问天下僧尼人数，礼部侍郎贺允中答曰："道士止有万人，僧有二十万。"[3]度牒经年发行总量与实际僧众员额的数量差，便是市场中可以交易的度牒总量。存在如此巨大的差异，只能说明度牒原有的作用与意义已经大为淡化，拿去折换商品，甚至用当作为股本金，说明度牒具有有价证券的功能。南宋数学家秦九韶在《数书九章·市物类》“均货推本”一节中给出一道算术题，其中介绍道：“甲乙丙丁四人共同出资买到象牙、胡椒等海外产品，其中丙以银一千六百七十两，度牒一十五道作本；丁以度牒五十二道，金五十八两八铢作本。”如何计算股本原价的数学问题先放一边，这里透出来的信息是度牒与金银一样，可直接用作股本金，且在当时的社会生活中广被接受。

关于度牒的价格，有官、私两个层面，以及宋廷南渡前后两个阶段。北宋官方定价在每道130～220贯间波动。熙宁元年（1068），最早的官方定价为130贯：

> 新法即行，献议者立价出卖，每牒一纸，为价百三十千，然犹岁立为定额，不得过数。熙宁元年七月，始出卖于民间，初岁不过三四千人，至元丰六年，限以万数。[4]

元祐四年（1089），官方定价为170贯，“应在京及诸路见在未卖空名度牒，每道并作一百七十贯出卖，披剃钱在外”。[5]到建中靖国元年（1101），定价为220贯每道。到宣和七年（1125）时，定价为200贯。南宋时期，度牒定价大幅上涨。南渡之初，价格还在200贯之内，到宋孝宗淳熙四年（1177）时，已涨至450贯。到宋光宗时，又涨至800贯，这个价格一直沿用至南宋后期，由于可以使用钱引、会子兑换，实际折合成铜钱数要低一些。南宋度牒保持高价位的原因，也与当时物价整体大幅上涨有关。与官方定价不同，已经成为商品的度牒，在民间则是随行就市，发行少则价格涨，发行多则价格跌，且不同地区间存在价格差异。但大多情况下，度牒常常跌破发行价。例如宋人王栐曾记载，元丰六年（1083），夔州路，度牒曾溢价至300贯每道。而宋徽宗大观年间，年发行量已是发行之初的十倍，民间每道度牒的实际价格则降至90贯以下，“以其岁给数多，民间止直九十已下缗”。[6]李心传记载道：“渡江后，增至二百千。其后民间贱之，止直三十千而已。”当然，官府也不会任由度牒贬值，而是通过减少发放数，限售甚至以强卖的方式进行调控。

度牒售卖得钱主要用于弥补政府经费支出的不足，售卖者可以是转运司、常平司、总领所、军队，也可以是地方官府。这样的例子不少，散见于诸多史料，下面仅列举较为常见的五类：

其一，筹措军费。如熙宁四年（1071），宋廷赐鄜延路经略司二千道、河东转运司三千道度牒“以助边费”；[7]建炎三年（1129），赐抗金名将张浚度牒二万道，紫衣、师号五千为军费；[8]绍兴二年（1132），“赐（岳）飞度牒二百道，为赡军修城之费”。[9]

其二，用于常平仓籴本。如熙宁四年，“赐荆湖北路度牒五百，为常平本钱。”[10]熙宁五年（1072），诏赐广南西路常平司度牒千，为籴本；[11]乾道八年（1172），“浙东提举郑良嗣言，收籴常平尚少钱五万三千二十余贯，诏礼部组计度牒给降”。[12]这是让礼部给发度牒去填补买粮所短缺的钱。绍熙五年（1194），诏礼部给降度牒三十道付江州，每道价钱作八百贯，措置出卖，收籴米斛，专充赈济支用。[13]

其三，用于赈济救灾。如熙宁三年（1070），“给度僧牒五百，付两浙转运司，分赐经水灾及民田薄收州军，召人纳米或钱赈济饥民”。[14]熙宁七年（1074），“赐环庆安抚司度僧牒千，以备赈济汉、蕃饥民也”。[15]元祐五年（1090），“赐浙西度牒三百道以助赈济”。[16]

其四，用于治水、营建等工程。如元丰元年（1078），“赐度牒二百道付河北转运司，以市年计修河物料”。[17]元祐五年，“赐度僧牒五十，令杭州开西湖”。[18]宣和元年（1119），诏特支二百道度牒，和雇人夫，修葺永兴军城壁。[19]

其五，当作官商的本钱。王安石变法前，王广廉奏请“度僧牒数千道为本钱，于陕西转运司和行青苗法，春散秋敛”。[20]元丰七年（1084），“广西经略安抚司乞于融州五口寨，置转买务，通汉蕃交市，乞以度僧牒三十为本，从之”。[21]建炎二年（1128）“复置两浙福建路提举市舶司，赐度牒直三十万缗为博易本”。[22]

历代度牒银目前仅发现两枚，一枚为唐代永州的五十两，一枚为本文所述的南宋建阳县度牒银二十五两。宋时，南方地区信佛教人口较多，尤以福建为甚。宋人吴潜曾说：“寺观所在不同，湖南不如江西，江西不如两浙，两浙不如闽中。”[23]两宋时福建兴建的寺院达1180所。宋初，福建僧尼达七万一千余人，时占全国僧尼总人数四十五万余人的15.5%。难怪时人谢泌有诗云：“湖田种稻重收谷，道路逢人半是僧。城里三山千簇寺，夜间七塔万枝灯。”建阳县宋隶建州，时有寺院24所、庵堂7所。[24]建阳一县之庙宇数，在福建路54县中排名第11位，已是位于前列了。可以想象，该县的佛教风气极盛，出家人口以及对度牒的需求必不在少数。“出卖度牒，惟福建一路为多”[25]并非空言，宋廷也乐得使用所卖度牒之钱应付在福建的支出。如绍兴初年：“朝廷下福建造舟以备海道，遣使督促，（连南夫）公曰：‘舟用新木难遽办，且湿恶亦坏，若以度牒钱买商船二百艘则省缗钱二十万矣。’从之。”[26]此枚银铤恰是南宋发行度牒以筹措资金的珍贵历史遗存。综上可见，宋代的度牒不仅是出家人的身份证，也是一种可参与市场买卖的有价证券，度牒银钱是政府财政收入的一个组成部分，广泛用于弥补宋廷开支的各项缺口。

注释

[1]（宋）李焘：《续资治通鉴长编》卷十八。
[2] 数据来源于曹旅宁《试论宋代的度牒制度》，《青海师范大学学报》1990年第1期。
[3]（清）徐松：《宋会要辑稿》道释一。
[4] 王林《燕翼诒谋录》卷五。
[5]（宋）李焘：《续资治通鉴长编》卷四三四，元祐四年十月丙午。
[6]（清）徐松：《宋会要辑稿·职官》一三之二三。
[7]（宋）李焘：《续资治通鉴长编》二一九。
[8]（宋）李心传：《建炎以来系年要录》卷二五。
[9]（宋）李心传：《建炎以来系年要录》卷八三。
[10]（宋）李焘：《续资治通鉴长编》卷二三六。
[11]（宋）李焘：《续资治通鉴长编》卷二四零。
[12]《宋史全文》卷二五下。
[13]（清）徐松：《宋会要辑稿》食货六八之九六。
[14]（宋）李焘：《续资治通鉴长编》卷二一零。
[15]（宋）李焘：《续资治通鉴长编》卷二五五。
[16]（宋）李焘：《续资治通鉴长编》卷四五一。
[17]（清）徐松：《宋会要辑稿·方域》一五之一。
[18]（宋）李焘：《续资治通鉴长编》卷四四二。
[19]（清）徐松：《宋会要辑稿·食货》六八之一一八。
[20]（元）脱脱等：《宋史》卷一二九《食货志》。
[21]（宋）李焘：《续资治通鉴长编》卷三四七。
[22]（宋）李心传：《建炎以来系年要录》卷一五。
[23]（宋）吴潜：《宋特进左丞相许国公奏议》卷二《奏论计亩官会一贯有九害》。
[24] 数据统计来源于王荣国：《福建佛教史》，厦门大学出版社，1997年。
[25]（宋）汪应辰：《文定集》卷十三。
[26]（宋）韩元吉：《南涧甲乙稿》卷十九。

第十三章

马政相关银铤

“国之大事在戎，戎之大事在马”马政相关银铤蔚为大宗，地位重要。迄今发现的南宋“马司银”银铤计十二枚（表13-1），分为两大类，一为四川茶马司的“马本纲银”，一为荆湖南路下辖州军起发淮西总领所的“马司银”。马司银是宋代特定军事、政治、经济交互作用下的产物，具有鲜明的时代特征。

表13-1　马司银

序号	银铤铭文	重量	来源
铤 1	（刻字）马本纲银 四川茶马司 嘉定戊寅岁 使司	五十两	中国人民银行库藏
铤 2	（刻字）四川茶马司 马本纲银 嘉定戊寅岁 肆拾玖两□钱 天字号 使司 铺	五十两	中国人民银行库藏
铤 3	（刻字）道州起发淳祐六年上半年马司银每铤伍拾两赴淮西总领使所交纳 专库□□ 赵□ 迪功郎道州录事参军廖 朝散郎知道州军州事李	五十两	北京私人收藏，载《尘封千年的国家宝藏——南宋金银铤收藏与鉴赏》，第89页
铤 4	（刻字）道州起发淳祐六年上半年马司银每铤伍拾两赴淮西总领使所交纳 专库李俊 赵□ 迪功郎道州录事参军廖 朝散郎知道州军州事李	五十两	上海私人收藏，载《尘封千年的国家宝藏——南宋金银铤收藏与鉴赏》，第90页
铤 5	（刻字）道州起发淳祐六年上半年马司银每铤伍拾两赴淮西总领使所交纳 专库李俊 赵□ 迪功郎道州录事参军廖 朝散郎知道州军州事李	五十两	山东私人收藏
铤 6	（刻字）道州起发淳祐六年上半年马司银每铤伍拾两赴淮西总使所交纳 专库李俊蒋佐 迪功郎道州录事参军廖 朝散郎道州军州事李	五十两	台湾私人收藏

序号	银铤铭文	重量	来源
铤 7	（刻字）道州通判厅发起淳祐九年冬马司银每铤重伍拾两赴淮西总领所交纳专库□□ 从事郎道州军事判官权司法黄何部	五十两	广东私人收藏，嘉德 2006 年秋拍
铤 8	（刻字）道州起发淳祐□年马司银每铤伍拾两赴淮西总□□□□蒋佐 迪功郎道□□□□ 朝散郎道州军州事李	五十两	上海私人收藏
铤 9	（刻字）道州通判厅发起宝祐贰年秋季马司银每铤重伍拾两赴淮西总领所交纳专库熊萧等 迪功郎道州司法参军李士安	五十两	台湾私人收藏，载《尘封千年的国家宝藏——南宋金银铤收藏与鉴赏》，第 88 页
铤 10	（刻字）永州通判申解秋季马司银壹铤计弍拾伍两天字号秤子唐深经荣 奉议郎通判永州事张仲	二十五两	台湾私人收藏，载《尘封千年的国家宝藏——南宋金银铤收藏与鉴赏》，第 91 页
铤 11	（刻字）永州通判申解秋季马银壹铤计弍拾伍两 地字号秤子唐深经荣 奉议郎通判永州事张仲	二十五两	台湾私人收藏，载《尘封千年的国家宝藏——南宋金银铤收藏与鉴赏》，第 90 页
铤 12	（刻字）桂阳军马司监官 （戳记）京销铤银	十二两半	上海私人收藏，载《尘封千年的国家宝藏——南宋金银铤收藏与鉴赏》，第 90 页

第一节 宋代茶马贸易的历史背景

赵宋自立国起，边患不断，屡受辽、西夏、金的袭扰，直至亡于蒙古的铁骑，其军事形势不但险恶而且持续时间长。为了靖边安邦，宋廷做了两手准备，且都与“马”直接相关。一方面保持战备，树立先军思想。正如宋人章如愚在《群书索考》中写道：

宋朝大臣平章先军而后国；群臣先军而后州。库曰军资，监曰军监，官曰参军，务曰赡军，其于军事重矣，盖亦以是加之察乎。

从银铤铭文上看（见表13-1），道州地方官被称为“知道州军州事”，“军”字在前，提醒官员当以军事为重。这似乎与宋代“重文轻武”的印象不符。实际上，所谓“轻武”可以理解为对武官个人的抑制，防止其拥兵自重，并非废弛整个军队的武备。“国家大事在戎，戎之大事在马”，因此如何牧马、市马就变成国之要务了。买战马本钱的筹措、市马场的设立、纲马的运输、马匹的畜养等一系列马政问题，往往受到宋廷的高度关注。

另一方面，施以经济手段怀柔边民。对于西南游牧民族，尤以茶马贸易为主。《宋会要辑稿·食货》记载：

（宋）陈居中《胡骑春猎图》

祖宗设立互市之法，本以羁縻远人，初不借马之为用，故驽骀下乘，一切许之入中。

这些不求马之用途的“下乘”马又称为“羁縻马”，市马无非是从经济上进行安抚，以促边陲安宁。

前述两类“马司银”似乎都是买马的本金，然而两者在交纳途径、使用流向上均存有较大差异。不同时期的茶马司，其职责的侧重点不同。为了更好地解读这些银铤，我们需要对宋代茶马贸易的起因、背景以及政治格局加以介绍。

关于茶，苏轼有词云：“酒困路长惟欲睡，日长人渴漫思茶，敲门试问野人家。”可以看出在北宋时，茶已是黎民百姓啜饮待客之物，寻常人家也喝得上且成为

（宋）赵伯骕《番骑猎归图》

一种风尚。恰如王安石在《议茶法》一文中所述："夫茶之为民用，等于米盐，不可一日以无。"宋代茶叶生产规模空前发展，产茶地区已遍及淮河及秦岭山脉以南各地，两浙、荆湖、福建、川蜀皆产茶，茶叶成为一个可以影响国计民生的重要产业。史料记载，至仁宗景祐年间（1034～1038），全国"三分其一为产茶州军"，也有学者统计北宋茶叶年产量最高可达7100万斤，南宋则为4700万斤左右，各路中，又以四川产茶为最。饮茶的习俗最初由唐朝传到吐蕃等少数民族地区，但多在王公贵族间流传，入宋后，方才广泛普及起来，所谓"茶兴于唐而盛于宋"。茶本身特有的消油解腻功能也非常适合以肉食为主的游牧民族。此外，茶以烧开的热水煮泡，也起到了杀菌的作用，同时除去了水中氯气等有害物质，这些在今人看似寻常不过的事情，在古代发挥了切实的作用，降低了疾病发生的概率。久而久之，人们对茶产生了较强的依赖性，以致达到了"夷人不可一日无茶以生"[1]的程度，宋人洪中孚也称"蕃部日饮酥酪，恃茶为命"，茶叶成为少数民族日常生活的必需品。

关于马，马畏热而耐寒，受气候与放牧条件的影响，以农业为主的中原地区并不适于马匹的繁衍生长，有如宋太宗时国子博士李觉指出那样：

> 边人畜牧转徙，驰逐水草。腾驹游牝，顺其物性，由是浸以蕃滋。暨乎市易之马，至于中国，则縶之维之，饲以枯稿，离析牝牡，制其生性，玄黄虺隤（疲病之马），因而减耗。

加之宋方官用牧场管理不善，代价高昂，自行养马难敷战备重任。当天下太平时马匹尚可支应，一遇战事则接续不济。

再看宋人买马的情况。北方，契丹（辽）控制着蒙古草原，坐拥水草丰美的天然牧场，盛产马匹。宋辽边境设有榷场，双方互换商品，由于双方的对峙关系，辽方在多数时间里是特别禁止马匹出界的，凡是走私马匹出界者皆戮之，家属远配。宋方对辽输出茶叶则以获取茶利为主。至12世纪初期，女真人在白山黑水间兴起，1115年阿古打称帝，国号金。1125年（北宋宣和三年），在辽金战争中金获得最终胜利，辽亡。灭辽后的第二年，金军破开封，擒徽钦二宗，北宋亡。南宋初年，金军南下宋地，但受到顽强抗击，金兵北撤，宋金达成"绍兴和议"。双方西起秦州，东沿淮水广设榷场进行通商。然而，马作为战略物资，位于禁售之列。金章宗泰和六年（1206），"诏禁卖马入外境，但至界欲卖而为所捕即论死"。[2]

西北方向，居住在陕甘宁的党项人多良马。唐代元稹在《估客乐》诗中写道："北买党项马，西擒吐蕃鹦。""党项马"及后来宋人称赞的"府州马"，就是当时人们争购的名马。但是到1038年，赵元昊称帝建立西夏王朝后，两国禁绝互市，不久便出现了"陕西用兵，马骑不足"的现象。为了解决马荒，宋铤不得不在京畿西、淮西、淮南、陕西等路征购战马。宋夏交战时，北方前线军士战马配备不及5成，远不足额。直到庆历四年（1044），宋夏签订合约，双方重开榷场恢复贸易。此后宋夏战争断断续续，贸易也是时有时无，宋方无法获得稳定的马源。

西南方向。熙宁七年（1074），宋方在西北的熙河地区用兵，马道梗绝，宋方不得不在西南少数民族地区寻找新的马源，从成都府路、梓州路至广西，相继开设了买马场。到大观年时，已小有规模。但西南非产马之乡，好马并不易得，所市之马不过是"只应付本路州军马军调习，备边缓急之用"[3]，难以满足征战的需要。到南宋时，在广西路邕州（今南宁）设立买马司，每年从大理、自杞、特磨道、罗殿等少数民族地区买马，南宋绍兴年间岁额为一千五百匹，实际买马数两三千匹。西南市马虽对军国大政不无补益，但质量及来源皆不稳定，更倾向于体现羁縻政策。

宋廷可以获得的马源，主要还是来自与吐蕃诸部落之间的茶马贸易。9世纪中叶，吐蕃王朝崩溃，各部落处于分裂状态，"族种分散，大者数千家，小者百十家，无复统一"，[4]以西北地区的吐蕃为例，分为三个主要聚居地：一部分在河西地区，包括凉州，肃州、瓜州、沙州；一部分在陇右地区，包括仪州、泾州、原州、庆州、秦州等地；还有一部分居住于河湟地区。赵宋建国之后，河西被西夏夺取，陇右归属大宋，而河湟地区则建立了唃斯啰政权。尽管宋蕃之间也有着摩擦与矛盾，但由于需要共同面对西夏这样的强敌，双方更愿意联手抵御西夏。宋将陇右作为主要的市马地与养马地。吐蕃也乐于赶马至边境与宋人贸易，有的部落更是直接向宋廷贡马。例如，淳化五年（994），吐蕃六谷诸族贡马千余匹；咸平五年（1002），潘罗支贡马五千匹。贡马的原因在于这样可以获得更高的回报，而宋廷也愿意通过增加赏赐的方法，招徕更多的吐蕃人献马。

宋屡败于与辽、夏、金之间的战争，原因固然是多方面的，但缺乏战马也是关键因素之一。宋军甚至出现过"今天下马军，大率十人无一二人有马"[5]的窘境。因此，宋方不得不积极市马并联合周边少数民族，同时又要利用辽夏金及其他少数民族对宋经济上的依赖，去弥补自身军费的不足，官营茶马贸易制度便应运而生了。

图 13-1

四川茶马司马本纲银，五十两

刻字：四川茶马司 马本纲银 嘉定戊寅岁 肆拾玖两□钱 天字号 使司 铺作铺 李兴等 肆拾八两五钱

第二节　四川茶马司马本纲银

目前发现的两枚"四川茶马司马本纲银"（见表13-1中的铤1、铤2），都来自于中国人民银行库藏，中国钱币博物馆曾展出过其中的一枚（图13-1）。从银铤铭文上看，这是由四川茶马司发起的、用作买马本金的纲银，起发时间为南宋宁宗嘉定十一年（1218）。以下分三部试述：四川茶马司的职能；交易手段，茶马司为何用银而非茶作马本；市马价格。

一、四川茶马司的职能

北宋神宗熙宁七年（1074），边臣熙河路经略使王韶向朝廷进言"西人颇以善马至边、其所嗜唯茶，而乏茶与之为市，请趣买茶司买之"，于是朝廷派李杞等人赴四川办理茶叶专卖及买马事宜。李杞在成都府设"茶场司"，于雅州名山县、蜀州永康县、邛州在城等处置场买茶，再搬往秦凤路、熙河路，由设于当地的"买马司"以茶易马。熙宁八年（1705），李杞上奏称"卖茶博马，固为一事，乞同提举买马"，要求"茶场司"兼管买马事宜，获准后，买茶、买马由一人统领，但两司仍然分立。[6]自此，茶马贸易正式纳入官方运作。徽宗继位后，以程之邵提举成都府、利州、陕西等路茶事兼陕西买马监牧，两司始并称为"都大提举茶马司"，其职责为：

> 掌榷茶之利，以佐邦用。凡市马于四夷，率以茶易之。应产茶及市马之处，官属许自辟置，视其数之登耗，以诏赏罚。[7]

都大提举茶马司总管四川茶马司（川司）、陕西茶马司（秦司）两地榷茶买马事务。在茶马司的主导下，北宋哲宗、徽宗时期不少年份的市马总量超过两万匹。茶叶则"每岁约以五万驮应副熙河"，五万驮相当于五百万斤，这已是宋代茶马贸易的顶峰了。

靖康之难后，宋廷南渡，两淮及川陕仍是宋金交战的焦点。四川茶马司市马贸易急遽萎缩。借南宋诗人陆游（1125～1210）在孝宗时期成都任职时所作的《龙眠画马》，感受一下当年用马困境：

> 国家一从失西陲，年年买马西南夷。

（宋）李公麟《临韦偃放牧图》局部

瘴乡所产非权奇，边头岁入几番皮。
崔崔瘦骨带火印，离立欲不禁风吹。
圉人太仆空列位，龙媒汗血来何时？

权奇，形容善行之良马；龙媒、汗血意指骏马；圉人、主仆，泛指官府养马之人；火印，是马匹编纲起发前，用火印在马之两胯间印上引卖人姓字或马的发遣字号。这首诗是宋廷南迁后无马可用的真实反映。而不禁风吹、瘦骨嶙峋的弱马又哪堪征战？南宋马政的尴尬与无奈溢于言表。

南宋初年，茶马司职能以谋利赡军为主。建炎三年（1129），原主管川陕茶马事务的主官，成为总领四川财赋的财政官员。绍兴三年（1133）后，宋金战局趋于缓和，西北沿边与蕃部的市马贸易开始复苏，茶马司则积极在永康军、威州、茂州置

场以茶博马，并将战马编纲发赴临安。四川茶马司每年均有额定买马数，绍兴十四年（1144）岁额为5245匹。

契勘川路岁额：黎州三千匹、文州一千匹、叙州八百五十匹、长宁军三百九十五匹；内叙州、长宁军并系羁縻远人，除叙州及额外，其长宁军累年不敷岁额。[8]

另据《宋会要辑稿》兵二三中记载，乾道三年（1167）：

四川茶马司每年合起江上诸军马八十纲并行在殿前马步三司马七十一纲、宣抚司二分马七百二十匹，总计一百五十一纲零七百二十匹。

每纲按50匹计算，此时四川茶马司市马额增长为8270匹，“上不失祖宗羁縻之德，下不误诸军缓急之需”，实非不易。

二、交易手段

为何四川茶马司以银作为买马的本钱，而不是直接以茶易马？这需要分两个阶段考察，北宋时，实行榷茶制，茶马司基本上以茶作为偿付马价的媒介。到南宋时，蜀茶官卖被废除，支付手断也就相应做了改变。从市场的角度看，西北蕃部对茶叶的需求量在降低，本身也希望从宋朝地区获得其他的物资。因此支付马价的物品可以是茶、绢、綵、银等等。绍兴二十五年（1156），有诏令称：

> 西和州宕昌买马，自来用茶博买。缘客人艰于搬运，却将茶于私下博绢前去，可令茶马司措置，自后兼用茶绢，听客人从便博买。[9]

绍兴二十六年（1156），又诏令：

> 将博马银、绢等并预期排办，即不得依前大估价钱，及擅将他用、留滞客人。如诸州有违戾去处，按劾闻奏，仍令四川制置司常切觉察。[10]

然而用银两买马之后，宋廷又担心银两流失过多。淳熙十四年（1187），宋孝宗曾质问边场何以用银买马达二万余两之巨。从而限定四川茶马司以乾道五年（1169）前使用的银两为限，不得过数。

三、市马价格

关于四川茶马司的市马价格。我们看几处文献。南宋隆兴元年（1163），都督江淮军马张浚称，“朝廷每岁于川广收买战马，计纲起发，每匹不下三四百千。近措置于两淮买到战马七十匹，每匹不过二百千”。[11]乾道元年（1165）：“朝廷下茶马司于宕昌寨、峰贴峡、黎、文、叙州置场处，委属官说诱羌于价外增支犒锦彩、酒食之类，每匹不下用茶七驮，准绢七十匹，并部押一行官兵资赏口券，一匹约用铜钱三百贯文。”[12] 乾道五年（1169）：“茶马司申承指挥于岁额外通融收买川西马二十纲应副郭振，约计马本并起纲等用钱引二十万贯。”[13] 马纲按每纲50匹计，20纲则为1000匹，总价20万贯则合每匹值钱引200贯。淳熙五年（1178），四川茶马司欲减轻茶户的负担，时任四川总领李蘩言：“茶马司岁减马七百匹，为钱二十一万。”[14] 平均每匹价值三百千（贯）。综合上述几则数据，川秦战马在孝宗时期（1163～1189）的价格大约在每匹200～300贯左右。当然，马的产地及马匹的尺格（即优劣标准。南宋以坐高四尺二寸为良马的最低标准）也直接影响了价格。西南广马及内地土马较之西北所市之马，价格低了许多。而相较北宋前期最低三四十贯左右一匹的马价，涨幅竟已接近十倍。

那么人民银行库藏的这两枚银铤在“嘉定戊寅年（1218）”可以买多少匹马呢？这就需要了解一下当时的银钱换算关系。同为宁宗时期，嘉泰年间（1201～1203），李心传记载道：

> 今诸道上供银两，皆置场买发。蜀中银每法秤一两，用本钱引六，而行在左藏库折银，才直三千三百云。然民间之直，又不满三千。[15]

由此可见，临安官价银每两折钱3贯300文，民间市场则不足3贯。嘉定十六年（1223），福建汀州：

> 大礼年分进奉本色银二千两及支犒诸军八千余贯，两项共为一万五千缗。[16]

折数下来，银每两约折钱3贯400文许。通过一前一后两个时间可以看出，宁宗时期银价还算稳定，银每两折钱3贯300文是相对可靠的数据。人行这两枚“马本纲银”银铤各重五十两，合计100两，约折钱330贯，如按前文最贵的秦司宕昌寨一匹战马300贯计，也只折合买到良马1.1匹。另外，金宣宗嘉定七年（1214）迁都南京（开封）后，蒙古对金展开了猛烈的进攻，金人北方的马场相继丧失，与宋人一样，金人也在宕昌寨附近置场以银市马。宋金双方对马源的争夺变得激烈起来。马价的高企，与此种境况不无关系。再考察铤2铭文，发现有记重及“使司”戳记，“使司”为金提举解盐使司的简称，显然该铤曾在金国流通。

关于四川茶马司马本经费的来源。由于“蜀道难，难于上青天”，川外调拨入川

图 13-2

道州通判厅起发淳祐六年马司银

刻字：道州起发淳祐六年上半年马司银每铤伍拾两赴淮西总领使所交纳 专库□□
赵□ 迪功郎道州录事参军廖 朝散郎知道州军州事李

规格：通长 144 毫米，首宽 96 毫米，腰宽 60 毫米，厚 21 毫米；重 1947 克

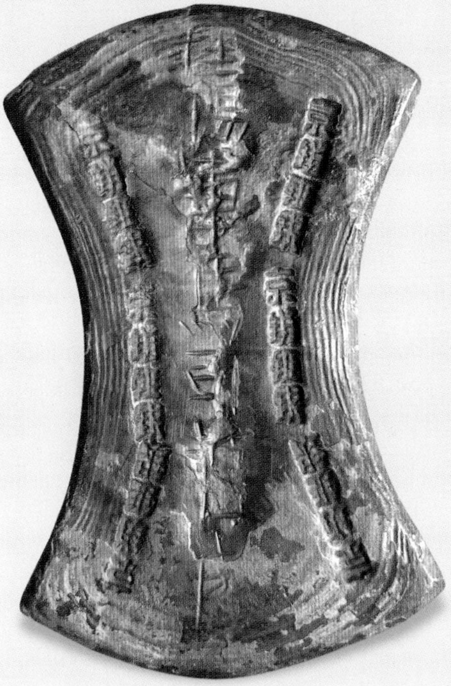

图 13-3

桂阳军马司银

戳记：京销铤银
刻字：桂阳军马司银监官
规格：通长 89 毫米，首宽 56 毫米，腰宽 37 毫米，厚 13 毫米；重 471 克

的成本高昂，往往得不偿失。所以这些买马经费都由四川本地解决。茶马司的茶利、总领所及川内各州县调拨的银绢，都可成为其经费的来源。此外，朝廷还曾发放空名度牒作为买马的补贴。

第三节　马司银

表13-1中，铤3至铤9等七枚银铤，为宋理宗淳祐六年至宝祐二年间（1246～1254），荆湖南路道州按季起发至淮西总领所的马司银。理宗端平元年（1234），也就是蒙古窝阔台汗六年，与宋对峙百余年的金国亡于蒙古铁骑之下。宋廷有意借机收复故土，遣兵入洛阳后又被蒙军逼退。此后不久，宋蒙爆发全面战争，川陕地区首当其冲，南宋马政受到毁灭性打击。理宗淳祐年后，南宋国运已是日薄西山，距宋亡只有二十余年。这是这七枚马司银的时代背景。那么马司银为何要起发总领所？

总领所有两项重要职能，一是购置军需；二是拘催诸州军的供军钱粮。

总领，四人。掌措置移运应办诸军钱粮，以朝臣充，仍带干阶、户部等官。朝廷科拨州军上供钱米，则以时拘催，岁较诸州所纳之盈亏，以闻于上而赏罚之。[17]

而茶马司所市之马主要也是用于诸军，当无马可市的情况下则以获利赡军为主，早期的茶马司官员甚至兼任总领所官职，

以前总领兼领茶马，是欲挪取催收之货，以济军用。[18]

这说明了茶马司职能的多重性。淳熙二年（1175），孝宗下令买马时依元丰元年例：

差拨将官二员，将带医兽、白直等人，分头前去襄汉州军，收买土产马六百匹，逐旋团纲，差人取押归司，赴承旨司等量火印，批放合得草料，拨付马军阙马官兵着脚，趁赴教阅。其买马价钱，乞于湖广总领所就便借支会子四万贯收买。候买到日，具匹数支过价钱，却下茶马司拨还。[19]

这是总领所与茶马司相互调剂的例子。当茶马司买马不力，无法满足大军的战马需求时，总领所则可以朝廷的授意下接管茶马司的钱物，自行买马。绍熙三年（1192），

茶马司拖欠马数过多，诏将本年分马纲钱价，责茶马司拨付湖广总领所，劳付军官自买土马。[20]

有时，宋廷直接越过买马司，安排总领所将钱款付诸前线大军，由大军灵活就便购买马匹。如宋宁宗诏令湖广总领所支二万贯会子付江陵副都统制司，贴助收马土产马一批。因此，上述这七枚银铤可以理解为，道州原用于买马司的专项经费被调拨至淮西总领所。南宋末期，茶马司以茶易马的大环境已不复存在，但仍需要在湖北、湖南等地购买“土产马”，以补充战马的不足。从铤12铭文“桂阳军马司监官”可以看出，桂阳军设有土产马的买马司，该铤则由其监铸。

另外，我们发现在这些马司银中，淳祐六年的，是“上半年”由道州知州起发，相对应的，可以理解为一年分两次交纳，即上、下半年各一次。但到淳祐九年、宝祐

二年时，则改为通判厅起发，且按 “冬季”与“秋季”申解，也就是说光下半年就分作两次交纳。知州为一地之主官，而通判则为分割主官的职权而设立，通判的行署又称“通判厅”。通判厅直接参与州郡政务、财务，属于地方监察机构。至于款项交纳频次的增加似乎意味着前线经费的吃紧。事实上，淳祐九年（1249）蒙古铁骑扰淮西，淮西战事吃紧，淮西总领所必为之应对加紧筹饷。到宝祐元年（1253），忽必烈已分兵三路进攻云南，次年攻破大理，对宋逐渐形成了合围之势。

注释

[1]（明）王圻撰：《续文献通考》卷二二《征榷》。
[2]（元）脱脱等：《金史》卷一二《章宗本纪四》。
[3]（清）徐松：《宋会要辑稿》兵二二之一九。
[4]（宋）李远：《青塘录》，见何镗《古今游名山记》卷七。
[5]（宋）宋祁：《论养马札子》。
[6]（宋）李焘：《续资治通鉴长编》卷二六七。
[7]（元）脱脱等：《宋史》卷一六七《职官志》。
[8]（清）徐松：《宋会要辑稿》职官四三之一〇五。
[9]（清）徐松：《宋会要辑稿》职官四三之一一三。
[10]（清）徐松：《宋会要辑稿》职官四三之一〇八。
[11]（清）徐松：《宋会要辑稿》兵二二之二八。
[12]（清）徐松：《宋会要辑稿》兵二二之八。
[13]（清）徐松：《宋会要辑稿》兵二三之五。
[14]（清）徐松：《宋会要辑稿》食货三一之二五。
[15]（宋）李心传《建炎以来朝野杂记》甲集卷16《金银坑冶》。
[16]（宋）卫泾：《后乐集》卷一三。
[17]（元）脱脱等：《宋史》卷一六七《职官志》。
[18]（宋）李心传：《建炎以来系年要录》卷一九八，绍兴三十二年三月丙寅。
[19]（清）徐松：《宋会要辑稿》兵二三之二七。
[20]（元）脱脱等：《宋史》卷一六七《职官志》。

第十四章

矿场银与课利银

我国古代银矿的开采，唐以前的记载并不多见，入唐后，始由江西、广东等地渐次展开。至宋代，银成为国家的主要储备物资，象征着财富。此时的银是一种特殊的商品，虽区别于铜铁钱等法定货币，但仍然起到了一般等价物的作用。特别在大宗交易时，银两肩负有货币的职能，银矿的开采也兴盛了起来。根据文献的记载，宋代银矿的开采区主要集中在福建路、两浙路、江南东路、陕西路及利州路。目前发现银场相关的宋铤非常罕见，已知的有荆湖南路的潭州永兴银场、江南东路的信州铅山场、广南东路的连州元鱼场、福建路建宁府的瑞应场，如下：

铤1：（正刻）连州元鱼场买到二年分上供银伍拾两专知官唐莘

（背刻）始字号 匠人廖昌

铤2：（正刻）监银□阮 监镌□唐

（背刻）潭州刘阳县永兴银场□□□进奉银伍拾两；

（侧刻）专知王钊

铤3：（正刻）信州银伍拾两□□家□

（背刻）铅山场

铤4：（正刻）瑞应场课利银赴都大提点司交纳（图14-1）

铤1出土自河北庐龙，铤2、铤3于1958年出土自内蒙古巴林左旗，此三铤为北宋器形；铤四出现于浙江省博物馆“银的历程”展，为南宋器形。

图 14-1

瑞应场课利银，二十二两（正、背）

刻字：瑞应场课利银赴都大提点司交纳

规格：通长 110 毫米，首宽 75 毫米，腰宽 48 毫米，厚 13 毫米；重 801 克

第一节　矿场银

宋代矿冶产区的称谓有“监”“冶”“务”“场”“坑”等多种称法。这些产区规模大小不一，小的只有百十人，大的可达十万人。采取由上到下的“监——冶（务）——场（坑）”的逐级管理体系。

监：从行政角度看，与州、府、军同级。然而，其管辖区又往往设在某一州（或府、军）地域之内，但不受当地管束，有其自成一套的管理体制。监还是宋代矿区中最高级别的生产单位，主要设置于盛产银、铁的地区，一监之内可管辖众多的冶、务、场、坑。宋代著名的监，例如有银产地郴州桂阳监、凤州开宝监；铁产地兖州莱芜监、徐州利国监等。

冶、务：“冶”与“务”通用，还常以“冶务”合称。可以是独立设置的矿区，也可以依附于监之下的生产单位，常用于产银或产铁的矿区，如磁州固镇冶务、兴国军磁湖冶务、拔口银务、莒溪铁务、虢州银煎冶、栾川冶、邢州綦村冶等。

场：是宋代矿区中最常见的生产单位，金、银、铜、铁、铅、锡等矿产区均可命名为场，遍布各地，通常以中小型生产规模居多。但也有例外，如福州宁德县宝瑞银场，岁课额曾达四十四万两。又如韶州岑水铜场，“慕利而至者不下十万”，这在采冶规模及人数上都比“监”有过之而无不及。称之为场的矿产地，有官营也有民营。而称之为监、冶、务的则通常为官府管理。

坑：通常建置于监、冶、务、场之下，是基层生产单位。以“坑”命名的矿地主要分布在福建路、荆湖南路等南方地域.

由于矿场兴废不常，文献记载亦不全面，我们现已难窥其全貌，根据王菱菱《宋代矿冶研究》书中的统计，宋真宗天禧年，银矿为57处；宋英宗治平年，银矿为84处；宋神宗熙宁年达到最高点，银矿最多时为165处；到南宋高宗时，兴发的银矿为90处，停闭的则有84处，随着北方领土的丧失，南宋存续的银矿数量恐较北宋为少。由于银矿中不少为伴生矿，有的银矿数的统计可能并入到铜矿的统计之中。现摘录宋真宗天禧之前的银矿产地供参考：

三　　监：桂阳、开宝、龙培

五十一场：饶州德兴、虔州宝积；信州宝丰；建昌马茨湖、看都；越州诸暨；衢州南山、北山、金水（含灵山场）；处州庆成、望际；道州黄富；

福州宝兴；漳州兴善、毗婆、大深、岩洞；汀州黄培、龙门、宝安；南剑州龙逢、宝应、王丰、杜唐、高才、赡国、新丰岩、梅营、龙泉、顺昌；邵武军集阮、龙门、小杉、青女、三溪、黄上、同福、磦礤；南安军稳下；广州上云；韶州乐昌、螺阮、灵源；连州同官；英州贤德、尧山、竹溪；恩州梅口；春州阳江。

三　　务：秦州陇城、陇州、兴元府

这些银矿的开采，有官营与私营两种，其交纳的矿银总数又称“岁课额”。两宋时期，金银铁三类矿产品不属于禁榷品，官府与私营矿冶户按一定的比例进行分成，例如有所谓的“二八抽分法”，即官私按2∶8的比例进行分成。不同时期、不同地方，分配比例会有变化。矿冶户自留的部分允许在民间贸易，官府亦可收买。铤1即表明连州的上供银采购自元鱼场。实际上连州于此买银沿袭已久，元鱼场银矿在哲宗元符年间产量达到高峰，银价每两只有六七百文。[1]值得附加说明的是，官府所需要的银两除了用现钱收买外，还可以使用以物易物的情形进行折换，即所谓“折博”之法。折博之物可以用茶、盐、丝、绢等官物，也可以用交引、度牒等有价券证来换取。1985年5月内蒙古巴林右花加拉嘎出土一枚银铤，铭文“福州绍圣二年折博银伍拾两专典许特 王镒”即是一例。

官营银场自不必有买银之说，但需要定期交纳课额，其中包括进奉给朝廷的部分。矿场的长官又称“监官”，主要负责监督矿产的挖掘冶炼、收买、抽分等诸多事宜，下设巡检、职级等官兵。铤2中的“监银”当为潭州永兴银场的监官。永兴银场于北宋熙宁七年（1074）设立，是宋代著名银场，岁课额以元丰年为例，达28757两，银产量排名位列前茅[2]。铤3为信州铅山场银铤，江西信州原是宋初主要产铜州之一，铸造铜钱的钱监池州永宁监、建州永丰监皆取铜于此。由于铜银常为伴生矿，大的铜矿在冶炼时也提取银料。事实上，上述永兴场，元鱼场也同时出产铜。北宋后期，人们将信州铅山场、潭州永兴场、韶州岑水场并称产铜“三大场”。

第二节　课利银

2016年浙江省博物馆“银的历程展”中，有“瑞应场课利银赴都大提点司交纳”

字样宋铤一枚（铤4），重801.2克，通长11.3厘米，首末两端宽7.5厘米，腰宽4.9厘米。其意义有三：第一，买扑制度的见证；第二，矿冶税的实物体现；第三，为迄今唯一发现且明确关联“都大提点坑冶铸钱司”的官铤。

瑞应场，南宋著名银场，位于福建建宁府松溪县内。据南宋赵彦卫开禧二年（1206）所撰《云麓漫钞》卷二中记载：

> 建宁府松溪县瑞应场去郡二百四十余里，在深山中。绍兴间，乡民识其有银脉，取之得其利。隆兴初，巡辖马递铺朱姓者言于府，府俾措置，大有所得。事不可掩，闻于朝，赐名瑞应场。

除“闻于朝”被赐场名外，宋宁宗还特旨要求有关瑞应场治司官员的任命，须由“堂除”，即由宰相、执政官任命，属于高规格选拔。瑞应银场在“坑冶”中的重要地位可见一斑。

《云麓漫钞》中还就瑞应场银矿的开采、铸铤、抽分进行了详细描述：

> 取银之法，每石壁上有黑路乃银脉，随脉凿穴而入，甫容人身，深至十数丈，烛火自照。所取银矿皆碎石，用臼捣碎，再上磨，以绢罗细，然后以水淘。黄者即石，黑者乃银，用面糊团入铅，以为煅为大片，即入官库，俟三两日再煎成碎银。每五十三两为一包，与坑户三七分之，官收三分，坑户得七分；铅从官卖，又纳税钱，不啻半取矣。它日又炼，每五十两为一铤，三两作火耗，坑户为油烛所熏，不类人形。大抵六次过手，坑户谓之过池。曰过水池、铅池、灰池之类是也。

其开采经营过程是：凿取矿石——捣碎磨细——淘选——加入铅——大火锻炼——煎成碎银——镕铸为五十两的银铤——按官三民七开进行分成——交纳。根据银铤实物考证，到南宋晚期，交纳地点为都大提点司，而交纳除大铤五十两外，还有中铤等不同重量的银铤。

一、都大提点坑冶铸钱司的设置

铤中铭文“都大提点司”为“都大提点坑冶铸钱司”的简称，是宋廷派驻于地方、管理各路矿产和铸钱事务的专职机构，也常简称之为“铸钱司”“泉司”“提点司”。

宋立国之初，矿冶凋敝，币制混乱。太宗继位之后，兴发矿场，相继在江南东路、江南西路，两浙路、福建路等地进行大规模开发。到真宗时，全国各监、冶（务）、场等矿产区已达200余处，采矿、矿课征收、铸钱上供等事务日益繁杂，原来由转运司或发运司兼管的状况亟须改变，代之以专职机构进行管理。仁宗景祐二年（1035），宋廷任命“知楚州、屯田员外郎魏兼为江、浙、荆湖、福建、广南等路提点银铜坑冶铸钱公事”，继而又规定该职位由朝臣担任，俸禄资序与提点刑狱相同。伴随这一职位产生的，便是“江淮等路提点坑冶铸钱司”机构的成立。官署原设于江南东路的饶州。起初提点司长官管辖的地区是“江浙荆湖福建广南等路”，后来又增加了对淮南矿产区的管辖，随着提点官事权的扩大，名衔中也加入了“都大”二字，史料中多简称之为“铸钱公事”“提点官”“都大提点官”等。

两宋期间“都大提点司”几经复罢，称谓也时有变换。例如景祐五年（1038）因发运司的恢复而被裁撤，发运使接管了“提点铸钱事”。到皇祐元年时（1049），“提点坑冶铸钱司”复又单独建置。南宋绍兴二十六年（1156），高宗废罢都大提点坑冶司，由各路转运司及行在提领诸路铸钱所接管，绍兴二十九年（1159）又恢复江淮等路提点坑冶司，只是这一次高宗为防止提点官事权太重，难以驾驭，将提点官名衔削去“都大”二字，官资排序降为“与转运判官序官”，其属官人数也予以削减。淳熙五年（1178）六月二十七日，宋孝宗下诏：“江淮等路提点坑冶铸钱公事可依景祐元（二）年故事，衔内带‘都大’二字，与提刑序官。”[3]此后直至南宋灭亡，都大提点司的名称一直未改。

值得了解的是，宋境北部地区受宋辽、宋金战争的影响，西部地区受少数民族纷杂不便管理的影响，因而在西、北部地区长期施行矿冶少量开采甚至禁止开采的政策。坑冶之重点便放在了东、南部地区。在宋神宗熙宁、元丰之际，采矿及铸钱量达到两宋鼎盛时期，全国铸钱506万贯，其中南方铜钱年铸额为380万贯，占比75%。而仅广南东路韶州永通监及惠州阜民监年铸额就达150万贯，达总额的三成。[4]原总管诸路矿冶铸钱的提点司位于饶州（今江西鄱阳），离广南东路尚远，不便监管，于是宋廷增置提点官一员，于虔州（绍兴二十三年改称“赣州”，今江西赣州）设司，形成了两司分路管辖的局面。饶州司监管淮南、两浙、福建、江南东路区域；虔州司监管荆湖、广南、江南西路区域。此后两司或分治或合并为一。置司地点偶有变化。如设于洪州（今江西南昌）、潭州（今湖南长沙），但时间很短，最终复取于饶、虔（赣）之间，且多以饶州置司。为解决两司各自为政的现象，宋廷要求“两司官轮年于虔、饶州守任，交互巡历，检察管下坑冶应干收支见任铜料，各具关报，通融应付，依格鼓铸，庶各供备无有不足之患”。[5]这样的轮值安排有利于资源分配及物资的调拨。而北方诸路矿冶事则一般由本路转运司、提刑司、提举常平司兼管。伴随是铤发现的还有其他淳祐年福建银铤，这已是南宋晚期了，加之福建路由饶州提点司监管，是故铤中铭文“赴都大提点司交纳”可推定为交纳到饶州提点司。

南宋时期都大提点司的属官通常设主管文字一员、干办公事一员、检踏官四至九员不等，准备差遣、秤铜官、催纲官若干员。孔目、职级、手分、贴司、军典等人吏达数二十六人不等。对于有一定规模的冶、务、场、坑还设置监官实施监管，监官是矿场的最高长官，主要负责监督矿产的采掘与冶炼过程，负责矿产的收买、课税事宜。监官之下设有吏人，或在重要的矿场内增设了防止骚乱的巡检、职级等官兵。例如，南宋乾道九年，权发遣处州姚述尧在曾提到“其银铜两场除监官外，尚虑工匠等别有侵欺，已别差指使八名、兵给四十八名分头监督”。由于矿场分布较广，都大提点司为了能及时掌握和处理各地情况，将检踏官分别派驻到重要的产矿、铸钱区。以这些地方为中心划分固定的管辖区，在辖区内“分头检踏逐处坑冶，催趁课利物料”，[6]从而成为坑冶司属下的“分司”机构，并设有检踏厅。这种运作方式从绍兴时期年开现一直延续至南宋末期。

由于“坑冶铸钱”对国家货币政策、财政收支、兵器铸造等多方面起着相当重要的作用，其长官提点官的任命主要经由 “皇帝特旨除授”或“堂除”两种途径。所谓“特旨除授”是指皇上钦点，而“堂除”则是指由宰相、执政官选拔。能被“堂除”的官员，通常官阶在五品以上。提点官虽不及五品，但其职位重要且任务繁重，被视为“出常调官”，即破格提拔的监司官，故经由堂除任命。提点司属官的选拔主要是通过吏部的常规铨选，也可以由本司长官举荐产生，对于一些重要的矿场，其监官的任命也可能需要“堂除”。例如，宋宁宗庆元元年（1195）十二月，右正言兼侍讲刘德秀在奏章中提到：“冶司旧有辟差窠阙凡六。近以其一归堂除，而今所存者尚有五阙：吉州置司检踏官，监潭（州）之永兴场，监建宁之瑞应场，与夫处（州）之石堰、库山场监辖使臣是也。”[7]这里说的是“都大提点坑冶铸钱司”有官职空缺者六，除由中书门下选拔一员外，余下属官待选，其中包括瑞应银场监官的职缺。而宁宗的批复是：“吉州检踏官、潭州永兴场、建宁府瑞应场三阙今后堂除。”石堰及库山场窠阙则归吏部铨选。由此可见，瑞应银场的开采直接受都大提点司监管，这种关联性被该铤铭文所确证。物以证史，恰是其研究的价值所在！

二、坑冶买扑制度

“扑”，争到曰扑。买扑意指竞买，竞买人向官府缴纳一定数额的钱物后，获得一定时限、一定地域范围之内的生产经营权或管理权。对于特殊领域，例如坑冶矿采业，官府则按一定的矿产比例进行抽分。宋代的买扑亦称之为承买、扑买、扑断、揽买，这种经营方式广泛存在于两宋的酒、醋、茶、矾、坑冶、江河津渡、陂塘、官田宅、坊务、墟市等商业领域内。买扑制度原旨是一种官民两便、官民分利的承包制度。

宋代坑冶主要是指金、银、铜、铁、铅、锡等六类矿产的开采与冶炼。宋神宗时期，从铁矿的买扑开始，逐渐推行到金银矿场，到宋哲宗元祐五年（1090），湖南转运司提到：“应金、银、铜、铅、锡兴发不勘置场官监，依条立年额课利，召人承买。”[8]至此，私人买扑经营的方式遍及各类矿场。所谓“立年额课利”，是上缴矿产实物，有的还需要将矿产变卖，换成“课利钱”交纳。鉴于金银具备轻便且价值高的特点，宋廷以金银为主要财储对象，“课利钱”通常须折变成银两，即“课利银”上交。买扑制度下的“课利钱”是宋代财政收入的重要组成部分。

关于买扑坑冶的流程，大致如下：官府首先对矿场进行估值，在此基础上任由有力之人添价争购；其次，出榜。官府于要闹处张贴榜文，将买扑对象的情况和估值公开，甚至派人逐户通知。为了吸引民间竞投，也有对原估值减价出榜的。另一方面，竞投人写具实状，注明抵当家业物数——类似于现代社会的履约保证金，与保人一道赴转运司或州县衙密封投状。在投状期到期后，由官员们开验核查，“著价最高者方得承买”。最终，与官府订立契约，确定买扑年限、交纳课利数额、抽税比例等。神宗熙宁、元丰时期（1068～1085），官府抽取开采出矿产品的20%，其余80%许坑户买卖，这种抽税比例又称为熙丰二八抽分法。此法实行时间较长且较为普遍，到南宋高宗绍兴七年（1137），仍见有工部申请金银矿场沿用“熙丰法”：

绍兴七年，工部言："知台州黄岩县刘觉民乞将应金、银坑场并依熙丰法召百姓采取，自备物料烹炼，十分为率，官收二分，其八分许坑户自便货卖。今来江西转运司相度到江州等处金、银坑冶，亦依熙丰二八抽分，经久可行，委实便利。"从之。[9]

当然，这一比率也有例外，福建建宁府松溪县银场瑞应场采用的是官府与坑户"三七分之，官收三分，坑户得七分"的抽分比率。有的地区甚至更高，孝宗乾道九年（1173），处州买扑银坑者"自备工费采打"，产银"六分给官，四分给业主"。[10]由于铜、铅、锡三类矿产是铸造铜钱的主要生产原料，金、银又用于国家的财富储备，故长期以来这些矿产被官府定为"禁榷"之物，其产、销均受到严格控制，虽然名义上也实行抽分制，但基本上没有自行处置抽分之外矿产品的权力，大多数情况下须全部卖给官府，以和买之名行榷买之实。例如政和六年（1116），廖刚（1070～1143）在《投省论和买银札子》中提到，福建路上供银额为二十七万两，其中"南剑独抱四分之一，正为本州多银场之故"。

综上所述，瑞应场课利银银铤的发现，为我们研究宋代矿冶业提供了有益的帮助。而"课利银"这一对南宋财政收支有着重大的影响的买扑课额实物，也是宋铤研究中的首次发现。另外，宋代铁钱背面的钱监名，对于研究两宋货币的同好来说不会陌生。例如，"同"代表舒州同安监、"松"代表舒州宿松监、"春"代表蕲州蕲春监、"丰"代表临江军丰余监等等。这些"钱监"属于铸钱管理机构里最为基层的生产部门，而"都大提点司"则是这些钱监的最高管理机关，该铤也为两宋货币研究带来了有益的补充，相映成趣。

注释

[1]《永乐大典》卷一一九〇七《广·广州府·土产》。

[2] 王菱菱：《宋代矿冶业研究》，河北大学出版社，2005年，第39页。

[3] 王菱菱认为，淳熙二年、三年提点官名衔在《皇宋中兴两朝圣政》、《群书考索》中已带有“都大”二字，与《宋会要辑稿》淳熙五年诏令不符，作者遵循淳熙五年恢复“都大”名衔的观点（王菱菱：《宋代矿冶业研究》，第269页）。本文认同这一观点。

[4]（清）徐松：《宋会要辑稿》食货一一之八。

[5]（清）徐松：《宋会要辑稿》职官四三之一三七。

[6]（清）徐松：《宋会要辑稿》职官四三之一四九。

[7]（清）徐松：《宋会要辑稿》职官四三之一七八。

[8]（宋）李焘：《续资治通鉴长编》卷四四一。

[9]（清）徐松：《宋会要辑稿》食货三四之一六。

[10]（清）徐松：《宋会要辑稿》职官四三之一六八。

第十五章

河渡银解析

吴门道中二首（其一）

宋·孙觌

数间茅屋水边村，杨柳依依绿映门。
渡口唤船人独立，一蓑烟雨湿黄昏。

这是宋人孙觌的诗。村旁水边几间茅屋，杨柳婆娑，门外绿意盎然。时值黄昏，渡口有人在唤渡，唤渡人披蓑戴笠，任烟雨空濛。这诗情画意里透出的是有船有人之渡口。

春日登楼怀归

北宋·寇准

高楼聊引望，杳杳一川平。
野水无人渡，孤舟尽日横。
荒村生断霭，古寺语流莺。
旧业遥清渭，沉思忽自惊。

这是北宋政治家寇准初知巴东县的诗。一水间，野渡无人舟自横，这里描述有野水荒渡的画面。渡口也称津渡，是陆路、水路的交接转换处。然而与文人墨客笔下的浪漫不同，宋廷为稽查奸细、禁物以及征收商税，对津渡有着较为严格的监管。管理上有官营或招人买扑两种模式，禁止私渡。对于黄河、淮河、长江、钱塘江等大的干流实行官营，对于较为偏远的支流则实行买扑经营。迄今发现的宋铤中有錾刻“惠州河渡银”字样的拾贰两半银铤一枚，恰是宋代津渡管理制度的见证，其铭文为：

（戳记）京销铤银 重拾贰两半 赵孙宅

（刻字）惠州河渡银（图15-1）

图 15-1

惠州河渡银

戳记：京销铤银 重拾贰两半 赵孙宅

刻字：惠州河渡银

规格：通长 88 毫米、首宽 60 毫米、腰宽 41 毫米、厚 10 毫米；重 390 克

宋代官营渡口设“监渡官”，文官因“养尊自重，视本职为猥贱”而不屑为，所以该职多差武臣或衙前役人充任。监渡官的职责是在渡口处点检上船人数及随行担物、马匹，督促依时装发，监视“渡子”（梢工、水手）奉公守法，安全行渡。每一渡口，根据行旅人数多寡而设置船数。官渡船为官府配给。例如，南宋临安府城郊浙江渡、龙山渡与绍兴府萧山县西兴渡、渔浦渡等四渡口配有渡船三十五只。[1]渡子一般役使百姓，但也有以士兵充当的。《宝庆四明志》记载舟山渡“本府原有大渡船二只，委江东寨兵分番撑驾”。

渡船载渡民旅，须收取渡钱。官府为每一渡口设定年额，定期交纳入官。河渡钱折成银两交纳的，又称之为河渡银。河渡钱的收取因时间、行程长短、水面艰险的不同而不同。南宋庆元年间（1195～1200），奉化与鄞县交界的北渡，普通商旅、百姓每人收取3文河渡钱，官员和出家人免费。方志上记载的是：“往来负担者，人取钱三文，以充输官之用。士夫、僧道则免。迄今四十余年，人甚便之。”[2]若乘船过海，从舟山昌国县到鄞县，其艰险胜于江河，因此每人渡费高达50文足。嘉泰元年（1201），前文述及的浙江、龙山、西兴、渔浦四个渡口，“日常津发民旅，依已降指挥，每人出备钱三十一文足，买牌上船过渡。除官员、军兵、茶盐钞、乞丐、僧道免出牌钱外，若有担仗、轿马、增折人数”。[3]即每人31文，行李及轿马按人数折算后纳钱。又如，福州的洋下渡，嘉祐中期，官设摆渡，渡者每人交纳7文；元祐六年（1091），又造4艘官船，大船限载100人，水手15人，小船限载50人，水手8人，渡者每人交纳5文。[4]不难看出，出于对河渡安全的考虑，官营渡口对船体大小和人员配备要求较高，非一般民户可以买扑承受的。

官营津渡在收取河渡钱时，采用了“卖牌”上船的办法。《宋会要》记载，在绍兴三十年（1160）十二月十四日诏书：“今后渔浦渡依旧委监镇巡检，依浙江例卖牌发渡。”还记载乾道三年（1167）：“立渡船置五色旗及五色牌，卖给过渡人，严禁私渡，差拨水军，止约挽夺登舟等数条。”如此办法，一来维持上船秩序，二则防止渡子半途勒索。更为有效的是，收钱与行船分开，使津渡人员相互监督，预防出现私扣河渡钱的弊端。

对于地处偏远、民旅及货物流量小的渡口，官府允许买扑经营，民户向官府缴纳课额获得通常以三年为一界的渡口管理权。河渡的买扑，与坊场、坑冶、茶盐的买扑方式相似。先是民户申请买扑，召人担保，然后“实封投状”，即将姓名、买扑价格、抵当财产数、户等、保户名等内容密封后投交官府。投状期限到了后，官府开验投状，由著价最高者承买。官府同时禁绝买扑河渡附近的私渡来维护买扑者的权益。宋代买扑制度设计得十分完善，例如验明买扑人资格、财产估定、检视用以抵当的财产是否蒙昧尊长或妄指他人财产充抵、设定买扑优先权及罚则、设定担保规则、出榜公示、发帖（签订合同），与当今政府采购的招投标制度大为相似。现存最早的宋代买扑河渡的记录是太宗端拱二年（989），“许州郾城东螺湾渡系百姓买扑，每年纳钱四百五十千”。[5]到宋哲宗时期，买扑坊场、河渡的收入十分可观，苏辙言：“今诸路每年所入坊场、河渡钱，共计四百二十余万贯，而每岁所费衙前支酬及招募押纲钱，共计一百五十余万贯，所费只用所入三分之一。”赵宋南渡后，买扑河渡比较兴盛的是在孝宗和宁宗时期。

民户买扑河渡的目的是为了获利，往往多收渡钱。南宋王之望到任湖南时，曾发感慨：

> 臣到任，屡有民旅陈诉津渡艰阻，多取渡钱，寻行勘会。盖缘州县榜卖河渡，实封投状之人，多是过立高价以争必得，即给卖后却以增添官钱为

名，加倍收取渡钱。数年以来，此风特甚。今乡村小津渡空行人亦不下收钱一二十，担擎客旅可知，其广阔津渡又可知。[6]

民户承揽渡口后收取过高的渡钱甚至还引发人命官司。南宋潭州湖碛渡口曾被私人承包，撑船者严四向过渡人索取17文，而饶十四只愿支付5文，行进间发生打斗，致使饶十四溺水而亡。[7]当然，官府也并非视之不管，例如天圣六年（1027），荆南公安县渡口新增收渡牛钱，每头牛50文，但旋即被朝廷下令罢除。

官营津渡的河渡钱，其支配权在中央，但由通判等地方官吏直接负责收取，而诸路转运司或提举常平司则负责监督。除上交中央之外，河渡钱余额才归地方州郡支配，而这部分余额还需要支付衙前诸役的酬资及用来修整船只。与官营渡口收取并交纳的河渡钱不同，民户买扑河渡后须要向官府交纳买扑课额。有关买扑河渡课额的细则，未见有详细记载，只能通过史料中零散的记录加以分析与推测。现摘录其中两则。其一，神宗熙宁十年（1077）七月二十七日，司农寺言：

今相度诸路应买扑河渡内有溪港等水源浅小至干浅月分，元不曾捐除课利、买名钱去处，委自本州契勘，申转运提举司相度，据合纽纳课利、买名钱数减免，仍禁拦截人旅，并小河渡口不妨过往处相度废罢。

（宋）马远《春雨富士图》局部

这段引文可以说明，买扑河渡的课额中除课利钱外还有买名钱的存在。

其二，大观元年（1107），淮南转运司上奏：

> 买扑坊场、河渡课利入转运司，净利入提举常平司，遇酷卖不行，即依条均减。如坊场兴盛，则买扑人惟添净利，更不增添课利。欲乞应人户买扑坊场、河渡第三界满无拖欠，愿增钱二分置卖者，纽添课利钱二分，其合别如人亦据所添净利钱数纽添课利钱，其钱并别桩管，专充移用。[8]

这条文献表明河渡买扑课额中至少还包括课利钱与净利钱，且由不同的管理机构负责，其中河渡课利钱入转运司，净利钱入提举常平司。

综合起来，河渡买扑交纳的这同一笔钱，就民户而言是一笔买扑课额；而在官府那里，则需要将这笔钱划分为“课利钱”“净利钱”“买名钱”，并分拨给不同管理机构。“课利钱”，通常指的是税项原额，须上缴中央，也是考核地方官员的重要指标。“净利钱”，可以理解为在实施买扑竞价之前，原官营坊场、河渡所得的全部收入减去上交中央的课利钱、再减去酬奖衙前之外的那部分净收益，这部分多由地方上支配。“买名钱”，可以理解为民户在官府课利钱与净利钱之和的基础上，加价竞逐，以期获得承揽权的那部分钱。这也是官府推行实封投状法所获得的超额利润。因此，笔者认为官营渡口收取的渡钱与民户买扑河渡所收的渡钱是有区别的，前者全部直接入官，亦称之为河渡钱。后者为民户买扑经营所得，虽然在规定的期限内也要将一部分渡钱交官，但这属于缴纳课额，余下的渡钱将成为民户自己的收入。就会计制度而言，同为渡钱，但前后两者的性质不同。

錾刻“惠州河渡银”字样的南宋拾贰两半银铤，目前仅发现一枚。“惠州”，南宋时隶广南东路，广东三大水系之一的东江及其支流西枝江横贯境内，因其水系发达，湖泊众多，有“半城山色半城湖”之誉。早在隋唐时就已成为粤东重镇，商贾交通频密。可以想象，在这样江河遍布、人旅往来的地方，无论官营还是民户买扑，其渡口总数一定不少。细观铤身，见有“京销铤银”及“赵孙宅”戳记，其形制规整、戳记规范，完全符合南宋临安金银铺的铸铤样式。是铤与广州、循州、梅州等广东其他地方交纳中央的银两一样，大多于临安金银铺买银，再錾刻铭文标识好用项来源后交纳的。如果是民户买扑河渡的，那么转运司解送的应该是课利钱折银。显然，该“惠州河渡银”是惠州官营渡口收取渡钱后折银解送中央的。

注释

[1]（清）徐松：《宋会要辑稿》方域一三之一五。
[2]（宋）罗浚：《宝庆四明志》卷一四《桥梁》。
[3]（清）徐松：《宋会要辑稿》方域一三之一五。
[4]（宋）梁克家：《淳熙三山志》卷五《洋下渡》。
[5]（清）徐松：《宋会要辑稿》方域一三之四。
[6]（宋）王之望：《汉滨集》卷五《湖南提举司论河渡奏议》。
[7]《名公书判清明集》卷14《严四为争渡钱溺死饶十四》。
[8]（清）徐松：《宋会要辑稿》食货四九二八。

第十六章

酒务抵当所相关银铤

酒，天之美禄。“无酒不成礼”“无酒不成席”，自古以来，酒即是典礼与祭祀的必备品，也是民间餐桌上的怀中物，酒更让文人墨客妙笔生花，“酒逢知己千杯少”“举杯邀明月”都是人们再熟悉不过的佳句了。在两宋时，酒是专卖对象，是重要的财政税源，与国计民生息息相关。1974年内蒙古巴林左旗出土一枚北宋银铤，铭文为：

> 潭州酒务抵当所准提举司指挥支常平坊场积剩钱买到银壹铤伍拾两专秤库蔚明等行人李经官（图16-1）

带有“酒”字的宋铤只此一枚，极为珍罕。“酒务抵当所”在文献中未见记载，而相关实物的出现，则见证了宋代经济的高度繁荣。“酒务抵当所”是酒业专卖机构以酒课或其他存放进来的官钱为本金，对民间进行抵押借贷，以获取利息的官方机构。这种类似银行、典当组织的出现，已使宋代站在了现代金融业的边缘。铭文“准提举司指挥”是依据、参照提举常平司指令的意思。“常平坊场积剩钱”，是指“常平积剩钱”与“坊场积剩钱”两项。常平钱原本是存放在常平库中用来维持粮价稳定的买粮钱，所谓“籴本”。常平钱在粮食的买进卖出间循环做本（关于“常平钱”更多介绍，请参阅本书第三章）。“坊场”指酒坊酒场，“坊场钱”指常平司管辖的、专属上供部分的酒坊买扑收益，又称净利钱。而所谓“积剩钱”则指现有常平钱、坊场钱中节余或预留下来，可供调拨支移的那部分钱。“买到银壹铤伍拾两”，宋代上供通常使用轻赍起发，所以需要将钱折换成银两，以降低起运重量及运输成本。“行人”，即金银行业的从业人员，出现在官铤之上，则表明该“行人”需要负责金银铤的铸造及成色看验。巴林左旗为原辽代上京临潢府所在地，北宋景德元年（1004）十二月，宋辽结“澶渊之盟”，结束了长达25年的战争关系。此后宋廷每年输纳所谓

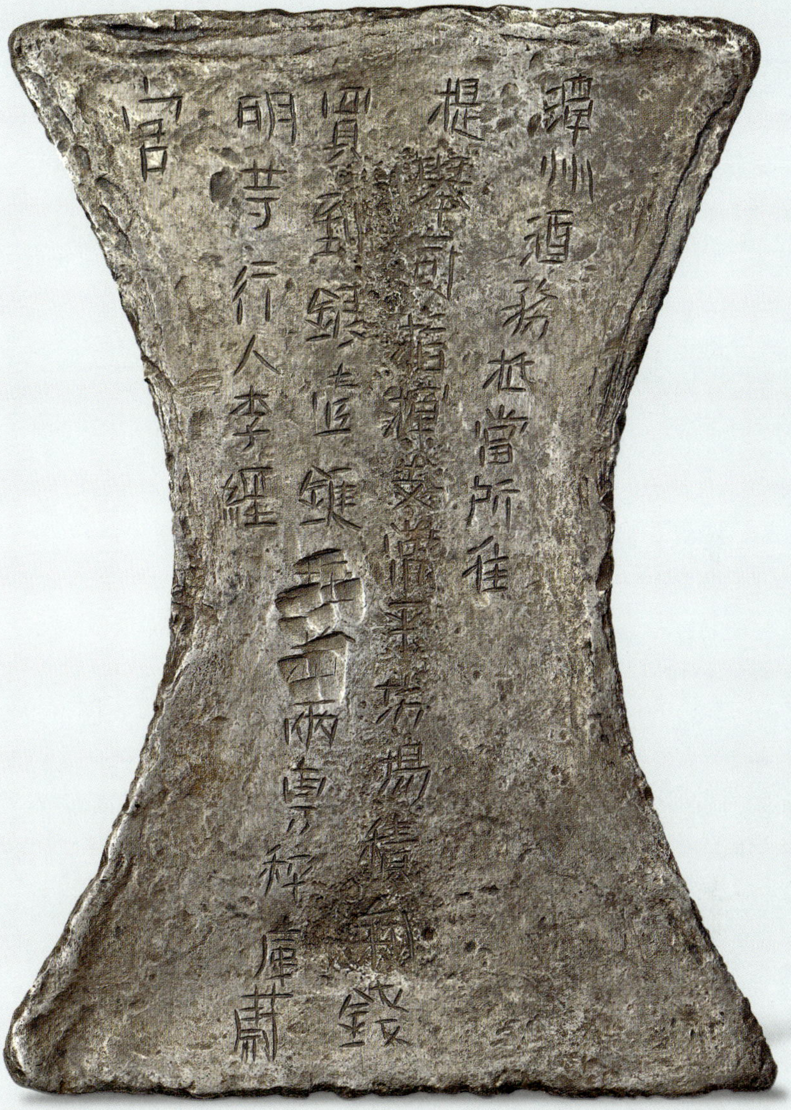

图 16-1

潭州酒务抵当所支常平坊场积剩钱买到银，五十两

刻字：潭州酒务抵当所准提举司指挥支常平坊场积剩钱买到银
壹铤伍拾两专秤库蔚明等行人李经官

规格：通长 145 毫米，首宽 105 毫米，腰宽 61 毫米；重 1993 克

“岁币”——白银10万两至辽境。该铤在辽上京遗址附近出土，拟或有当时“岁币”的可能。

该铤涉及的内容十分丰富，下文将围绕按潭州酒业概况、酒务的作用以及酒务抵当所的源流加以分析，以期有助于理解该铤的来源、用途与意义。

潭州，宋时隶归荆湖南路，以长沙县为治，辖境相当于现今的长沙、株洲、湘潭全境及益阳部分地区。潭州酒业较为发达，早在唐代，杜甫就在《发潭州》诗篇中写道：

夜醉长沙酒，晓行湘水春。
岸花飞送客，樯燕语留人。

到宋代时，长沙酒肆林立，酒帘飘扬，宋人王以宁在其《水调歌头·裴公亭怀古》中写道：

（宋）张择端《清明上河图》 酒楼前挂着“新酒”的旗子与“天之美禄”的招牌

岁晚橘洲上，老叶舞愁红。西山光翠，依旧影落酒杯中。人在子亭高处，

下望长沙城郭，猎猎酒帘风。远水湛寒碧，独钓绿蓑翁。

而这样咏叹潭州酒的诗句还有不少，北宋诗人宋祁《渡湘江》称“晴日花争发，丰年酒易沽”，“酒易沽”也正说明了潭州酒业的繁荣。好酒还有品牌，北宋邹浩在其《道乡集》中写道：“方寸悠忽丛百感，湘源白鹤空盈樽。”并自注云：“湘源，白鹤，乃长沙酒名。”换个角度看，像潭州这样酒消费旺盛的地方，其带来的酒利必不在少数，官府也会加大对酒业的控制。

宋代对酒的垄断经营称为榷酒，亦称榷酤，这是由官府主导的，对酒的生产、销售、分配进行控制的专卖政策。淳化五年（994），太宗“诏征天下酒榷”[1]，景德四年（1007）宋真宗“令计司将榷酤之法立为永式”[2]。州一级官府设置酿卖酒（含酒曲）、征收酒课的机关称为都酒务，县一级则称为酒务。宋代称为务的还有商税务、市易务、杂买务、店宅务、竹木务、窑务等，大抵依据“凡商贾之赋，小贾即门征之，大贾则输于务”的原则。酒务分布相当广泛，根据人口稠密及市场需求而定，最低一级可设在乡镇所管辖的小市。熙宁十年（1077）以前，北宋有酒务1861处，其中潭州酒务有8处，分别是长沙县、衡山县、湘阴县、湘乡县、湘潭县、醴陵县、益阳县、攸县。[3]酒务由监官与吏员进行日常管理，监官通常由低级文武官员充任，其下再设专知、专一提点官。吏员有攒司、贴库、专拦等，或为差役或为招募。当然，官府也要考虑到费效比，天圣四年（1026）酒务课利数额在一千贯以上者，方差官监管，后改为三千贯为差派监官的下限。一年酒课不足三千贯的地方，即招民户扑买承包，所谓扑买，类似于当今的招投标形式。获得承包权的民户，每年交纳坊场钱。

抵当所，宋代官营借贷机构。所谓“抵当”，是以借贷人的家产，包括田产房宅等不动产的契书作为抵押进行借贷。神宗、哲宗时期常称为抵当所，徽宗至宋末多称抵当库，有时也直接称之为解库、质库或典库，与民间私营典当的名称相同。究其原因，大体因为经营形式相近从而沿用了民间习惯性的称呼吧。《清明上河图》中画有挑着“解”字幌子的典当铺。

抵当所源自“检校库抵当所”。检校库是宋廷为了抚养孤幼而设立的带有慈善性质的官方机构，原隶属开封府，它管理着户绝没官财产，以及官员亡故后遗留给孤幼的财产。王安石变法后，受青苗法的影响，也为了使这些财产增值，检校库经营放贷收息业务。熙宁四年（1071），开封府检校库官员上书：

（宋）张择端《清明上河图》 挑着“解”字幌子的典当铺

> 本库检校小儿财物，月给钱，岁给衣，逮及长成，或至罄竭，非朝廷爱民之本意，乞将见寄金银见钱，依常平仓等例召人先入抵当，请领出息以给元检校人户。[4]

这得到了神宗认可，下诏：“千贯以下并如所请施行。”业务展开后，开封府所在的各衙门也将本部经费存入检校库，委托放贷生息。第一笔以杂供库名下拨入的经费即达七万贯，“召人情愿借贷，依常平出息，充捕贼赏钱”。此后神宗又陆续下诏，赐钱送检校库放贷，用于律学、武学、国子监的教育开支。随着检校库放贷本钱的不断增加，熙宁五年（1072）正月，神宗令开封府检校库吴安持与户曹孙迪专一设置抵当所，管理息钱支给。值得一提的是，同一年宋廷为平拟市面上的货物滞销，开始实行市易法，允许商人自市易务抵当贷款或赊货，官收其息。检校库抵当所与市易抵当所业务类似，两者合并并划归都提举市易司，直至市易法元丰八年（1085）废罢，但抵当所仍被保留。事实上，抵当所的经验已由京师向全国推广，先是“乞推抵当法行之畿县”，即从京师近旁的县开始，然后推广至外路，再至州府，且设在“商贩要会处”。熙宁七年（1074），大名府韩绛言及：

本路安抚司累岁封桩绸绢或致陈腐，乞下转运司用新绸绢或钱银对易，或依市易法，令民入抵出息，其余经略安抚司封桩亦乞依此。获准。[5]

又如元丰七年（1084），神宗下诏：

诸路常平司存留一半见钱，以二分为市易抵当。[6]

即路一级的安抚司成立有安抚司抵当所、常平司成立有常平司抵当所，两者并行不悖。南宋设立总领所后，其下亦设有抵当库。从宋徽宗及至南宋末期，抵当所设立更为灵活，崇宁五年（1006），诏曰：“诸路抵当所可令提刑司相度户口繁庶职事多处即存留，余令监当官兼管勾，仍具状闻奏。”[7]到南宋宁宗、理宗时期，地方官建立抵当库数量不在少数，甚至还允许民间参与。永州（荆湖南路）地方乡绅在知州的资助下，以富人抵罪的赎金五万斛建续惠仓，减价粜米，为使续惠仓能维持下去，以众乡绅捐助的钱粮创设抵当库，以抵当息钱弥补籴本所耗。[8]

以“酒务”为单位设立抵当所是宋代酒业研究中的一个新发现。其他借官钱生息的例子还有不少，如《宋会要辑稿·食货》五二中记载，开宝四年（971）正月，宋太祖诏令禁止诸路、州、府买扑场院人员用所收课利钱“擅贷于民，以规其息利”，即禁止将课利钱（包括酒课在内）贷之于民以谋求利息的做法。尽管有很多弊端，但至少说明在宋初就有这种借贷关系的存在。又如宋神宗实施免役法之初，“免役宽剩钱”可依常平钱例，允许放贷生息（熙宁十年后停贷）；在宋人编撰的《嘉定赤城志》中，也记载有台州府的“商税务抵当库”。

关于潭州酒务抵当所的设立，有其存在的条件与环境。其一，潭州酒务有较为可观且能够持续供给的抵当本金为后盾。据《文献通考》卷十七《征榷考》四记载，神宗熙宁十年（1077）以前，宋代全国酒课按数额划为十一档，其中40万贯的2州、30万贯的3州，20万贯的5州、10万贯的31州、5万贯以上的73州、5万贯以下的41州、3万贯以下41州、1万贯以下20州、5千贯以下的16州、有征榷无定额者若干以及无征榷者若干。而潭州八处酒务每年征收酒税达5万贯以上，这个数额不小，属中等偏上水平。实际上，诸路中有5路常平司也不过是借5万贯充当抵当所本金，[9]可见潭州酒务要划出一部分金额充当抵当所本金，是富富有余的。

其二，重商大环境下的酒务，其职责本身就有逐利性。兴办官营抵当所最直接的目的是可以增加政府收入，用利息收入弥补日常经费的不足。为促使酒务扩大营收，朝廷对酒课增剩钱进行奖励，神宗朝有“元丰赏格法”，规定酒课净增额中的二厘赏给酒务监官，一厘赏给酒务专匠。官吏们为求得超额之赏，在完成甚至超额完成课税任务后，仍然搜刮酒利，或克剥税户之余利，正如苏轼所说：

> 课利虽不亏或已有增剩，而官吏刻虐不为少衰，详究厥由，不独以财用窘急、转运司督迫所致，盖缘上件给钱充赏条贯，故人人为刻虐，以希岁终之赏。[10]

元祐七年（1092），苏轼上奏，请求罢废“监酒税务增剩给赏法”，[11]获准。但到绍圣元年（1094）又因各地酒务亏欠课额，不得不再次起用元丰赏格，诏曰：

> 府界并诸路酒务年终课利增额，并依元丰赏给，从三省请也。[12]

要弥补酒课的不足或想获得更多增剩钱，开设酒务抵当所以财生财是个不错的办法！从现存的文献来看，北宋抵当所收取息钱的利率从年利1分2厘到2分不等。如按月计息，也有1分。以2分为众，这20%的利率不可谓不高。此外，无论是酒务，抑或是其上级主管部门，对于酒利的开发都是不遗余力的。例如，潭州浏阳县有永兴银场，坑户有酒的消费需求。于是，就地增置酒税务，“元丰二年（1079），三司请于潭州浏阳县永兴银场置酒税，选官监临，从之”。[13]更有无所不用其极者，苏轼曾抨击道：官府每发放青苗贷款时，“必令酒务设鼓乐倡优，或关扑卖酒牌子，农民至有徒手而归者”。[14]这种以歌伎佐酒促销的法子在宋代并不鲜见，酒务的逐利性也可见一斑。

该铤铭文中的“提举司”即提举常平司、也称常平司、仓司，掌管一路的常平仓、常平库（常平钱）、广惠仓以及免役、市易、农田水利、坊场等事务，也兼有监察官吏之责。王安石变法时期，为推行免役法，将买扑酒坊、河渡的坊场钱、河渡钱划归提举常平司。常平钱、坊场钱由提举司管辖，这与银铤铭文“准提举司指挥常平坊场积剩钱”是相一致的。值得一提的是，宋廷每遇战事时，需大量筹措军费，从中央到地方无不纷纷试图插手酒业，分食酒利，这便导致了酒业管理上错综复杂的局面。“三司、户部——各监司、总领所——州县镇”是酒业管理体制中的主干，提举司等监司与地方官府在买扑坊场与酒课管理上各有不同。限于篇幅与体裁，本文不做细述。

综上，在北宋神宗熙宁年间创设的抵当所，对民是官营抵押借贷机构，对官则提供存款取息的理财服务。这种吸纳闲散资金，为民间商业运营提供资本服务的模式，类似于当今资本市场的运作模式。在这种重商的宽松环境下，酒业特许专卖的管理机构——酒务，依托其持久且可观的酒利开设有酒务抵当所，投入到资本市场的运作中去。同时代的还有商税务抵当所。这在中国金融史上具有划时代的意义。内蒙古出土的这枚银铤，是潭州酒务抵当所从提举常平司支取常平钱、买扑坊场钱之积剩钱，买到的银两。铤中铭文没有交代买银后的去向，但由于潭州酒务抵当所不具备向上级主管机构支取与酒利无关的常平钱上供的资格，因此，无法视该铤为供输中央或调拨他路的用项银。而理解为提举常平司调拨给酒务抵当所的、以期借贷生息的官款更为讲得通。至于该铤的断代，从器形上看，平首束腰为北宋银铤的典型样式，而神宗诏令成立抵当所是在熙宁五年（1072），故该铤的铸造时间最早不过熙宁五年，最晚至北宋末年。

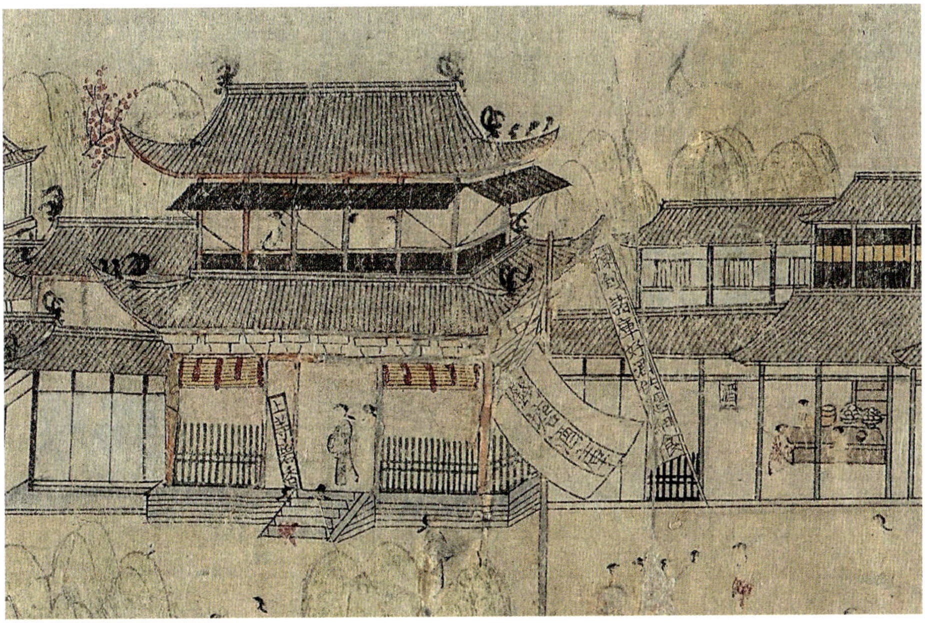

《西湖清趣图》 南宋临安“钱塘酒库”与“酒楼”，店家旗幡上有“拣到诸库好酒供应细食”字样

注释

[1]（宋）吕祖谦：《历代制度详说》卷六《酒禁》。

[2]《宋大诏令集》卷一八三《榷酤不午增课诏》。

[3] 李华瑞《宋代酒的生产与征榷》，河北大学出版社，2001年，第151页。

[4]（清）徐松：《宋会要辑稿》职官二七之七。

[5]（清）徐松：《宋会要辑稿》职官二七之九。

[6]（宋）李焘：《续资治通鉴长编》卷三四八。

[7]（清）徐松：《宋会要辑稿》职官二七之一九。

[8] 刘秋根、王文书：《宋朝的抵当所与抵当库》引用《耻堂存稿》卷四《永州续惠仓记》，四库全书本。

[9]（清）徐松：《宋会要辑稿》食货三七之三一载，六年正月十九日，太府寺言："诸路常平司市易赊借钱、宽剩钱，五路各借十万缗，余路各借五万缗，充抵当本钱。"从之。

[10]《东坡全集》卷十二《东坡奏议》。

[11]（元）脱脱等：《宋史》卷十七《哲宗本纪》。

[12]（清）徐松：《宋会要辑稿》食货二一之四。

[13]（宋）李焘：《续资治通鉴长编》卷一二七。

[14]（宋）苏轼：《东坡七集·奏议》卷三《乞不给散青苗钱斛状》。

第十七章

商税收入与金代出门税辨析

第一节　宋代的商业环境与商税

宋代是我国古代商品经济发展的高峰时期。放眼世界，宋代在城市化、商业化、金融化以及工业化上都远超世界其他地方。正如陈寅恪先生所述："华夏民族文化，历数千载之演进，造极于赵宋之世。"商业化的发展得益于宋代物质的极大丰富，而宋代全民生活的世俗化也冲破了重农轻商的禁锢思维。这一演变从城市的布局就可看出端倪，前朝的坊市制度将住宅区的"坊"与商品交易区的"市"严格分开，按时开市、闭市。入宋后，区隔坊市的高墙已被推倒，原本严密封闭的街区被鳞次栉比的商铺所占满，商业活动的时间亦无所限制。正如《梦粱录》中记载：

> 杭州大街，买卖昼夜不绝，夜交三四鼓，游人始稀；五鼓钟鸣，卖早市者又开店矣。

南宋都城临安的商品有逾四百个大类，甚至还有大量的奢侈品：

> 士夫一领之费，至靡十金之产，不唯素官为之，新仕亦效其尤者；妇女饰簪之微，至当十万之直，不唯巨室为之，而中产亦强仿之矣。[1]

买上十万钱（100贯）的首饰是对奢华生活的追求。这些超越了对维系生活之必需的商品需求大大促进了商业的发展。

参考《元丰九域志》、宋代地方志以及其他学者的统计，北宋神宗时县级以上城市至少在1150个以上；北宋小镇超过1900个，南宋小镇可达1200个以上；而集市（北方称草市，南方称墟市），北宋达5000个以上，南宋则在4000个以上；两宋300

年间，超过100万人口的超级大都市有东京、临安。商贾云集的苏州、锦绣富庶的成都、东西南北交汇的鄂州、海上丝绸之路的巨港泉州，这些城市人口数量也都达到40万以上；西京洛阳、北京大名、长江之滨的建康、湘江之畔的潭州以及福州、广州居民也不少于10万之数；至于人口在1万至10万之间的城市，北宋不会少于100个。以上种种，一方面反映出宋代商业的繁荣景象，一方面为商税的普遍征收打下了基础。

1958年春季，内蒙古巴林左旗出土一枚北宋徽宗大观年元年（1107），由杭州都税院买银解发转运司，用于进奉祭天大礼的五十两银铤，见铤1；另见带“都税务前”或“元都税院前”字样，表明金银铺地理方位的两枚南宋银铤，分别见铤2、铤3。结合这些银铤，我们简要考察一下宋代商税的基本情况。

铤1：（正面刻字）杭州都税院买发转运衙大观元年郊禋银壹阡（仟）两每铤伍拾两专秤魏中应等监匠

（背面刻字）左班殿直监杭州都税院郭立（参见第七章图7-4）

铤2：（戳记）都税务前 赵孙宅 拾贰两半 黄俊验（图17-1）

铤3：（戳记）元都税院前 马沈宅 重壹拾贰两半 霸北街东（图17-2）

“都税院”，又称“都商税院”，初设于东京，“掌收京城商旅之算，以输于左藏”。[2]后复置于西京洛阳、北京大名府、南京应天府及杭州。其他州县及经济繁荣、交通紧要的地方则设有“商税务”，用于征收过往商旅或店肆之商税。都税院由两名监税官负责，州县通常只设一名税官，商税少的地方可由地方官吏兼任。都税院、商税务下辖若干个税场（或称场务、税务）。例如《宋会要辑稿·食货》中记载，熙宁十年（1077）开封府都税院下辖42个场务，洛阳都税院下辖22个税场，大名府下辖31个税场，应天府下辖9个税场。此外，对于茶盐产地、金属矿冶所在地也往往设有税务。北宋神宗时期，全国税场总量多达2100个。而具体负责商税征收的差吏又称“拦头”，以验引、查货、拦税、收税为职事，员额不等。为了商贾校准方便，这些税务机构还出售官制斗、秤、升、尺等度量衡工具。

商税的征收，按来源可分为在城、坊场、市舶、村店、草市等所收之商税；按类型则分为“过税”与“住税”两大类。关于商税制度，宋末元初的历史学家马端临是这样概括的：

图 17-1

都税务前，十二两半

戳记：都税务前 拾贰两半 赵孙宅 黄俊验

规格：长 88 毫米，首宽 58 毫米，腰宽 40 毫米，厚 11 毫米；重 495 克

图 17-2

元都税院前，十二两半

戳记：元都税院前 盛沈宅 重壹拾贰两半 霸北街东

> 关市之税，凡布帛、什器、香药、宝货、羊、彘、民间典卖庄田、店宅、马、牛、驴、骡、橐驼，及商人贩茶、盐，皆算。有敢藏匿货物，为官司所捕获，没其三分之一，以其半畀捕者。贩鬻不由官路者罪之。有官须者十取其一，谓之抽税……凡州县皆置务，关镇或有焉，大则置官监临，小则令、佐兼领，诸州仍令都监、监押同掌之。行者赍货，谓之过税，每千钱算二十；居者市鬻，谓之住税，每千钱算三十，大约如此，然无定制，其名物各从地宜而不一焉。[3]

这里所谓“过税”，乃商人贩运过程中，沿途被各税场征收的税。如果商人贩运途中历经多处税场，则须缴纳多次的过税。过税的税率为2%。纳税后，由税场签发文引（即凭证）给商人以资凭证。为了避免商人绕开税场逃税，还特别规定了商贩行进的“官路”，可以想象，应当有不少税务设于官路之上。“住税”当指交易税，它包括开设店铺销售商品的坐贾，也包括那些提供产品的生产者，税率为3%。“大约如此，然无定制”说明税率是有一定浮动的。“过税”“住税”均以征收货币为主，同时也征收实物。如果恰好是官方所需之物，则“十取其一，谓之抽税”。

鉴于商税的重要性，自宋太祖开国之初，即制定有相应的法则，以期既增加税收，又不影响商民正常的生产与生活，时有《厩库敕》《场务令》《仓库令》等法令列明征税程序及标准。为防范税吏们侵欺榨取，更是将《商税则例》张榜于要闹处及各税务门前，明示天下，即“诏榜商税则例于务门，无得擅改更增损及创收”[4]。商税则例也与时俱进，此后历朝各有修订，有的重新拟订商税征收范围，有的规定新的征税钱额。例如，宋徽宗崇宁五年（1106）九月令：“户部取索天下税务，自今日以前五年内所收税钱并名件历，差官看详，参酌税物名件、税钱多寡，立为中制，颁下诸路，造为版榜，十年一易，永远遵守”，“辄增名额及多收税钱，并以违制论”，“颁降施行，先自京畿四辅，以及天下”。[5]而商税监官则需要：

> 躬亲检视，收纳即时，附历令客人垂脚书字，州委职官、县委令佐常切点检，转运司觉察。[6]

并非所有的商品都被课税，为鼓励农业生产，农资器具免税；为增加货币的流入量，携带大量钱或金银入京畿及京城门者免税。见《庆元条法事类》卷三十六记载：

“诸以钱或金银入京城门者，并免税。”又例如，《宋史·食货志》记载，大观二年（1108）：“诏在京诸门，凡民衣屦、谷菽、鸡鱼、蔬果、柴炭、瓷瓦器之类，并蠲其税。”若逢灾荒之年，粮食类商品亦多免税；从遍布各地的商税网及各项律令来看，宋代商税的征收体系是比较完备的。需要特别指出的是，商税收入可能与禁榷收入重叠，因为这些专卖商品的过税，一般也由商税务场征收。有关商税的岁入数据，元丰以后至南宋末年，未见全面统计。

第二节　门税

宋代的“门税”属于商税的一种。门税分“入门税”和“出门税”两种，两者征收的商品大致相同。城门是征收商税的重要关卡，由守城官兵及税务公人共同把守，宋廷规定：

> 凡商贾之赋，小贾即门征之，大贾输于务。[7]

“小贾”，即指携带货物不多的小商贩，因为税额不高，就直接在城门处缴纳；“大贾”，则指纳税额较大，需要到商税务缴纳的商人。如何界定大贾小贾？可参见大中祥符三年（1010），诏令：

> 若一千以下竹木席箔篦，只委监新城门使臣点检，就门收税。一千以上，依旧于商税纳钱。[8]

这是出开封新城门的收税则例，1000钱以下在城门纳税，以上则于都商税院缴纳。需要注意的是，不同时期，这个金额的界定标准也会不同。为了加强门税的管理，宋廷还要求：

> 禁城门每收税钱，仰次日将历及钱送商税院，委本监官将门历点数，批历赴务。[9]

即要求监门官把商人所课之税登记在册，连同税钱一并于次日送至都税院。到南宋时，还要求把守城门的官兵与税务人员共同办理门税事宜，以相互监督，防止透漏税金。

关于出城门纳税的情况，文献有如下记载：

1. 景德元年（1004）：“将银出京城门往诸路州军者，并须于在京税务纳钱，每两四十文，不降指挥，只是条贯。”[10]

2. 大中祥符二年（1009）：“自今诸色人将带片、散茶出新城门，百钱已上商税院出引，百钱已下只逐门收税。”[11]

3. 天圣二年（1024），东京都商税院上言：“旧例，诸色人将银并银器出京城门，每两税钱四十文足，金即不税，请自今每两税钱二百文省。”[12]

4. 南宋因应铜钱荒的问题，限制铜钱出境。绍兴二年（1132）户部：“请仿在京法，应见缗出临安诸门者，五千以上收其税。匿不自言，半没官，半给告者。”[13]

以上可以看出，宋廷对于需要的商品，可以通过入城减免税，出城加征税的方式调节商品的进出。通过门税的稽收，也有利于维护官府专卖商品的价格并打击走私。

遍布全国的商税务，可谓“所收至微，所得至多”。然而这些收来的商税钱，去

（宋）张择端《清明上河图》 城门楼旁的税务机构

向如何，又是如何分配的呢？因此，我们需要考察商税的分隶情况。查阅《宝庆四明志》分隶则例[14]，以宝庆元年（1225）为准：

一、商税分隶则例（单位：贯）

1. 商税钱一百贯文（100= 48.462 + 51.538）

  1.1　本府共得四十八贯四百六十二文（48.462= 41.539 + 6.923）

  1.2　诸司共得五十一贯五百三十八文（51.538= 7.692 + 27.692 + 16.154）

2. 正钱七十六贯九百二十三文（76.923）

  2.1　一分钱：七贯六百九十二文，归总制司以（7.692=76.923 × 0.1）

  2.2　九分钱：六十九贯二百三十一文（69.231=76.923 × 0.9）

    2.2.1　十分之六分：四十一贯五百三十九文归系省（41.539=69.231 × 0.6）

    2.2.2　十分之四分：二十七贯六百九十二文归粜本司（27.692=69.231 × 0.4）

3. 增收二十三贯七十七文（23.077），（23.077+76.923=100）

  3.1　三分：六贯九百二十三文，归军期（6.923=23.077 × 0.3）

  3.2　七分：一十六贯一百五十四文，归总制司（16.154=23.077 × 0.7）

即商税钱按100贯计，得自于“正钱”与“增收”之和；而这100贯又划分成“本府”与“诸司”两大类，所谓“本府”指的留给地方封存或使用的那部分，它包括“系省”与“军期”的这部分。而所谓“诸司”指的是“粜本司”与“总制司”两司；“正钱”中的一分归总制司。“正钱”中的九分划给“系省”与“粜本司”，而此二者又按6∶4的关系分配；对于增收的部分，其中三分划归“军期”，七分划给“总制司”。以上就是文献中的商税的分隶的逻辑关系。

二、头子钱：

4. 头子钱五贯六百文（5.6）=5.405 + 0.195

  4.1　诸司：五贯四百五文（5.405）=2.805 + 2 + 0.55 + 0.05

    4.1.1　经制：二贯八百五文（2.805）

    4.1.2　总制：二贯文（2）

    4.1.3　移用司：五百五十文（0.55）

4.1.4　提刑司公使:五十文（0.05）

4.2　本府公使：一百九十五文（0.195）

至于头子钱，因为是商税中派生出来的，作为单独考量，其分配逻辑是，收来的头子钱划拨给“诸司”及“本府公使”，而诸司包括“经制司”“总制司”“移用司（当指转运司移用钱部分）”“提刑司”。

笔者尚未查阅到北宋年间商税分隶的数据，但从铤1可以看出，大观元年（1107）杭州都税院的款项交纳至转运衙。转运衙即转运司，负责路一级财赋的督催与调遣，所谓“足上供”“足郡县”“岁行所部，稽考账籍”三大职责。这一年，经制钱、总制钱的税目尚未诞生。到南宋时，转运司职事权有所下降。上文宝庆年间商税划拨“诸司”中，只是将“移用钱”部分划归转运司。这些划拨诸司的商税钱，在再次起发中央或调拨他用时，将不再显示商税的窠名。例如，划拨经制司后，起发的就是经制银；划所总制司的，起发的就是总制银。

第三节　金代出门税辨析

出门税的品种有金、银两大类。金质的有“出门税”小金牌，重约四克左右；银质的分十二两半、二十五两、五十两三种。目前，人们似乎都将“出门税”归类于宋铤系列，然而以笔者之浅见，出门税更符合金代银铤的特征:

1. 从银铤外观特征判断。有相当部分“出门税”银铤在首末两端的表层上有黑色印记，而这种黑色印记恰好与金代银铤的标致性外观特点相符；首都博物馆文物保护实验室曾对这些印记进行过成分测定，黑色印记的主要成分含金属“铅”，印记之外的其他部位则不含铅。显然这是金方有意在银铤铸造时添加的一道工序。在没有发现黑色印记的“出门税”银铤中，又分为两种情况，一种有明显的清理过的痕迹，或为该银铤流入宋境后，被宋人进行了处理。事实上在其他金代银铤中，我们也发现金代文字或花押被有意砸毁的情况；另一种则完全没有黑色印记，但使用的铭文则具有金代的风格。

2. 从铭文及戳记特征判断。加盖金国界内地名，例如“济南府 出门税”，时济南府隶金山东东路。此外，经常出现在金代银铤上的连续的花押戳记，也出现在“出门税”小金牌上（图17-3），而这种连续的花押亦是金代银铤的典型特征。

3. 出门税银铤的出土大多在淮河以北，以金控地区为主，而长江以南则鲜有发现。例如20世纪七八十年代，在河南尉氏、商城、确山、唐河、上蔡、方城、襄城、南阳等地多次出土“出门税”银铤。就器形而言，到北宋晚期，宋铤亦多为平首器形，弧首器形的出门税银铤当与南宋同时期，这一观点当属共识。假如排除了北宋时期的可能，那么如此众多出门税银铤出土于原金控地区，这本身也体现了其源自金国的高度关联性。

4. “出门税”银铤出土频繁、存世量较大，可以想象当年的铸造量当不在少数。如此重要的税项却未见于宋代各类文献之中，反观一些细微的税项倒是有章可循，这似乎不在情理之中。特别是从宋代财税征解过程以及“商税分隶则例”的规程上看，宋代门税只是众多商税的一种，且商税征收之后，须定期交纳至地方及诸司衙门，这部分“钱”则变成了“公用钱（银）”“经制钱（银）”“总制钱（银）”等等。“出门税”银铤更像是独立于宋代税制之外的产物。

综上所述，“出门税”银铤源自金国的概率颇大。遗憾的是，金代史料中亦无出门税的明确记载，但视其为商税中的一种，大体是不错的。限于本文以宋铤研究为主，此处不做展开。值得一提的是，金代大定二十年（1180）制定了商税法，税法中把金银贸易和日常商品分开管理，施行不同的税率，规定“金银百分取一，诸物百分取三”，到泰和七年（1207）时改为“小商贸易诸物收钱四分”，而金银重细之物，“复止三分”。[15]可以想象，金国之“出门税”与宋国之“门税”当有较大相似之处，即有征课裕国的作用，又起到调节商品流通的作用。

（放大图）

图 17-3

出门税，小金牌

戳记：出门税 □□□□

规格：通长 22 毫米，宽 10.5 毫米，厚 7 毫米；重 3.8 克

图 17-4

济南府出门税，二十五两

戳记：济南府 出门税 真花银 王家销

图 17-5

南唐家出门税，二十五两

戳记：南唐铺 出门税，二十五两
规格：通长 127 毫米，首宽 70 毫米，腰宽 47 毫米，厚 13 毫米；重 978 克

图 17-6

真聂二助聚出门税，二十五两

戳记：真聂二助聚 出门税
规格：通长 128 毫米，首宽 70 毫米，腰宽 50 毫米，厚 14 毫米；重 984 克

图 17-7

赵英助银出门税，十二两半

戳记：赵英助银 出门税 真花铤银

规格：通长 92 毫米，首宽 62 毫米，腰宽 42 毫米，厚 13 毫米；重 472 克

注释

[1]（宋）王迈：《衢轩集》卷十一。
[2]（元）脱脱等：《宋史·职官五》。
[3]（宋）马端临：《文献通考》卷十四。
[4]（宋）马端临：《文献通考》卷十四。
[5]（清）徐松：《宋会要辑稿》食货一七之二八。
[6]（宋）谢深甫：《庆元条法事类》卷第三十六。
[7]（清）徐松：《宋会要辑稿》职官二七之二。
[8]（清）徐松：《宋会要辑稿》职官二七之三五。
[9]（清）徐松：《宋会要辑稿》职官二七之三五。
[10]（宋）马端临：《文献通考》卷十四。
[11]（清）徐松：《宋会要辑稿》食货一七之一五。
[12]（清）徐松：《宋会要辑稿》食货一七之一九。
[13]（宋）李心传：《建炎以来系年要录》卷六〇。
[14]《宝庆四明志》五〇五二，载《宋元方志丛刊》。
[15]（元）脱脱等：《金史》卷四九《食货志》四。

第十八章

地方财政收入之公用银

2016年春，浙江省博物馆举办的“银的历程——从银两到银元”展览中，有一枚南宋五十两银铤，其錾刻铭文有“从事郎隆兴府左司理参军兼佥厅监造公用赵”字样（图18-1）。该铤乃迄今唯一发现的宋代“公用银”历史遗存。

范仲淹的《岳阳楼记》为世人所传诵，其中“先天下之忧而忧，后天下之乐而乐”“不以物喜，不以己悲”之佳句更是脍炙人口。文章作于庆历六年（1046）九月十五日，范仲淹被免去参知政事一职已一年有余，以给事中知邓州。他的去职，标志着庆历新政的失败。《岳阳楼记》开篇介绍“庆历四年春，滕子京谪守巴陵郡”。滕子京，名宗谅，遭贬职左迁岳州。范、滕二人同为政治盟友，此刻又同为天涯沦落人。文章寄情于景，既是写给岳阳楼的、写给滕子京的，也是写给自己的。滕子京被贬职的原因是侵用公用钱，公用钱又称公使钱、官钱，类似于现在的公款，但事情并非那么简单，滕子京更像是仁宗庆历新政时期，朋党间相互倾轧的牺牲品。在这场政治漩涡中，同样受贬谪的还有抗夏名臣张亢、一代名将狄青，以及与欧阳修交谊甚厚的尹洙，而原因皆是侵用公用钱，这恐怕也是排挤政敌时最能够说出口而又最有效的武器。

庆历初年，多个著名公案均围绕“公用钱”展开。朋党相争时，“公用钱”又多见诸尺牍奏章之中，这些都为我们研究公用钱提供了更为广阔的视野。

第一节　公用钱引起的公案

宝元元年（1038）至庆历初年，宋廷边患频仍，内乱四起，与西夏持续多年的战争已使得其财匮兵疲，而北部契丹又乘机大军压境。宋廷左支右绌，待到西夏请和、契丹稍安之际，又遇着庆历三年（1043）遍及全国的春旱，供应京师的江淮漕运出现

图 18-1

隆兴府公用银，五十两

刻字：从事郎隆兴府左司理参军兼佥厅监造公用赵
戳记：万盛
规格：通长 146 毫米，首宽 94 毫米，腰宽 50 毫米，厚 21 毫米；重 1955 克

困难。接着，京东、京西、荆湖南路等地发生兵变与饥民起义。人祸天灾接踵而至，帝国已举步维艰，在范仲淹等文臣的努力下，宋仁宗接受新政，同意对积弊深重的现有制度进行全面改革，这已经是庆历三年十月的事了。庆历四年（1044）元旦，汴梁城已被漫天的大雪所覆盖，这场大雪并非瑞兆，面对严寒与城内粮食的短缺，仁宗不得不下诏，令三司置场减价出售米谷、薪炭以周济苦不堪言的京师百姓。对于范仲淹、富弼为首的改革派而言，实施不到数月的庆历新政也即将感受到这阵阵寒意。唯有的热度则是朋党间的龃龉与恶斗。

先是监察御史梁坚劾奏滕宗谅，《宋史》列传六十二《滕宗谅传》记载：

> （滕宗谅）前往泾州，费公钱十六万贯，及遣中使检视，乃始至部日，以故事犒赉诸部属羌，又间以馈遗游士故人。宗谅恐连逮者众，因焚其籍以灭姓名。

虽然动用公用钱事出有因，犒军与馈赠也属于公用钱的开支范围，但焚毁公用钱帐目着实是言官们所不能接受的；张亢，庆历二年（1042）任泾原路（陕西前线四路防区之一）经略安抚招讨使兼渭州（今甘肃平凉）知州，为了弥补公用钱的不足，张亢派手下牙吏从事贩运盈利活动以增加经费收入，用来犒赏部下激励斗志。如《宋史》本传所说：张亢轻财好施，凡宴请犒赏，常丰厚于他人，“以此，人乐为之用”。这原本属于边将传统做法，以往宋太祖还特别给予边将这方面的特权。然而由于与当时主持西北防务的主官郑戬不和，“戬寻发亢在渭州过用公使钱”，告发他滥用官钱。仍然还是御史梁坚，劾奏张亢营私谋利，“出库银给牙吏往成都市易，以利自入”。滕、张二人皆由范仲淹举荐，范仲淹愤而反击，上书仁宗皇帝辩解道：

> 今燕度勘到滕宗谅庆州一界所用钱数分明，并无侵欺，其毁却泾州前任公用历，勘到干连人，只称有送官员等钱物，亦不显入己，又是元弹奏状外事件；所有张亢借公用钱买物，事未发前，已还纳讫。又因移任，借却公用银，却留钱物准还，皆无欺隐之情。其余罪状，多未摭实。[1]

庆历四年（1044）正月初八，仁宗没有理会范仲淹“臣甘与二人同行贬黜”的慷慨陈词，最后决定将两位边关守臣做降职处罚。刑部员外郎天章阁待制、权知凤翔府滕宗谅贬为祠部员外郎、知虢州；引进使并代副部署张亢贬为四方馆使、本路钤辖。仁宗的决定是可以理解的，他怎能容忍侵用公用钱的人呢？为了防御西北，他几番动用内库钱帛支持前线。康定元年（1040）二月十六日、四月二十四日、十月二八日、十二月二日，先后四次从内藏库和左藏库中拿出钱绢共三百万用于陕西防务。加之滕子京早年妄议仁宗"陛下日居深宫，留连荒宴，临朝则多羸形倦色，决事如不挂圣怀"，旧怨加之新恨，仁宗决意重治以儆效尤，在贬职滕宗谅一个多月后，再改降知虢州为知岳州。

在滕、张二人受到弹劾的同时，有关狄青过使公用钱的非议也在发酵中。狄青，宋夏战争中屡立战功，为天下"耸然畏慕之"，是范仲淹所器重的边关将领，亦因与上述公用钱案受到牵连。显然，这有枝蔓勾追、党同伐异之嫌。时谏官欧阳修出言为之开脱：

> 臣伏见国家兵兴以来五六年，所得边将，惟狄青、种世衡二人而已。其忠勇材武，不可与张亢、滕宗谅一例待之。臣料青本武人，不知法律，纵有过使公用钱，必非故意偷谩，不过失于检点，致误侵使而已。方今议和之使正在贼中，苟一言不合，则忿兵为患，必至侵边。谨备边防，正籍勇将。况如青者无三两人，可惜因些小公用钱，于此要人之际，自将青等为贼拘囚，使贼闻之，以为得计。伏望特降指挥，元勘官只将张亢一宗事节依公根勘，不得枝蔓勾追。其狄青纵有干连，仍乞特与免勘。

时知渭州的尹洙，原狄青之主官，也极力为狄青辩护，狄青方才幸运地躲过一劫，尹洙上书仁宗曰：

> 臣窃见自来武臣，将所赐公使钱，诸杂使用，便同己物。其狄青於公用钱物，即无分毫私用。况本路自西事以来，所添兵数、主兵臣僚、指使、使臣等数倍於旧。又狄青多与众官躬亲提举教阅，军中将校，每有犒设，以此所费益多。若不别将钱物回易，即无由充用。狄青素来谨畏小心，其实武人未晓朝廷宪法，自闻推究公用钱物，谓制院须来追摄照对，臣虽日夕晓譬，终是内怀忧惧。兼言先在延州，初授泾原部署，曾告庞籍，言不愿主领公使钱，恐未知次第。今来累遭罥罣（牵连），词意感切，深可轸恻（怜惜）……[2]

（宋）赵佶《文会图》（局部）

然而，历史时常令人唏嘘，一波未平一波又起，对西夏持主攻意见的尹洙在水洛城是否修城一事上，与郑戬等主守方的意见相左，并逐渐演变成水洛城事件。尹派狄青捉拿不听号令继续筑城的刘沪、董士廉，而董士廉则反告尹洙在渭州行事专擅将公用钱数百贯挪作己用，还将公用钱贷给部将。朝廷最后的裁决是遵从郑戬的建议，将尹洙调离渭州。

庆历五年（1045）正月至三月间，随着仁宗下诏免去范仲淹、富弼、杜衍、韩琦等人的内阁之职调任地方后，庆历新政也就拉下了帷幕，有关公用钱的公案才逐渐平息了下来。

第二节　公用钱溯源及其用途

“公用钱”可以是铜钱、铁钱，也可以是银两，用钱者称之为公用钱，用银者称之为公用银，两者又可统称为公用钱。宋代的公用钱可溯源到隋代的公廨钱制度，《隋书・食货志》所载“京官及诸州并给公廨钱，迴易生利，以给公用”，即是以一定的官钱为本，周转生息，一并用作办公经费。唐代沿袭隋制，也实行“诸司置公廨本钱，贸易取利”。到五代十国时，始现“公用钱”的明确记载。后周广顺三年（953），太祖颁敕：“乃分政事堂厨钱及诸司公用钱，又纳及第举人礼钱，以给工人。”[3]即指抽调各司公用钱以支付（书版雕刻的）工钱。

及至宋代，公用钱也经历了一个逐渐制度化的过程。公用钱制度始于太祖朝，《文献通考・国用考一》：

> 开宝六年令诸州旧属公使钱物尽数系省，毋得妄有支费。

即这部分公用钱由中央直管，但钱物存于地方，未得批准不能擅动。上述恰也说明此时公用钱确已存在。到太宗朝，各级机构已开始出现定额的公用钱了，这可以从“国朝典故，三京及诸道州府军监公用钱旧皆有常数”[4]一句中看出。但这还不是覆盖全国的规定，例如，广州的公用钱至大中祥符六年（1013）才确定为“以七十万为添支，五十万为公用”，而此前，“广州本无公用钱”[5]。经过仁宗、神宗时期的几轮修订，公用钱的使用已普遍定额、立等并制度化了。天圣九年（1031）：“公使钱始立定额，自二百贯至三千贯止”；熙宁四年（1071），地方州郡公用钱定额“量入为出，随州郡大小立等，岁自二百贯至五千贯止，若三京三路帅府、成都、杭、广，自来所用多者，增其数”。[6]熙宁五年，又“增定诸州军公使钱及宗室、正任刺史以上公使钱”[7]这些公用钱制度，到南宋时亦被继承了下来，仍然实行分级定额制，绍兴二十年（1139）：“定诸州公使库月支供给，令帅臣毋过二百缗，下至外县监当十缗，凡八等。”[8]有学者认为“公使钱”与“公用钱”在支出用项上有所差异。但是，从众多的史籍上可以查证，即使是宋人在他们所处的那个年代也常常将两者并为一谈，在公文或是典籍中，同一件事情，上一句用“公使钱”，到下一句时就用“公用钱”来描述了，上一节中尹洙的奏折即是一例。对于官吏们个人的职务津贴，另有“添支”“贴职钱”，不可与“公用钱”混淆，限于篇幅，本文不作辨析。

关于公用银钱的用途，主要用于迎送款待与犒设。宋太祖曾说：“置公使库，使遇过客必馆置供馈，欲使人无旅寓之叹，此盖古人传食诸侯之义。”[9]这是对官员、使节们在行旅途中的礼遇。宋代有一套完整复杂的官员管理制度，其官员异地任职、监察机构定期巡视以及各地官员之间的轮任制度，都使得这些官员们常有奔波之苦。地方上在迎来送往间的花销，用的便是公用钱。以至于连皇上想裁减部分公用钱，都受到群臣们的反对。庆历三年（1043），仁宗诏罢九处军州公用钱一千八百贯，韩琦、范仲淹为此上书反对，指出：

> 窃以国家逐处置公使钱者，盖为士大夫出入及使命往还有行役之劳，故令郡国馈以酒食，或加宴劳，盖贤之礼，不可废也。[10]

圣上不能“顾小利而忘大体”。

官员上任、离任时，除宴饮之外还有馈赠，亦从公用钱中支用。两宋时期，官员调动频繁，地方公用钱支出大为增加。绍兴五年（1135），右谏议大夫赵霈曾抱怨道：

> 比年以来，郡守更易不常，固有交印视事，席未暇暖，人复改命，或与他州守臣两易其任。然公帑每遇到罢，各有馈送，多者数百千，少者亦不下三二百千。初到任人既已收受馈送，或移之他郡，亦复如之。凡一易守臣，则所费必倍。到任已逾年而更易者犹之可也，其间却有止经一两月，遽迩迁陟而受两处馈送，显属重迭，枉有支费。[11]

地方上官员间聚餐、娱乐亦使用公用钱，公用钱俨然成为官吏们的一项公共福利，宴请犒设蔚然成风。尹洙曾列举渭州公用钱的支出项目，其聚餐、张乐、送物历历在目：

1. “（大小官吏）共八十余人，逐日例破常食约计钱共七贯，每月计二百一十贯”；
2. “逐月五次聚餐，一次张乐，共约钱三十贯文”；
3. “每季一次大排管设军员，约二百贯”；
4. “每次专使抚问，或教场内军员吃食、官员射弓添助造酒糯米并节辰送物，逐季又约一百贯文”；
5. “每季都许使钱一千贯文”；

“依此约度，每年合用钱四千贯文。”[12]

宋人笔记《萍洲可谈》记有一则熙宁四年（1071）苏东坡任杭州通判时的轶事：

杭州繁华，部使者多在州，置司各有公帑。州倅（副职，佐贰官）二员，都厅公事，分委诸曹，倅号无事，日陪使府外台宴饮。东坡倅杭，不胜杯杓，诸公钦其才望，朝夕聚首，疲于应接，乃号杭倅为酒食地狱。

杭州，两浙路行政中枢，除州府外另有本路各监司，且各有公用钱可供支配，遂致公款宴饮此起彼伏。到哲宗时期的真州、应天府也是同样的情况，“过客如云，无时不开宴”“士大夫舟车衔尾，结辙而至，平时宴劳无虚日”。待到元祐七年（1092），苏轼转任扬州知州后，仍感叹道“三年之间，八易守臣，将迎之费相继不绝”并导致“积年诸般逋欠约计七八千贯”。然而有趣的是，苏轼看似对公用钱犒设的无奈与感叹，可真把他放在偏僻贫困的密州，又在诗中自我揶揄道：“何人劝我此间来，弦管生衣甑有埃。绿蚁濡唇无百斛，蝗虫扑面已三回。”关于沿边州郡的公用钱则主要用来犒劳军兵、接待异国使节及蕃部。例如，景德四年（1007），高阳关承受刘柽曰：“河北用兵之际，优给公使钱，犒设军校。”熙宁年间对交趾用兵，岭南沿边州郡公用钱大增，“诏安南行营犒设将佐及其余支费，如公使不足，许以封桩钱给之”。[13]这样的例子还有很多，不胜枚举。作为礼仪之邦，域外使节的到访，更少不得迎送款待。天禧三年（1019）因黄河泛滥，澶州路绝，使节皆改道卫州、通利军，于是朝廷“诏割澶州公用钱百万分给卫州、通利军，俟河北平日依旧”[14]。与少数民族接壤的州郡则需要动用公用钱进行犒赏安抚。大中祥符八年（1015），“赐邕州公用钱二十万，以其地管蛮洞，备犒设也”。[15]滕宗谅在庆州时，亦用公用钱接待蕃部酋长，“诸部属羌之长千余人，皆来谒见，悉遗劳之，其费仅三千缗”。[16]

公用钱还用于其他办公需要，听凭长官支配，“但不入己，更不坐罪”。但是，由于公用钱有定额限制，除去迎送与犒设外，难有太多余资，见诸文献的其他支用，多是临时之举，金额亦不巨大。倘使真有急难之处用钱，经费还需另项申请。这些支出有如：一，振济。李纬皇祐年间知雄州，面对饱受战乱之苦的百姓，“以赐公使钱置焉，及民饥，遂获均济”。[17]又如南宋淳熙五年（1178），“知江阴军林元奋将公使库趱到钱补足人户所欠上供本色夏税”。二，抚恤。英宗治平二年（1065），沈遘知杭州时，“人有贫不能葬及女子孤无以嫁者，以公使钱葬嫁数百人”。[18]三，公共设施修缮。南宋嘉定十四年（1221），有朝臣上奏说他从小吏那得知虚报公费的情况，“本台公费告匮，他无窠名，盍取之诸郡。臣问之其名谓何，吏云以修造为词，久例也”，以修造为借口索取公用钱且为常例，反之说明公用钱是可以用作设施修缮的。四，其他杂项支出，这包括动用公用钱购买礼品、支付雇工工钱等。“向时曾令公使置例册。端午知州送粽子若干个，亦上例册，人以其削弱为笑”。[19]门下省编修院亦曾从公用钱中支付其下属机构——日历所的雇工工钱。

关于宋代公用钱的来源，大体上可分为朝廷正赐、特赐与地方州郡自筹三种。正赐、特赐部分由朝廷划拨。然而在划拨之前先由地方筹措，不足定额部分方由正赐补齐，正赐甚至只占一小部分。《文献通考·国用考一》谈道：

> 谓如本州额定公使钱一千贯，则先计其州原收坊场园池等项课利钱若干，却以不系省钱贴足额数。

《文献通考·国用考二》亦称公用钱“正赐钱不多，而著令许收遗利”。苏轼曾就扬州公用钱的构成描述道：

> 本州公使钱每年五千贯文，除正赐六百贯、诸杂收簇一千九百贯外，二千五百贯并系卖醋钱。[20]

正赐部分只占总额的12%。而且，正赐钱也常常不给现钱仅以他物充抵。如熙宁七年（1074），给熙河路安抚司“拨地二千顷籍所入为公用”；[21]又如南宋绍熙三年（1192），给西外宗正司“给降度牒充公使钱”。[22]关于特赐，更是因事而设，如接待国外之使节，或彰显圣恩，奖励亲贵，对于日常公用而言，不能持续仰仗。而官府自筹的公用钱部分则为大宗，其来源多种多样：

1. 醋息所得

各州府普遍以经营醋务补贴公用，醋息钱是公用钱的重要来源。据南宋《宝庆四明志》载：“奉化、定海、象山三县，醋息钱一千二百贯文，隶公使库。”而上文扬州的公用钱中，卖醋钱更是占了一半。到南宋时醋息钱甚至成为地方杂税。绍兴二十六年（1156）七月，御史中丞汤鹏举言：“逐州私置税场，广收醋息，信有所入，尽归公库，恣己所用。”随着买扑制的发展，政府还允许公使库获得买扑醋坊的收益。理宗宝庆年间，“应官监醋务，如公使库愿认纳课利造醋沽费，收钱贴助公使库者，听”。“公使库”，是指专门存贮、管理公用钱物的库房，其下设有子库，分贮公用钱、酒、醋、银器等公用物品。

2. 卖酒所得

宋代实行榷酒制度，酒的专卖之利归中央，虽然允许地方州府自行设置公使酒库，自行酿造，但仅限于官府宴饮使用，不许对外出售以防止与中央争利。偶见有将酒税之羡余充作公用钱的记录。然而，这并不能阻碍地方官府谋取灰色收入的企图，出售公使库酒甚至成了公开的秘密。北宋晚期及南宋时期，出售公使库酒得到了许可。在南宋《宋人佚简》中有舒州酒务《公使库酒一岁约计收支钱物帐》的帐务清单，清单中列明“每岁约收卖酒钱三万五千余贯，逐年递减不定”，可见南宋时公使库卖酒所入不菲。然而这些卖酒的收入还需要二次分配，或称之为“分隶”。孝宗时，苏州认公使库规定：“一文九分五厘为州公使钱，五分为提刑司公使钱，乾道中，又增头子钱一十三文皆入总制，此其所谓分隶之数也。”[23]

3. 头子钱

头子钱是一种地方附加税，在官府出纳时抽取，可由地方自由支配，而这部分钱多纳入公使库以充公用。开宝六年（973），“诏诸仓场受纳所收头子，一半纳官，一半公用。令监司与知州、通判同支使”，这是头子钱补充为公用钱的开始；绍兴五年（1135），“于是首增头子钱三十文……其十五文充经制窠名，七文充总制窠名，六文提、转两司，二文充公使支用”。南宋时期，地方官府还常常从酒税中提取头子钱补充公用，具《宋人佚简》记载，“今具（绍兴三十二年）十二月十五日卖酒下项：本州头子钱一百二十文五分省，赴本州公使库交纳”。

4. 刊刻售书所得

地方官府刻书售卖以筹集公用钱的现象在宋代较为常见，且以南宋绍兴、淳熙年间居多。这些书以文集、经集、传记为主，一般卷数较多。由于在公使库内大量刊刻，这些书又称为“公使库本”，盛行于江西、江浙、安徽等地。嘉祐四年（1059），苏州知州王琪为筹集公廨的经费，将家藏杜甫诗集交由公使库刊印，共印一万部，每部售价一贯，很快售罄，筹足了经费。绍兴十七年（1147）刊印的王禹偁《小畜集》在题记中详细记载了刻书的成本及售价：“今具雕造《小畜集》一部，共八册，计四佰三十二版，合用纸墨工价……除印书纸外共计一贯一佰三十六文足。见成出卖，每部价钱五贯文省。”按一贯文省相当于770文计，五贯文省等值3850文足，其纯利近2.39倍；淳熙三年（1176），舒州公使库刻《大易粹言》，成本二贯七百文足，而售价则高达八贯足，其纯利亦近2倍。如此高的回报，各地公使库争相刊刻出版书籍也就不足为奇了。

5. 回易所得

朝廷正赐公用钱不能满足地方上的实际需求，地方官府入不敷出。为了自筹资金，各地方乃至军队挪用朝廷支拨的官钱进行贩运、贸易或放贷生利，此类商业行为也称之为回易、回图。由于官府回易往往伴随着侵占、倾销，甚至强买强卖，这严重干扰了地方经济的发展，甚至与中央争利，这是宋廷所不允许的。但是考虑到边境地区的特殊性或是战时军队筹措经费的需求，朝廷对地方回易问题也是睁只眼闭只眼、放任不管了。因此，回易历经许可、禁止、部分地区许可的多次反复。庆历七年（1047），朝廷下令“非沿边州军毋得以公使钱回易”，即禁止沿边州军以外的回易。嘉祐三年（1058），仁宗根据包拯的建议，诏令“河北、陕西、河东路转运使应有公使钱州军并权停回易”，至此回易又被禁止。然而，到南宋绍兴十二年（1142），岳家军“鄂州并公使库激赏备边回易十四库，岁收息钱一百十六万五千余缗”，显然，此时的回易生息又得到了许可。

6. 房屋租赁

地方官府通过出租楼店、房廊以获取租金，并充作公用。嘉定五年（1212），知和州富嘉谋：“公使库日收房廊、白地赁钱，并行拨隶，使后之为州者，得以了一岁添支之费。”[24] 到宋理宗时，《宝庆四明志》中记载“楼店务钱约二千贯文，隶公使库；鄞、定海、慈溪河涂租堰钱三千三贯七百八十文，隶公使库；鄞、定海、慈溪城基房廊钱二百三十一贯二百四十文，隶公使库”。

7. 抵挡收益

部分官营典当收入充作公用钱。“开抵当、卖熟药，无所不为，其实以助公使耳”[25]。而中央部门，如国子监、都水监、市易务亦将本部公用钱存入检校库抵当所，以谋取利息。熙宁九年（1076）十一月二十七日，“诏给国子监钱二万贯，送检校库出息，以供公用”。[26]

充作公用钱的还有其他杂项收入，这包括剩余矿产贩卖收入、倒卖度牒、罚没充公、官田收入等等。这些杂项收入并非经常性收入，有的是因地制宜，如苏轼在杭州时，“本州公使库，自来收西湖菱草荡课利钱四百五十四贯，充公使”；有的则是巧取豪夺了，如熙宁间知阶州的刘舜臣强取过桥钱，令“州人由桥梁过者皆率钱，谓之‘打扑’，以供公使”。[27]需要指出的是，由于公用钱主要依靠地方自筹，收入时常得不到保障，有时连半数也收不上来，“诸项课钱逐年所收不等，或亏折不及元数，而所支不系省贴足之钱更不增添，则比额定数有不及一半者，此其所以窘束也”。[28]

除地方外，各有司亦多有公使库，在明代何乔远所著的《闽书》中记载了负责管理海外贸易的泉州市舶司的公用钱收支情况：

> 其细色以万觔为一纲，遵陆起发，粗色纲至十万觔，航海达于京师。其甚贱不堪解运如南海货物者，官市之，以其价入市舶公使库。……又有担脚钱，番舶每觔算钱一文七分，南海船每一觔算钱一文一分，无引之船每觔收五分五厘，以入公使库。凡海南不堪物价有乳香价本二分藏官钱库，以供圣节、大礼、宗子为廪给、诸色纲运钱，官吏请给、搬家、宴番、送迎、修造、凡经常之费。担脚钱藏公使库，以从吏人月食、诸厅夫脚、客军口粮、宴饮、供送、书司、钱札、上亭、造食、犒兵卒、差使局兵及进奉承受钱，凡冗杂之费。

市舶司将抽买的舶货解送中央，但低值品可由市舶司就地发卖，其所得入市舶司公使库，并用于贺寿、郊祀、宗室使用、宴请蕃客、修造等，相当于市舶司“对外支用”的经常性资金；而收来的担脚钱也入公使库，但用于犒兵卒、口粮、脚费等杂费支出，相当于本司“内部使用”的杂费。

第三节　公用银铤铭文释读

（刻字）从事郎隆兴府左司理参军兼佥厅监造公用赵

（戳记）万盛

隆兴府，今江西南昌。南昌历史悠久，自汉朝建城以来又有豫章郡、洪州等多种称谓，自北宋天宝初年始，复称为洪州。绍兴三十二年（1162）六月，宋高宗赵构禅位给孝宗赵昚。第二年，更元为隆兴元年，同年十月二十五日，以洪州为孝宗即位前为建王的封地为由，即所谓“潜藩”，将州升格为府，以示尊崇，并“特用纪元之号赐府额曰隆兴府”。[29]宋代以年号为名的地名还有绍兴府、景德镇、嘉定县等。隆兴府为江南西路之首府，下辖八县，分别为南昌县、新建县、奉新县、分宁县、武宁县、丰城县、进贤县、靖安县。府治设于南昌新建两县。

“从事郎隆兴府左司理参军兼佥厅”这是铤中所载赵姓官员的职衔。“从事郎”是从八品的寄禄官，寄禄官阶的高低决定着俸禄的高低。崇宁二年，选人七阶中的第四阶“防御、团练、军事推官，军、监判官”改名为从事郎，这一称呼一直沿用至南宋，属初等职官。“左司理参军”，州（府）级长官的属官，与录事参军、司法参军、司户参军同为曹官，这是赵姓官员所领的实际职事，所谓正差。其主要职责为断狱问案，主管案件的审理。而检索条律及判决定罪则一般由司法参军完成。北宋时司理参军、司法参军“不得预帑藏之事”，即有不管钱物帐历之事的规定，甚至不得以司理参军兼任他职。然而到南宋时，这些规矩皆被打破，虽然史料记载不多，但可以在实物中得到印证，除是铤之外，我们还在广东潮州、广西静江府解发的银铤中看到司理参军直接负责“帑藏”的实证，例如：

“潮州发绍兴三十年分钞价银赴广州提举衙交纳右从政郎司理参军郑公弼专知林规银匠罗端”

“静江府今申解宽剩银每铤伍拾两法务秤子吕□专典莫永进从政郎静江府司理参军□□儒林郎静江节度推官周□□”

宋代较大的州府或狱事繁剧之地，设置左、右司理院，分别由左司理参军、右司理参军掌领。该铤“左司理参军”铭文可以看出隆兴府当时应设有左、右司理院，这与其所处的江南重镇的地位是相符的。

“佥厅”，又称“签厅”，本为衙署名，州府及各监司均有设置，在州则是幕职官——如判官、推官等属官的“联事合治之地”；在监司，以提刑司为例，则是检法官、提刑干办公事们联合办公之所。银铤中“兼佥厅”指的是兼职府衙的佥厅工作，工作内容包括签押公文、决定案牍受理与否以及协助主官草拟文书、用印等事宜。我们知道在宋代，凡本州（府）公事，需要知州（府）与通判联署，在钱物的出纳中，则还需要在佥厅签押登记并出具凭证：

> 州郡仓库一出一纳，并须先经由太守判单押帖，次呈通判，呈佥厅签押俱毕，然后仓官凭此为照，依数支出。[30]

以上可知，知州（府）、通判、佥厅、仓官共同形成完整的钱物出纳流程。银铤铭文中出现的“监造”一词，更是证明公用银不光在入纳上有着严格的规定，早在铸造之时就实行监管。

综上，该铤为南宋时期江西隆兴府公用银官铤五十两，由赵姓任从事郎左司理参军兼佥厅一职的曹官监督铸造而成。而戳记“万盛”两字，依宋代银铤铸造时加银匠名的惯例，可推断为银匠名。鉴于相伴发现的其他宋铤中，有淳祐多个年份及最迟宝祐二年份的刻字，是故该公用银铤的铸造年代为南宋理宗淳祐、宝祐时期的可能性较大，而最早则不会超过隆兴府设立的时间，即隆兴元年（1163）。值得注意的是，考查存世的宋铤，大多数为中央统筹的税银或进奉皇帝的贡银，而公用银作为各州府留存使用的地方性经费，发现的实物仅此一例，颇为罕见。一方面由于地方经费往往入不敷出，难有积余；另一方面则由于在日常使用中，五十两大铤价值甚巨，通常需要化整为零。银两作为秤量货币，难逃切割使用及后世的熔熔铸铸，此铤得以善存已是奇迹。

注释

[1]（宋）杨仲良：《皇宋通鉴长编纪事本末》卷第四十。
[2]（宋）李焘：《续资治通鉴长编》卷一百四十四。
[3]（宋）王钦若：《册府元龟》卷六〇八。
[4]（宋）罗愿《新安志》卷二 。
[5]（宋）李焘：《续资治通鉴长编》卷八十，大中祥符六年六月辛巳 。
[6]（宋）李焘：《续资治通鉴长编》卷二百十九，熙宁四年正月己酉 。
[7]（宋）李焘：《续资治通鉴长编》卷二百三十四，熙宁五年六月壬子。
[8]（宋）李心传：《建炎以来系年要录》卷一百六十一，绍兴二十年三月丙戌。
[9]（宋）谢深甫：《庆元条法事类》卷九《迎送宴会》。
[10]（宋）范仲淹：《范文正奏议》之“奏乞将先减省诸州公用钱却令依旧”。
[11]（清）徐松：《宋会要辑稿》职官四七。
[12]（清）徐松：《宋会要》刑法二之二九。
[13]（宋）李焘：《续资治通鉴长编》卷二百七十三。
[14]（宋）李焘：《续资治通鉴长编》卷九十四。
[15]（宋）李焘：《续资治通鉴长编》卷八十四。
[16]（宋）范仲淹：《天章阁待制滕群墓志铭》。
[17]（宋）曾巩：《隆平集》卷十九《李纬传》。
[18]（宋）李焘：《续资治通鉴长编》卷二百五。
[19]（宋）李焘：《续资治通鉴长编》卷二百二十二。
[20]《苏东坡全集》卷十二。
[21]（宋）李焘：《续资治通鉴长编》卷二百四十九。
[22]（清）徐松：《宋会要辑稿》食货六四之一一四。
[23]《嘉泰会稽志》卷五《课利》。
[24]（清）徐松：《宋会要辑稿》食货六二之七四。
[25]（宋）李心传：《建炎以来朝野杂记》甲集卷十七《公使库》。
[26]（清）徐松：《宋会要辑稿》职官二七之六五。
[27]（宋）李焘：《续资治通鉴长编》卷二百三十七。
[28]（元）马端临：《文献通考》卷二十三《国用考一》。
[29]（宋）王象之：《舆地纪胜》卷二十六，中华书局，1992年，第1138页。关于隆兴府设立的时间，另有一种说法是隆兴二年，守臣郭祚以孝宗潜藩申请下三省议改州为府。
[30]《名公书判清明集》卷之一《仓官自擅侵移官米》。

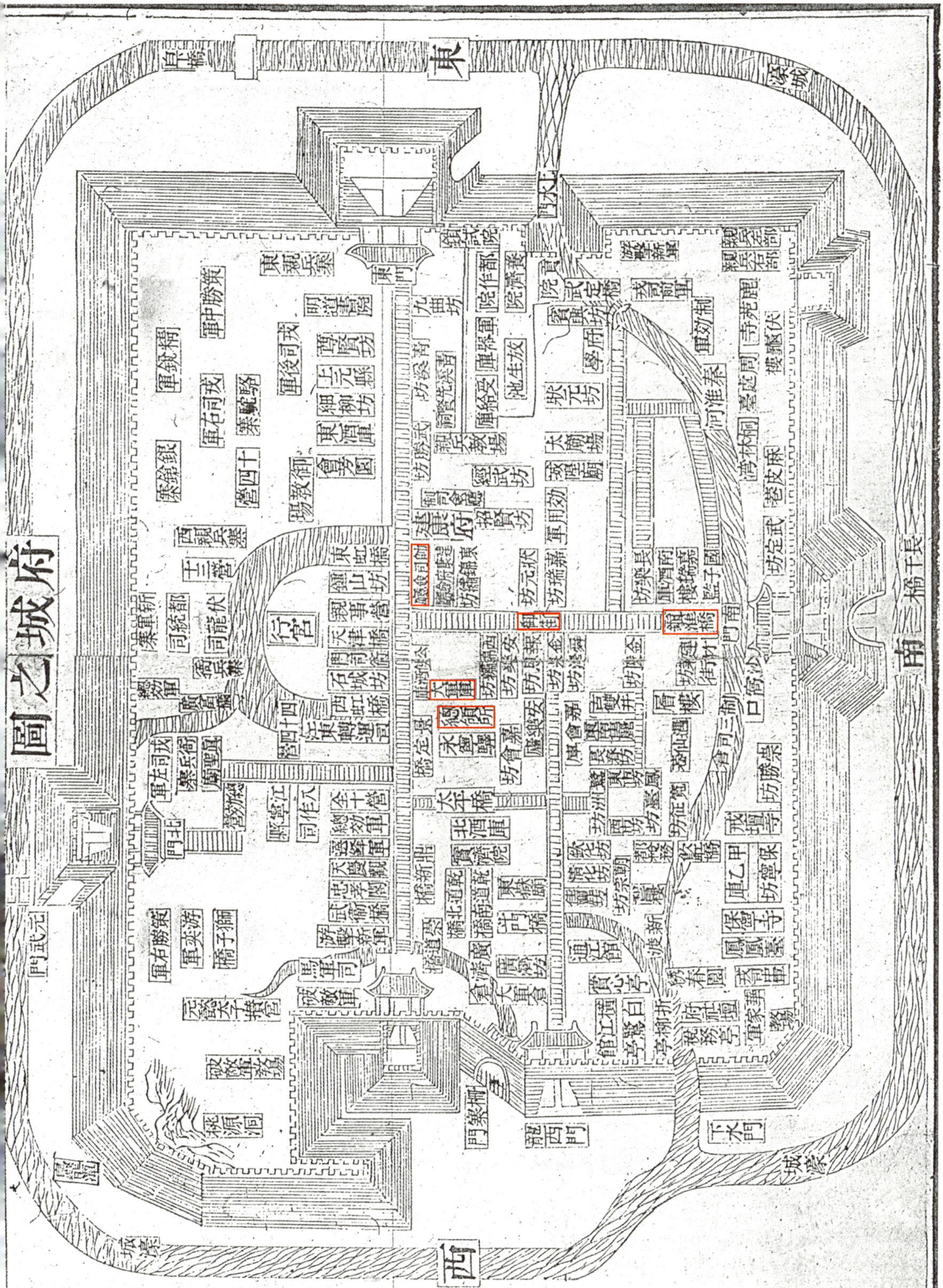

附图一：南宋景定年建康府城图

南宋京城临安府城图

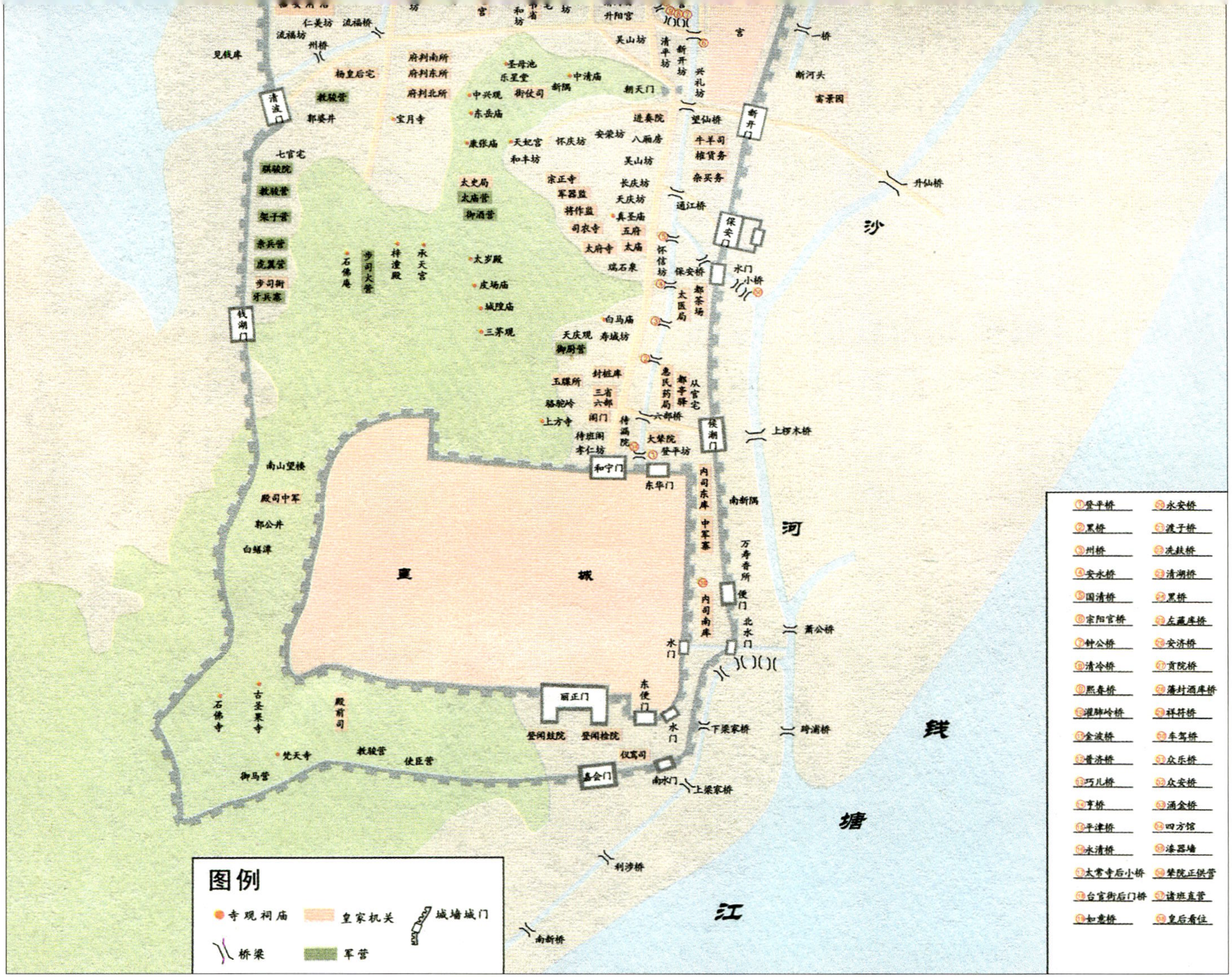

附图二　南宋京城临安府城图

傅伯星先生供图

参考书目

一、古籍文献

（宋）李焘：《续资治通鉴长编》，世界书局，1964年。
（宋）周淙：《乾道临安志》，浙江人民出版社，1983年。
（宋）施谔：《淳祐临安志》，浙江人民出版社，1983年。
（宋）周密：《武林旧事》，中华书局，2007年9月。
（宋）苏轼：《苏轼文集编年笺注》，李之亮笺注，巴蜀书社，2011年。
（宋）王钦若：《册府元龟》，中华书局，1960年。
（宋）王明清：《挥麈录》，中华书局，1961年。
（宋）谢深甫：《庆元条法事类》，新文丰出版公司，1976年。
（宋）庞元英：《文昌杂录》卷一，中华书局，1985年。
（宋）韩元吉：《南涧甲乙稿》，中华书局，1985年。
（宋）赵希鹄：《洞天清禄集》，中华书局，1985年。
（宋）秦九韶：《数书九章》，中华书局，1985年。
（宋）黄岩孙：《仙溪志》，福建人民出版社，1989年。
（宋）赵彦卫：《云麓漫钞》，辽宁教育出版社，1998年。
（宋）李心传：《建炎以来系年要录》，中华书局，2000年。
（宋）吴自牧：《梦粱录》，三秦出版社，2004年。
（宋）李心传：《建炎以来朝野杂记》，中华书局，2006年。
（宋）孟元老：《东京梦华录》，伊水文笺注，中华书局，2006年。
（宋）杨仲良：《皇宋通鉴长编纪事本末》卷第四十，黑龙江人民出版社，2006年。
（宋）周应合：《景定建康志》，南京出版社，2009年。
（宋）赵与沐纂、胡太初修：《临汀志》，福建人民出版社，1990年。
（元）脱脱等：《宋史》，中华书局，1985年。
（元）马端临：《文献通考》，中华书局，1986年。
（清）徐松：《宋会要辑稿》，中华书局，1957年11月第1版。
中华书局编辑部：《宋元方志丛刊》，中华书局，1990年。

二、今人著作

浙江省博物馆编：《银的历程——从银两到银元》，文物出版社，2015年。
李晓萍：《尘封千年的国家宝藏——南宋金银铤收藏与鉴赏》，浙江大学出版社，2008年。
陈业、王逸明：《陈说钱币》，中国青年出版社，1997年。
《中国钱币大辞典·宋辽西夏金编》，中华书局，2005年。
彭信威：《中国货币史》，上海人民出版社，1958年。
翦伯赞：《中外历史年表》，中华书局，1961年。
戴裔煊：《宋代钞盐制度研究》，中华书局，1981年。
加藤繁：《唐宋时代金银之研究——以金银之货币机能为中心》，中华书局，2006年。
雷家圣：《聚敛谋国——南宋总领所研究》，台北万卷楼图书股份有限公司，2013年。
汪圣铎：《两宋财政史》，中华书局，1995年。
《宋代社会生活研究》，人民出版社，2007年。
《两宋货币史料汇编》，中华书局，2004年。
程民生：《宋代物价研究》，人民出版社，2008年。
《宋代地域经济》，河南大学出版社，1992年。
凌大珽：《中国茶税简史》，中国财政经济出版社地，1986年。
梁庚尧：《南宋盐榷——食盐产销与政府控制》，东方出版中心，2017年。
魏天安：《宋代行会制度史》，东方出版社，1997年。
林正秋：《南宋都城临安》，西泠印社，1986年。
赵晓耕：《宋代官商及其法律调整》，中国人民大学出版社，2001年。
刘森：《宋金纸币史》，中国金融出版社，1993年。
王菱菱：《宋代矿冶业研究》，河北大学出版社，2005年。
王曾瑜：《宋朝阶级结构》，增订版，中国人民大学出版社，2010年。
《宋朝兵制初探》，中华书局，1983年8月第1版。
《涓埃编》，河北大学出版社，2008年11月第1版。
高明士编、刘馨珺著：《明镜高悬——南宋县衙的狱讼》，北京大学出版社，2007年。
傅伯星：《图说南宋京城临安》，西泠印社出版社，2011年。
姜锡东：《宋代商人和商业资本》，中华书局，2002年。
《宋史研究论丛》第一至二十二辑，河北大学出版社，1990～2018年。
郑有国：《中国市舶制度研究》，福建教育出版社，2004年。
戴扬本：《北宋转运使考述》，上海古籍出版社，2007年。

包伟民：《宋代城市研究》，中华书局，2014年。
《宋代地方财政史研究》，上海古籍出版社，2001年。
王文书：《宋代借贷业研究》，河北大学出版社，2014年。
关履权：《宋代广州的海外贸易》，广东人民出版社，1994年。
王云裳：《宋代军队经营问题研究》，中华书局，2013年。
何玉红：《南宋川陕边防行政运行体制研究》，上海古籍出版社，2012年。
郭黛姮：《南宋建筑史》，上海古籍出版社，2014年。
孙继民、魏琳：《南宋舒州公牍佚简整理与研究》，上海古籍出版社，2011年。
淮建利：《宋朝厢军研究》，中州古籍出版社，2007年。
韩瑞军：《宋代官员经济犯罪及防治研究》，中国社会科学出版社，2011年。
傅宗文：《宋代草市镇研究》，福建人民出版社，1989年。
曹家齐：《宋代交通管理制度研究》，河南大学出版社，2002年。
王云海：《宋代司法制度》，河南大学出版社，1992年。
贾玉英：《宋代监察制度》，河南大学出版社，1996年。
苗书梅：《宋代官员选任和管理制度》，河南大学出版社，1996年。
谢时耐：《蒙元入侵前夜的中国日常生活》，北京大学出版社，2008年。
李华瑞：《宋代酒的生产和征榷》，河北大学出版社，1995年。
李昌宪：《宋代安抚使考》，齐鲁书社，1997年。
张家驹：《两宋经济重心的转移》，湖北人民出版社，1957年。
徐吉军：《南宋临安工商业》，人民出版社，2009年。
《南宋临安社会生活》，杭州出版社，2011年。
粟品孝等：《南宋军事史》，上海古籍出版社，2008年。
方宝璋：《宋代财经监督研究》，中国审计出版社，2001年。
《宋代经济管理思想与当代经济管理》，中国言实出版社，2008年。
程龙：《北宋西北战区粮食补给地理》，社会科学文献出版社，2006年。
李伟国：《宋代财政和文献考论》，上海古籍出版社，2007年。
阵国灿：《南宋城镇史》，人民出版社，2009年。
张金岭：《宋理宗研究》，人民出版社，2008年。
姜青青：《马扩研究》，人民出版社，2008年。
吴钩：《风雅宋·看得见的大宋文明》，广西师范大学出版社，2018年。
李晓：《宋朝政府购买制度研究》，上海人民出版社，2007年。
王钟杰：《唐宋县尉研究》，河北大学出版社，2009年。
郑学檬编：《中国赋役制度史》，上海人民出版社，2000年。

郭正忠编：《中国盐业史》，人民出版社，1997年。
周宝珠：《宋代东京研究》，河南大学出版社，1992年。
虞文霞、王河：《宋代江西文化史》，江西人民出版社，2012年。
《宋帝列传》，吉林文史出版社，1996年。
徐飚：《两宋物质文化引论》，江西美术出版社，2007年。
龚延明：《宋代官制辞典》，中华书局，1997年。
何忠礼：《宋代政治史》，浙江大学出版社，2007年。
顾吉辰：《宋史比事质疑》，书目文献出版社，1987年5月。
韩光辉：《宋辽金元建制城市研究》，北京大学出版社，2011年。
王文素：《中国工商税收史资料选编》，中国财政经济出版社，1991年。
杨文新：《宋代市舶司研究》，厦门大学出版社，2013年。
李之亮：《宋两浙路郡守年表》，巴蜀书社，2001年。

三、参考论文

赵英：《试论北宋职役制度》，《内蒙古大学学报（历史学专集）》1981年S1期。
游彪：《关于宋代寺院、僧尼的赋役问题》，《中国经济史研究》1990年01期。
尚平：《南宋马纲水运考述》，《首都师范大学学报（社会科学版）》2010年01期。
宫超：《论南宋的公使苞苴及其责任追究》，《重庆交通大学学报》2010年04期。
杨芳：《宋代仓廪制度研究》，首都师范大学2011年博士学位论文。
杨帆：《宋代县级财政账簿初探》，《宋史研究论丛》2015年02期。
江云：《对北宋郊祀费用的探讨》，《唐山师范学院学报》2015年04期。
胡燕：《上供视角下的北宋两税法》，《曲靖师范学院学报》2016年01期。
王云裳：《简述宋代漕运中押纲武臣与舟卒的营私获利活动》，《宁波大学学报(人文科学版)》2009年06期。
黄纯艳：《论宋代的公用钱》，《云南社会科学》2002年04期。
《宋代民船的管理与征雇》，《河北学刊》2017年01期。
《宋代内河船夫群体的构成与生计——以漕运为主的考察》，《首都师范大学学报》2017年05期。
赵玉祝：《北宋漕粮遗失问题探究》，安徽师范大学2010研士学位论文。
李勇先：《宋代添差通判制度初探》，《宋代文化研究》1996年。
杨高凡：《宋代祭天礼中三岁一亲郊制探析》，《求是学刊》2011年06期。

王乐全：《宋代官定节日研究》，上海师范大学2007硕士学位论文。
萧正宇：《范仲淹和庆历党争》，《苏州教育学院学刊》1984年02期。
姜锡东：《宋代榷货务的金融职能和性质》，《中国钱币》1993年01期。
林日举：《南宋广南的钞盐法》，《中国社会科学院研究生院学报》2002年06期。
贾启红：《北宋经略安抚使军事职能初探》，《兰台世界》2013年09期。
耿元骊：《宋代劝农职衔研究》，《中国社会经济史研究》2007年01期。
顾宏义：《宋代提举学事司考略》，《古籍研究》2000年04期。
周卫星：《金银器与宋人生活》，《艺术设计研究》2009年03期。
邓卓海：《宋代都城的服务行业》，《华中师范大学学报（哲学社会科学学报）》1986年05期。
席海鹰：《试论南宋经总制钱的征收及社会影响》，《浙江学刊》1989年04期。
张肖马：《四川双流县出土的宋代银铤》，《文物》1984年07期。
杨师群：《宋代官营酒务》，《中州学刊》1992年04期。
魏天安：《宋代的契税》，《中州学刊》2009年03期。
金德平：《北宋银铤考》，《中国钱币》2008年03期。
项春松：《内蒙古赤峰发现的5件宋代银铤》，《文物》1986年05期。
李合群：《宋金时期的银铤“行人”铭文》，《北京社会科学》2016年02期。
朱瑞熙：《关于北宋乡村下户的差役和免役钱问题》，《史学月刊》1964年09期。
方宝璋：《试论宋代免役法》，《闽江学院学报》2013年01期。
白文固：《宋元明时期僧道免丁钱问题探讨》，《青海民族学院学报》2002年02期。
杨倩描：《从“系省钱物”的演变看宋代国家正常预算的基本模式》，《河北学刊》1988年04期。
贾玉英：《宋代提举常平司制度初探》，《中国史研究》1997年03期。
陈峰、张明：《从名将狄青的遭遇看北宋中叶武将的境况》，《中州学刊》2000年04期。
全洪、李颖明：《印坦沉船出水银铤为南汉桂阳监制造》，《湖南省博物馆馆刊》2015年。
刘秋根、王文书：《宋朝的抵当所与抵当库》，《宋史研究论丛（第九辑）》2008年。

后记

早在幼年时，便与古币结下不解之缘。20世纪70年代末，曾随父母生活在赣中的一个偏远水库。父亲的同事，老曾，给过我几个铜板，玩法是将铜板从斜放的砖块上方掷落，看谁的滚得远。滚落在草丛中的铜板，还有老曾宽厚的笑容从此定格在记忆的深处，这也是我对古币最初的记忆。那个年代，能玩的东西不多，但几乎家家户户都可以从抽屉里、房梁上或者女孩子的毽子里找出几个古币，上面居然还有文字或花纹，出于好奇，便攒了起来。再大一点后，发现《新华字典》内附有历史年表，便对照着时间顺序将这些古币排列，方孔的用绳子串好。于是，我的收藏之旅就这么粗糙地开始了，距今已有三十余载。

最早关注银铤，是1998年看了《陈说钱币》之后，书中有一节记述了作者收藏银铤的经历，非常有趣。那时我刚参加工作，忙于奔波，一直未有购藏研习的机缘。2002年，在北京德胜门的钱币市场里看到了银锭（明以前的称之为“铤”，明及以后的称之为“锭”，为了简化，大家习惯统称之为“银锭”），当时清代十两的四川捐输银锭，不过几百元而已。后来在参加拍卖会的期间，又陆续看到不少银锭。第一次接触宋铤，是在2006年前后，当时并不懂得铤上铭文的意义，记得与邱峥兄讨论时，关注点还在器形与铤面的水波纹上，现在我们回想起来，别有一番青涩的滋味。2007年认识了浙江省博物馆的李晓萍老师。李老师无疑是银锭研究的先行者，很多朋友受过其指导或看过她的著作，也正是在她的帮助下，我对宋铤有了全新的认识。一年后，李老师《尘封千年的国家宝藏——南宋金银铤收藏与鉴赏》一书出版，她针对我古币、纸币、银锭一把抓的“不良”现象，在赠书的扉页上留下了“锭子比铜钱好”的寄语。显然，这是善意的玩笑，也并非铜钱不好，而是提醒我研究需要有重点。此书后来就一直摆放在案头。在与师友们交往的过程中，这样的趣事还有不少。宋铤的研藏仿佛是一个巨大的“坑”，掉进去，往往就难以自拔。陈正煌兄算是其中的一位，他对宋铤的喜爱可谓如痴如醉，聊起来，每每至深夜。每次去台北，他一定取出宋铤，犒劳我饥渴的双眼。记得去年秋冬之际，我们在台北再聚，他仍然是手提肩背数包金银铤，看着这些劳什子，我们从日中聊到夕阳西垂。共进晚餐后我回到酒店，几将就寝，仁兄一个电话打来，又聊至深夜。陈兄食素，口味清淡，唯好宋铤，戏称仅此重口味也！这样的同好还有很多，例如邹海生、虞友坤、高伟、崔鹏等等，在与他们的交流中，我受益良多，颇为感念。

起初并没有写书的想法，只有几篇小短文。2015年春，几位友人均有提议何不将短文整理出来结集出版？“书生人情两张纸，以后也能送送人”，呵呵，有道理！此后，便留意了起来，将所见的宋铤登记造册，制成表格。就这样，开始了四年多的整理与爬格子的工作。期间为了生计，还有别的工作，无法全职投入写作。好在夜深人静时，便是耕耘好辰光。记得在北海公园旁边的国图古籍馆查阅地方志，那种手摇式的胶片；记得不远数千里拍摄素材。探寻的过程，也是一种快乐。

写作过程中，得到了众多师友们的帮助与鼓励，在此我由衷地表示感谢浙江省博物馆李晓萍老师，中国钱币博物馆杨君老师，中国人民银行李志东老师，首都博物馆王显国、唐宁老师，义乌博物馆金国祯、陈鲲老师，上海博物馆周祥、吴旦敏老师，中国财税博物馆陈阳老师，杭州钱塘江博物馆陈伟、倪舒娴老师，内蒙古巴林左旗辽上京博物馆李建奎、孟令婧老师，东莞钱币博物馆邱山老师，中国嘉德拍卖刘健、邱峥先生，北京诚轩拍卖左京华女士，北京保利拍卖王超先生，杭州宜和拍卖孟翔先生，西泠印社孙峻民先生；还要感谢胡军忠、陈正煌、王世勇、邹海生、虞友坤、崔鹏、高伟、孙永亮、徐东风、肖志军、桑国裔、马建伟、胡涛、靳稳战、王璐、蔡骏涛、陈翔、钱建强、纪学柏、顾鼎民、姜重卿、林崇诚、文汉宇、陈永青、李菁、侯俊安、张昆、徐森、尤晓晨、俞东军、徐文军、李跃明、傅伯星、许海意先生。正是他们慷慨无私地为本书提供了宝贵的意见、素材、影像资料、实物资料。

最后，摘录宋代赵希鹄在《洞天清禄集》中的一段话，希望每位喜欢宋铤的朋友能品鉴其真意，渐入佳境：

人生一世间，如白驹过隙，而风雨忧愁辄居三分之二，其间得闲者才三分之一耳，况知之而能享用者又百之一二，于百一之中又多以声色为受用。殊不知吾辈自有乐地，悦目初不在色，盈耳初不在声。尝见前辈诸先生多蓄法书、名画、古琴、旧砚，良以是也。明窗净几罗列布置，篆香居中、佳客玉立。时取古人妙迹，以观鸟篆蜗书、奇峰远水。摩挲钟鼎、亲见商周。端砚湧岩泉、焦桐鸣玉佩。不知身居人世所谓受用清福，孰有逾此者乎？是境也，阆苑瑶池未必是过！

刘翔

2019 年 7 月 27 日于北京